LES FRIEDLAND

DU MÊME AUTEUR

MOI ET KAMINSKI, roman, Actes Sud, 2004.
LES ARPENTEURS DU MONDE, roman, Actes Sud, 2007 ; Babel n° 940.
GLOIRE, roman, Actes Sud, 2009 ; Babel n° 1008.
LA NUIT DE L'ILLUSIONNISTE, roman, Actes Sud, 2010.
LES ESPRITS DE PRINCETON, pièce de théâtre, Actes Sud-Papiers, 2012.

Cet ouvrage a reçu une aide à la traduction du Goethe-Institut,
doté par le ministère des Affaires étrangères allemand.

GOETHE INSTITUT

"Lettres allemandes"
série dirigée par Martina Wachendorff

Titre original :
F

ISBN 978-2-330-03898-4

DANIEL KEHLMANN

Les Friedland

roman traduit de l'allemand
par Juliette Aubert

ACTES SUD

LE GRAND LINDEMANN

Des années plus tard, alors qu'ils étaient adultes depuis longtemps et chacun d'eux empêtré dans son propre malheur, aucun des fils d'Arthur Friedland ne se rappelait qui avait eu l'idée, cet après-midi-là, d'aller voir un hypnotiseur.

C'était en 1984 et Arthur n'avait pas de métier. Il écrivait des romans qu'aucun éditeur ne voulait publier et des nouvelles qui paraissaient de temps en temps dans des revues. Il ne faisait rien d'autre, mais sa femme était ophtalmologue et gagnait de l'argent.

Pendant le trajet, il évoqua avec ses fils de treize ans Nietzsche et diverses marques de chewing-gum, ils se disputèrent à propos d'un dessin animé, tout juste sorti au cinéma, dont le héros, un robot, faisait office de Sauveur, ils se demandèrent pourquoi Yoda parlait de façon aussi étrange et qui, de Superman ou de Batman, était le plus fort. Ils finirent par s'arrêter devant les maisons mitoyennes d'une rue de banlieue. Arthur donna deux coups de klaxon et, au bout de quelques secondes, la porte d'une maison s'ouvrit en grand.

Martin, son fils aîné, avait passé les deux dernières heures derrière la fenêtre à les attendre, la tête vrillée par l'impatience et l'ennui. La vitre était embuée par sa respiration, il avait tracé des visages, tantôt sérieux, tantôt rieurs, et d'autres avec une bouche démesurée. Il essuyait chaque fois la vitre et regardait son souffle la recouvrir d'un fin brouillard. La pendule faisait *tic-tac*, *tic-tac*, pourquoi était-ce aussi long ? Encore une voiture, et encore une, et encore une autre, et ce n'était toujours pas eux.

Puis une voiture surgit et klaxonna deux fois.

Martin se rua dans le couloir, longeant la chambre où sa mère s'était retirée pour ne pas voir Arthur. Voilà quatorze ans qu'il s'était éclipsé de sa vie, or l'idée qu'il parvenait à vivre sans avoir besoin d'elle la torturait toujours. Martin dévala l'escalier, emprunta le couloir du rez-de-chaussée, sortit et traversa la rue – si vite qu'il ne vit pas la voiture qui fonçait vers lui. Des freins crissèrent tout près mais il était déjà assis sur le siège avant droit, les mains croisées au-dessus de la tête, et son cœur s'arrêta alors une fraction de seconde.

"Mon Dieu", murmura Arthur.

La voiture qui avait failli tuer Martin était une Golf rouge. Le conducteur se mit à klaxonner sans raison, sans doute mû par la nécessité d'agir après un tel incident. Après quoi il accéléra et disparut.

"Mon Dieu", répéta Arthur.

Martin se frotta le front.

"Comment peut-on être idiot à ce point ?" demanda l'un des jumeaux sur la banquette arrière.

Martin avait l'impression que son existence s'était scindée. Tout en étant assis là, il gisait aussi sur le bitume, inerte et contorsionné. Son destin ne lui semblait pas encore scellé, les deux possibilités coexistaient et, l'espace d'un instant, il eut lui aussi un frère jumeau, dont l'image pâlissait peu à peu là-dehors.

"Il aurait pu y passer", dit sobrement l'autre jumeau.

Arthur acquiesça.

"C'est vrai, ça ? Mais si Dieu a encore un plan pour lui. Quoi que ce soit. Alors rien ne peut lui arriver.

— Rien n'oblige Dieu à avoir un plan. Il suffit qu'Il le sache. Si Dieu sait qu'il va être écrasé, il sera écrasé. Si Dieu sait qu'il ne va rien lui arriver, il ne lui arrivera rien.

— Mais ça ne colle pas. Dans ce cas, on pourrait faire n'importe quoi. Papa, où est l'erreur ?

— Dieu n'existe pas, dit Arthur. Voilà l'erreur."

Le silence tomba, puis Arthur démarra et ils se mirent en route. Martin sentait son pouls ralentir. Encore quelques minutes, et le fait d'être en vie serait à nouveau une évidence.

"Et à l'école ? demanda Arthur. Ça se passe bien ?"

Martin regarda son père de profil. Arthur avait un peu grossi et sa tignasse, pas encore grisonnante à l'époque, donnait comme toujours l'impression de n'avoir jamais reçu le moindre coup de peigne. "J'ai des difficultés en maths, je risque d'échouer. Le français continue de me poser problème. Mais pas l'anglais, heureusement." Il parlait vite pour en dire le plus possible avant qu'Arthur se désintéresse de lui. "Je suis bon en allemand, en physique on a un nouveau prof, en chimie rien à signaler, sauf que pendant les expériences..."

"Iwan, demanda Arthur, on a les billets d'entrée ?

— Dans ta poche", répondit l'un des jumeaux, et Martin sut au moins lequel était Iwan et lequel Eric.

Il les contempla dans le rétroviseur. Leur ressemblance lui semblait toujours factice, exagérée, contre nature. C'était pourtant quelques années avant qu'ils ne s'habillent à l'identique. Cette phase où ils prenaient un malin plaisir à être indiscernables ne s'achèverait qu'à leurs dix-huit ans, eux-mêmes ne sachant plus très bien qui était qui. Par la suite, ils auraient souvent le sentiment de s'être perdus et de mener la vie de l'autre ; de même que Martin se demanderait toute sa vie s'il n'était pas réellement mort dans la rue cet après-midi-là.

"Arrête de nous zieuter", dit Eric.

Martin pivota et tenta d'attraper l'oreille d'Eric. Il faillit réussir mais son frère esquiva la prise, saisit son bras et le retourna d'un coup vers le haut. Martin poussa un cri.

Eric le lâcha et constata gaiement : "Il va pleurer.

— Fumier, dit Martin d'une voix tremblante. Sale fumier.

— Exact, dit Iwan. Il va pleurer.

— Fumier.

— Toi-même.

— C'est toi le fumier.

— Non, toi."

Sur quoi ils furent à court d'imagination. Martin regardait fixement par la vitre, le temps d'être sûr qu'aucune larme ne viendrait plus. Sur les vitrines longeant la route se profilait le reflet de la voiture : déformé, allongé, recourbé en demi-lune.

"Comment va ta mère ?" demanda Arthur.

Martin hésita. Que répondre à cela ? Arthur lui avait déjà posé cette question au tout début, sept ans plus tôt, lors de leur première rencontre. Son père lui avait semblé très élancé, mais aussi fatigué et absent, comme entouré d'une légère brume. Martin avait éprouvé une certaine crainte envers cet homme et en même temps – sans pouvoir dire pourquoi – de la pitié.

“Comment va ta mère?” avait dit l’inconnu, et Martin s’était demandé s’il s’agissait bel et bien de l’homme qu’il avait croisé si souvent dans ses rêves, toujours affublé du même imperméable noir, toujours sans visage. Mais c’est ce jour chez le glacier, tandis qu’il farfouillait dans sa coupe de fruits nappés de chocolat, qu’il avait compris combien il appréciait de ne pas avoir de père. Ni modèle, ni prédécesseur, pas de fardeau, juste l’image vague de quelqu’un qui referait peut-être surface un jour. Et c’était censé être lui ? Il avait les dents plutôt penchées, les cheveux en bataille, une tache sur son col et les mains abîmées. C’était un homme comme un autre ; un homme qui ressemblait à tous ces gens dans la rue, dans le métro, n’importe où.

“Tu as quel âge, au juste ?”

Martin avait avalé sa salive avant de le lui dire :

“Sept ans.

— Et ça, c’est ta poupée ?”

Il fallut un moment à Martin pour comprendre que son père parlait de Mam’zelle Muller. Il l’emportait partout, il la tenait sous le bras, sans y penser.

“Et elle s’appelle comment ?”

Martin le lui dit.

“Drôle de nom.”

Martin ne savait que répondre. Mam’zelle Muller s’appelait ainsi depuis toujours, c’était son nom, rien de plus. Il remarqua que son nez coulait. Il regarda autour de lui mais maman était invisible. Elle avait quitté les lieux en silence dès l’apparition d’Arthur.

Par la suite, Martin eut beau repenser souvent à cette journée et tenter de faire émerger leur conversation des ténèbres de sa mémoire, il n’y parvint pas. Sans doute avait-il trop souvent imaginé cet échange en amont, si bien que les choses qu'ils s'étaient réellement dites s'étaient bientôt confondues avec celles qu'il avait inventées durant toutes ces années : Arthur lui avait-il vraiment dit qu'il n'avait pas de métier et passait sa vie à se poser des questions sur la vie, ou était-ce plutôt Martin qui, une fois qu'il en sut davantage sur son père, jugea que c'était la seule réponse possible ? Quant à la question de savoir pourquoi Arthur les avait quittés, lui et sa mère, avait-il réellement répondu qu'en se soumettant à la captivité, à une existence étriquée, à la médiocrité et au désespoir, on ne pouvait aider autrui car on était soi-même un cas désespéré, on attrapait le cancer, le cœur s'encrassait, on ne vivait pas vieux et on se décomposait avant même d'arrêter de respirer ? C'est le genre de réponse qu'Arthur était parfaitement capable de donner à un gamin de sept ans, mais Martin doutait d'avoir eu le courage de lui poser une telle question.

Son père n'était revenu qu'au bout de trois mois. Cette fois, il était venu chercher Martin chez lui, en voiture, et sur la banquette arrière étaient assis deux garçons à la ressemblance saisissante, Martin avait cru un instant à une illusion d'optique. Les garçons, à leur tour, l'avaient regardé avec une grande curiosité qui avait vite décliné, tant ils étaient absorbés par leur propre personne, pris dans l'énigme de leur gémellité.

“On pense toujours la même chose.

— Même pour les trucs compliqués. Toujours la même chose.

— Quand on nous pose une question, on donne toujours la même réponse.

— Même si elle est fausse.”

Sur quoi ils avaient ri d'une seule et même voix, et Martin en avait eu froid dans le dos.

Son père et ses frères venaient désormais souvent le chercher. Pour faire du grand huit, voir des aquariums remplis de poissons somnolents, se promener dans les forêts de la périphérie, nager dans des bassins chlorés, saturés de cris d'enfants et de soleil. L'effort se lisait toujours sur le visage d'Arthur, il avait sans cesse l'esprit ailleurs, et les jumeaux eux non plus ne cachaient pas très bien le fait qu'ils ne venaient que par obligation. Martin s'en rendait parfaitement compte et pourtant ces après-midi avaient été les plus beaux de sa vie. La dernière fois, Arthur lui avait offert un cube multicolore dont on pouvait faire tourner les faces, un nouveau jouet tout juste arrivé sur le marché. Martin y avait vite consacré des heures, il aurait pu y passer ses journées, il était entièrement sous son emprise.

"Martin!"

Il se tourna de nouveau.

"Tu dors ou quoi?"

Il se demanda s'il devait encore passer à l'attaque, mais il préféra s'abstenir. Inutile, Eric était plus fort.

Dommage, pensa Eric. Il aurait bien aimé donner une gifle à Martin, or il n'avait rien contre lui. Il était juste furieux de voir son frère si faible, si réservé et craintif. En outre, il lui reprochait toujours ce fameux moment, sept ans plus tôt, où leurs parents les avaient fait venir au salon un soir pour leur dire quelque chose d'important.

"Vous allez divorcer?" avait demandé Iwan.

Choqués, leurs parents avaient secoué la tête en disant : "Non, non, pas du tout, non!" Et Arthur leur avait annoncé l'existence de Martin.

Sous l'effet de la surprise, Eric avait aussitôt décidé de faire comme s'il trouvait cela drôle mais, à l'instant précis où il prenait une grande inspiration, Iwan s'était mis à pouffer de rire. Voilà ce qui se passait quand on était un et deux à la fois, et qu'aucune pensée ne vous appartenait jamais en propre.

"Ce n'est pas une blague", avait dit Arthur.

Mais pourquoi seulement maintenant? s'apprêtait à demander Eric. Et Iwan l'avait devancé une fois de plus : "Pourquoi seulement maintenant?

— Les choses sont parfois difficiles", avait répondu Arthur.

Il avait jeté un regard désemparé à leur mère, mais elle était restée assise là, les bras croisés, disant que même les adultes ne faisaient pas toujours les bons choix.

Arthur leur avait expliqué que la mère de l'autre garçon lui en voulait, elle refusait qu'il voie son fils et il avait obéi, à vrai dire, bien trop volontiers, cela simplifiait les choses, or il venait tout juste de changer d'avis. Et il allait donc partir à la rencontre de Martin.

Eric n'avait encore jamais vu leur père nerveux. Qui avait besoin de ce Martin, pensait-il, et comment Arthur avait-il pu leur faire un coup aussi ridicule?

Eric sut très tôt qu'il ne voulait pas ressembler à son père. Il souhaitait gagner de l'argent, être pris au sérieux, ne pas être quelqu'un qu'on plaignait en secret. C'est pourquoi, dès le premier jour dans la nouvelle école, il avait agressé le plus grand garçon de la classe, sans avertissement bien sûr, la surprise lui ayant procuré l'avantage nécessaire : Eric l'avait jeté à terre, puis il s'était agenouillé sur lui, le saisissant par les oreilles et lui cognant la tête trois fois contre le sol jusqu'à ce qu'il sente sa résistance faiblir. Alors seulement, pour l'effet rendu, il lui avait asséné un coup précis sur le nez, car un nez en sang marque toujours les esprits. Et le grand garçon, qui lui faisait déjà assez pitié comme ça, avait effectivement fondu en larmes. Eric l'avait laissé se relever et l'autre était parti en reniflant, d'un pas incertain, un mouchoir rougissant sur le visage. Depuis, Eric était craint de toute la classe et personne ne remarqua combien il avait peur.

Car il savait déjà que l'essentiel, c'était d'être déterminé. Que ce soient les professeurs, les autres élèves ou ses parents, tous étaient en désaccord avec eux-mêmes, indécis et sans conviction, quoi qu'ils fassent. Mais nul ne pouvait retenir celui qui marchait droit vers son but. C'était aussi certain que deux fois cinq faisaient dix ou qu'on était cerné par des fantômes dont les silhouettes se profilaient parfois dans la pénombre.

"Je me suis perdu, dit Arthur.

— Encore, dit Eric.

— Tu nous fais marcher, dit Iwan. Parce que tu n'as pas envie d'y aller.

— Bien sûr que je n'ai pas envie d'y aller. Mais je ne vous fais pas marcher."

Arthur se rangea sur le bas-côté et descendit. La douceur de l'air estival entrait à flots, des voitures les frôlaient à vive allure, il flottait une odeur d'essence. Arthur demanda son chemin : une vieille femme refusa d'un signe de main, un garçon en patins à roulettes ne daigna pas s'arrêter, un homme à grand chapeau fit des gestes vers la droite, la gauche, le haut et le bas. Arthur s'entretint un moment avec une jeune femme. Elle pencha la tête sur le côté, Arthur sourit, elle montra une direction quelconque, Arthur acquiesça et dit quelque chose, elle rit, puis elle parla tandis qu'il riait, puis ils prirent congé l'un de l'autre et elle effleura son épaule en partant. Le sourire encore aux lèvres, il remonta en voiture.

"Elle t'a expliqué la route ? demanda Iwan.

— Elle n'était pas d'ici. Mais l'homme avant elle connaissait le chemin."

Il tourna deux fois et devant eux s'ouvrit l'entrée d'un parking couvert. Eric contempla l'obscurité d'un œil inquiet. Jamais il ne pourrait révéler à quiconque l'angoisse que lui procuraient chaque tunnel, chaque grotte et tous les lieux clos. Iwan devait néanmoins le savoir, de même qu'il arrivait sans cesse à Eric de découvrir ses propres pensées remplacées par celles de son frère jumeau et de voir surgir en lui des mots qu'il ne connaissait pas. Il lui arrivait aussi souvent, après le réveil, de se souvenir de rêves à la tonalité étrangère – les rêves d'Iwan étaient plus colorés que les siens, singulièrement plus vastes, l'air y semblait plus respirable. Et pourtant, ils parvenaient à se cacher des choses. Eric n'avait jamais compris pourquoi Iwan avait peur des chiens, alors qu'ils comptaient parmi les rares créatures vraiment inoffensives, il ne saisissait pas pourquoi Iwan préférait parler aux blondes plutôt qu'aux brunes, ni comment les vieux tableaux qui l'ennuyaient au musée pouvaient faire naître chez son frère des sentiments aussi complexes.

Ils descendirent de voiture. Des néons diffusaient une lumière blafarde. Eric croisa les bras et fixa le sol.

"Tu ne crois pas à l'hypnose ? demanda Iwan.

— Je crois qu'on peut persuader n'importe qui de n'importe quoi", dit Arthur.

Ils entrèrent dans l'ascenseur, les portes se refermèrent, Eric lutta contre la panique. Et si le câble lâchait ? Cela s'était déjà produit, cela se produirait encore, qui sait quand et où, alors pourquoi pas ici ? L'ascenseur s'arrêta enfin, les portes s'ouvrirent et ils se dirigèrent vers la salle de spectacle. *Le grand Lindemann*, était-il écrit sur une banderole, *maître de l'hypnose. Matinée*. Une affiche représentait un monsieur insignifiant à lunettes qui s'efforçait visiblement d'avoir l'air ténébreux et le regard pénétrant. Il avait des ombres sur le visage, l'éclairage était théâtral, la photo ratée. *Lindemann*, pouvait-on lire à côté, *vous apprend à craindre vos rêves*.

Un jeune homme vérifia leurs billets d'entrée en bâillant. Ils avaient de bonnes places, tout devant, au troisième rang. Le parterre était presque plein, les balcons inoccupés. Iwan leva les yeux vers le plafond au décor surchargé et se demanda de quelle manière rendre cela en peinture. L'artiste avait habilement trompé l'œil en simulant une voûte qui n'existait pas. Comment faire pour imiter cela et montrer qu'il ne s'agissait pas d'un deuxième espace, mais d'une simple illusion ? Ça ne se trouvait pas dans les manuels.

Personne n'était en mesure de nous aider. Ni livre, ni professeur. Le plus important, il fallait l'apprendre tout seul et, si on échouait, on avait raté sa vie. Iwan se demandait souvent comment ceux qui n'avaient aucun talent particulier arrivaient à supporter leur existence.

Il voyait bien que sa mère souhaitait une autre vie et que son père avait toujours la tête ailleurs. Il voyait que ses professeurs étaient de pauvres âmes tristes, et il connaissait bien sûr les visions qui torturaient

Eric. Dès qu'il tombait dans un rêve d'Eric, il se retrouvait dans un endroit sombre et étouffant, où personne ne voulait rester. Il voyait aussi que Martin était trop faible et trop souvent seul avec sa mère. Iwan soupira. L'hypnose ne l'intéressait pas, il aurait aimé rentrer chez lui pour dessiner. Savoir enfin mieux dessiner, c'était la seule chose qui comptait, il ne voulait rien d'autre.

La lumière faiblit, les murmures se dissipèrent. Le rideau s'ouvrit. Lindemann était sur scène.

Il était replet et chauve, sa calvitie étant encore renforcée par quelques mèches rabattues sur son crâne dégarni, et il portait des lunettes d'écaille noires. Il avait un costume gris et un petit foulard vert dans la poche de sa veste. Sans saluer ni s'incliner, il se mit à parler d'une voix feutrée.

L'hypnose, dit-il, ce n'est pas le sommeil, mais au contraire une forme de vigilance dirigée vers l'intérieur, non pas une absence de volonté mais une reconquête de soi. On allait voir des choses étonnantes aujourd'hui mais que personne ne s'inquiète car, comme chacun le savait, nul ne pouvait être hypnotisé contre son gré et l'hypnose n'avait jamais amené quiconque à faire ce qu'il n'était pas prêt à faire en son âme et conscience. Lindemann se tut un moment et sourit comme s'il s'agissait d'une plaisanterie hermétique.

Un escalier étroit allait de la scène à la salle de spectacle. Lindemann le descendit, ajusta ses lunettes, scruta la salle et emprunta l'allée centrale. De toute évidence, il était en train de décider quels spectateurs il allait faire monter sur scène. Iwan, Eric et Martin baissèrent la tête.

"Ne vous inquiétez pas, dit Arthur. Il ne choisit que des adultes.

— Alors peut-être toi.

— Ça ne marche pas avec moi."

Lindemann reprit la parole. On allait assister à de grands événements. Celui qui ne voulait pas participer n'avait rien à craindre, on ne l'embêterait pas, il serait épargné. Lindemann atteignit le dernier rang, rebroussa chemin avec une agilité surprenante et sauta sur scène. Pour commencer, dit-il, quelque chose de léger, une simple blague, une broutille. Tout le premier rang sur scène, s'il vous plaît !

Un murmure parcourut la salle.

C'est bien ça, dit Lindemann, le premier rang. Tout le monde. Vite, s'il vous plaît !

"Que fera-t-il si quelqu'un refuse ? dit Martin à voix basse. Si quelqu'un reste assis, que se passera-t-il ?"

Tous les gens du premier rang se levèrent. Ils chuchotaient entre eux et lançaient des regards irrités à la ronde, mais ils finirent par obéir et monter sur scène.

"Tous en rang ! ordonna Lindemann. Donnez-vous la main."

Ils hésitèrent, puis le firent.

Désormais on ne va plus se lâcher, dit Lindemann tout en passant devant la rangée, on ne veut pas, donc on ne le fait pas et, ne le voulant pas, on n'y arrive pas et, n'y arrivant pas, il n'est pas faux de dire qu'on est collé les uns aux autres. Tout en parlant il les touchait ici et là, effleurait leurs mains. Les mains bien serrées, dit-il, bien bien serrées, personne ne sort de la rangée, personne ne peut lâcher prise, bien serrées les mains, inséparables. Que ceux qui veulent essaient de se dégager.

Aucun ne lâcha prise. Lindemann se tourna vers le public qui applaudit timidement. Iwan se pencha pour mieux voir les visages des gens sur scène. Ils semblaient indécis, absents et comme saisis d'une crispation de leur volonté. Un petit homme serrait les mâchoires, une dame à chignon avait les mains tremblantes, comme si elle avait l'intention de se libérer mais trouvait la poigne de son voisin et la sienne trop fermes.

Lindemann dit qu'il allait compter jusqu'à trois, après quoi toutes les mains se lâcheraient. "Alors. Un. Deux. Et…" Il leva lentement la main. "Trois !" Et il fit claquer ses doigts.

Perplexes, presque à contrecœur, ils se lâchèrent. Ils contemplaient leurs mains d'un air gêné.

"À présent on retourne vite s'asseoir, dit Lindemann. On descend, vite, vite !" Il frappa dans ses mains.

La femme au chignon était blême et chancelait. Lindemann la prit délicatement par le coude, la conduisit vers les marches et lui parla à voix basse. Lorsqu'il la laissa, elle se déplaça avec aisance, descendit et regagna sa place.

"Juste une petite expérience, dit Lindemann, une plaisanterie pour commencer. Passons aux choses sérieuses." Il gagna le devant de la scène, enleva ses lunettes et scruta la salle en plissant les yeux. "Le monsieur en pull-over là-devant et le monsieur derrière lui, et vous, mademoiselle, venez, s'il vous plaît !"

Les trois montèrent sur scène avec un sourire forcé. La femme fit signe à quelqu'un, Lindemann secoua la tête en guise de réprobation, la femme cessa. Il se plaça à côté du premier d'entre eux, un grand barbu, et lui mit la main devant les yeux. Il lui parla un moment à l'oreille avant de s'écrier : "Dors !"

L'homme bascula, Lindemann le rattrapa et l'étendit sur le sol. Puis il se posta à côté de la femme et il se passa la même chose. Ainsi qu'avec l'autre homme. Tous gisaient immobiles.

"Et maintenant soyez heureux !"

Laissez-moi vous donner une petite explication. Lindemann se tourna vers la salle, enleva de nouveau ses lunettes d'écaille, sortit le foulard vert de sa poche et se mit à les nettoyer. En effet, dit-il, on ne connaissait que trop les suggestions stupides que de médiocres hypnotiseurs – des amateurs et des vantards sans talent, tels qu'on en trouvait à profusion dans tous les métiers – aimaient soumettre à leurs cobayes : froid glacial ou chaleur intense, rigidité des membres, sensations de vol ou de chute, sans parler de l'amnésie du prénom, toujours très appréciée. Il s'arrêta pour regarder en l'air d'un air songeur. Il faisait chaud ici, non ? Horriblement chaud. Mais que se passait-il ? Il se tamponna le front. Ce genre d'idioties, donc, on en avait vu assez et il allait les passer sans autre forme de procès. Mon Dieu, quelle fournaise !

Iwan écarta de son front ses mèches trempées. La chaleur semblait s'élever par vagues, l'air était humide. Eric avait lui aussi le visage luisant. Partout s'agitaient des programmes en quête d'air.

Mais on peut sûrement faire quelque chose, dit Lindemann. Pas d'inquiétude, on est certainement en train de régler le problème, le théâtre a des techniciens compétents. On va tout de suite activer l'excellente climatisation. C'est sans doute déjà fait. Ici, sur scène, on entend déjà le ronronnement des appareils de refroidissement. On sent le souffle de l'aération. Il releva son col. Il y a même un sacré courant d'air. La puissance de la climatisation est surprenante. Lindemann soufflait sur ses mains et piétinait sur place. Il fait froid ici, très froid, vraiment très froid.

"Mais qu'est-ce qu'il fabrique ? demanda Arthur.

— Tu ne remarques rien ? chuchota Iwan. Son souffle s'élevait en petits nuages de vapeur, ses pieds étaient engourdis, il avait du mal à inspirer. Martin claquait des dents. Eric se moucha.

— Non, dit Arthur.

— Rien du tout ?

— J'ai déjà dit que ça ne marchait pas avec moi."

Basta, dit Lindemann. Terminé. Stop. Avec ce genre de blagues, il ne voulait pas, comme il l'avait déjà dit, faire perdre son temps à qui que ce soit. Il allait donc sans plus attendre en venir à quelque chose d'intéressant, à savoir la manipulation directe des facultés mentales. Ces messieurs dames allongés par terre suivaient déjà ses injonctions depuis un certain temps. Ils étaient heureux. En ce moment même, ici et aux yeux de tous, ils vivaient les meilleurs instants de leur vie. "Asseyez-vous !"

Ils se redressèrent tant bien que mal.

"Regarde", dit Lindemann à la femme assise au centre.

Elle ouvrit les yeux. Son buste se soulevait et s'abaissait. Elle respirait et bougeait les yeux d'une drôle de façon. Iwan ne comprenait pas bien de quoi il retournait, mais il pressentait quelque chose d'immense et de complexe. Il remarqua qu'une femme assise un rang devant eux détournait le regard de la scène. L'homme à côté d'elle secouait la tête avec colère.

"Ferme les yeux", dit Lindemann.

Les yeux de la femme se fermèrent aussitôt. Sa bouche était ouverte, un mince filet de salive en sortait, ses joues brillaient dans la lumière des projecteurs.

Hélas, dit Lindemann, rien ne durait éternellement et le plus beau finissait toujours en premier. À l'instant encore, la vie semblait vaste et miraculeuse mais la vérité, c'est que rien ne durait, tout se décomposait, tout mourait, sans distinction. Une pensée qu'on refoulait presque toujours. Mais pas maintenant, non, pas là. "Désormais vous êtes au courant."

Le barbu gémit. La femme s'affaissa peu à peu et mit les mains devant les yeux. L'autre homme sanglotait à voix basse.

Mais cela n'empêche pas d'être gai, dit Lindemann. Une brève journée entre deux interminables nuits, voilà ce qu'était la vie, raison de plus pour profiter des minutes de clarté et danser tant que le soleil brillait. Il frappa dans ses mains.

Tous trois se levèrent docilement. Lindemann battait la mesure, lentement au début, puis plus vite. Ils sautillaient telles des marionnettes, balançaient bras et jambes, décrivaient des cercles avec la tête. Le silence était total, personne ne toussait ou se raclait la gorge, la salle semblait saisie d'effroi. On n'entendait que le piétinement et le halètement venant de la scène, ainsi que le craquement des planches.

"On s'allonge, dit Lindemann. Et on rêve !"

Deux d'entre eux s'affaissèrent aussitôt, l'homme de gauche resta debout à tâtonner dans le vide – puis ses genoux fléchirent et il ne bougea plus. Lindemann se pencha et l'examina avec attention. Il se retourna ensuite vers le public.

Il déclara vouloir mener une expérience difficile. Seuls de rares opérateurs y parvenaient, c'était du grand art. "Rêvez profondément. Plus que jamais auparavant. Rêvez d'une nouvelle vie. Soyez enfant, apprenez, grandissez, luttez, souffrez et espérez, gagnez et perdez, aimez et perdez de nouveau, devenez vieux, fragiles, diminués et puis mourez, ça passe si vite, et quand je vous le dirai, vous ouvrirez les yeux et rien de tout cela n'aura eu lieu."

Il joignit les mains, se tourna vers le public et resta silencieux pendant de longues secondes.

Cette tentative, dit-il ensuite, ne réussissait pas toujours. Plus d'un sujet se réveillait sans avoir rien vécu. D'autres, en revanche, l'avaient prié d'effacer leurs souvenirs du rêve, l'expérience étant si déroutante qu'ils n'arrivaient plus à se fier au temps ni à la réalité. Il regarda l'heure. Mais tout d'abord, pour combler l'attente, deux ou trois choses simples. Des enfants dans la salle ? Il se hissa sur la pointe des pieds. Lui, là, au cinquième rang, la petite fille là-bas au bord, et le garçon du troisième rang qui était le portrait craché du garçon d'à côté. Sur scène !

Iwan regarda à droite, à gauche, derrière lui. Puis il désigna sa poitrine d'un air interrogateur.

"Oui, dit Lindemann. Toi."

"Mais tu as dit qu'il ne choisissait que des adultes, chuchota Iwan.

— Eh bien, je me suis trompé."

Iwan sentit le sang lui monter au visage. Son cœur battait la chamade. Les deux autres enfants se dirigeaient déjà vers la scène. Lindemann ne le quittait pas des yeux.

"Tu peux tranquillement rester assis, dit Arthur. Il n'a pas d'ordres à te donner."

Iwan se leva lentement. Il regarda autour de lui. Tout le monde le fixait, chaque personne dans la salle, chaque spectateur. Non, Arthur avait tort, on n'avait pas le droit de refuser, c'était quand même un spectacle d'hypnose et, si on y allait, c'était pour jouer le jeu. Il entendit Arthur ajouter quelque chose qui lui échappa, son cœur battait trop fort et il était déjà en train de s'avancer. Il se faufila devant les genoux des gens assis et prit l'allée centrale jusqu'à la scène.

Quelle clarté ici. Les projecteurs étaient étonnamment puissants, les gens dans la salle réduits à des ombres. Les trois adultes gisaient immobiles, aucun d'eux ne bougeait, aucun ne semblait respirer. Iwan scruta la salle mais ne réussit pas à repérer Arthur ni ses frères. Lindemann était déjà devant lui, il s'agenouilla, le fit reculer d'un pas avec précaution, tel un meuble fragile, et le regarda droit dans les yeux.

"Nous allons y arriver", chuchota-t-il.

De près, Lindemann paraissait plus âgé. Il avait des rides autour de la bouche et des yeux, il était maquillé à la diable. Un portraitiste aurait porté son attention sur les yeux enfoncés et retranchés derrière les lunettes d'écaille : un regard agité, difficile à cerner ; de toute évidence, le fameux regard hypnotique dans lequel on se noyait était un mythe. Lindemann dégageait en outre une odeur de menthe.

"Comment t'appelles-tu ?" demanda-t-il en haussant un peu la voix.

Iwan avala sa salive et le lui dit.

"Détends-toi, Iwan", dit Lindemann assez fort pour être entendu des premiers rangs. "Joins les mains, Iwan. Croise les doigts."

Iwan le fit et se demanda comment se détendre sur scène devant autant de gens. Lindemann ne pouvait être sérieux ; c'était sans doute une façon de le désorienter.

“Voilà, c’est ça.” Lindemann s’adressait maintenant aux trois enfants, si fort qu’on l’entendait dans toute la salle. “Vous êtes bien calmes, bien détendus, seules vos mains sont figées, elles sont collées, vous n’y arrivez pas.”

Or c’était faux ! Iwan aurait facilement pu les bouger, il ne sentait aucune résistance, ni aucune gêne. Mais il ne tenait pas à ridiculiser Lindemann. Il voulait juste que cela s’arrête.

Lindemann n’en finissait plus de parler. Le mot *détente* revenait sans arrêt et il était toujours question d’écouter et d’obéir. Peut-être cela fonctionnait-il avec les deux autres, mais pas avec Iwan. Il ne percevait en lui aucun changement, il ne pouvait s’agir de transe. Seul son nez le démangeait. Et il ressentait une envie pressante.

“Essaie pour voir, dit Lindemann au garçon à côté d’Iwan. Tu ne peux pas dégager tes mains, tu ne peux pas, essaie, tu ne peux pas.”

Iwan entendit un grondement profond ; il comprit au bout d’un temps que c’étaient des rires. Le public riait à leurs dépens. Mais pas aux miens, pensa Iwan, il a dû remarquer que cela ne marchait pas avec moi, c’est pourquoi il ne m’interroge pas.

“Levez le pied droit, dit Lindemann. Tous les trois. Maintenant.”

Iwan vit les deux autres lever le pied. Il sentait tous les regards posés sur lui. Il transpirait. Que lui restait-il d’autre à faire ? Il leva le pied. À présent le public allait croire qu’il était hypnotisé.

“Oublie ton prénom”, lui dit Lindemann.

Il sentit la colère monter en lui. Cela commençait à l’énerver. Si ce type lui posait encore une fois la question, il le démasquerait devant tout le monde.

“Dis-le!”

Iwan se racla la gorge.

“Tu ne peux pas, tu l’as oublié, tu ne peux pas. Comment tu t’appelles?”

Le problème devait être lié à la situation, à cette horrible clarté et à la difficulté de tenir en équilibre sur une jambe devant autant de gens, cela exigeait toute sa concentration. Ce n’était pas sa mémoire, mais sa voix qui ne lui obéissait pas. Elle restait coincée dans sa gorge. Quoi qu’on lui demande, il resterait forcément muet.

“Tu as quel âge?

— Treize ans”, s’entendit-il dire. Avec un rien de volonté, on y arrivait quand même.

“Comment s’appelle ta mère?

— Katharina.

— Ton père?

— Arthur.

— C’est ce monsieur là-bas?

— Oui.

— Et comment tu t’appelles?”

Il se tut.

“Tu ne sais pas?”

Bien sûr qu’il le savait. Il sentait les contours de son prénom; il savait le situer dans sa mémoire; il sentait sa présence, mais c’était comme si le détenteur du prénom n’était pas celui auquel Lindemann s’adressait, si bien que tout cela ne collait pas, et c’était d’ailleurs vraiment secondaire comparé au fait qu’il était sur scène, debout sur une jambe, avec son nez qui le grattait et ses mains collées l’une contre l’autre, et qu’il devait aller aux toilettes. Son prénom lui revint soudain à l’esprit, Iwan bien sûr, Iwan, il prit une grande inspiration et ouvrit la bouche…

“Et toi ? demanda Lindemann au garçon d’à côté. Tu te rappelles le tien ?”

Maintenant je m’en souviens, voulait crier Iwan, maintenant je peux le dire ! Mais il se tint coi, soulagé qu’il ne soit plus question de lui. Il entendit Lindemann demander quelque chose aux deux autres, il entendit leurs réponses, puis les rires et les applaudissements des spectateurs. Il sentait les gouttes de sueur perler sur son front mais il ne pouvait les essuyer, cela aurait été gênant de bouger les mains, alors que toute la salle le croyait en transe.

“Déjà fini, dit Lindemann. Ce n’était pas si terrible, n’est-ce pas ? Libérez vos mains, tenez sur vos deux jambes, vous vous rappelez vos prénoms. Terminé. On se réveille. Terminé.”

Iwan reposa le pied. C’était facile évidemment, il aurait pu le faire dès le début.

“C’est bon, dit Lindemann à voix basse en lui posant la main sur l’épaule. C’est fini.”

Iwan descendit les marches derrière les deux autres. Il aurait aimé leur demander ce qu’ils avaient ressenti, vu et pensé, quel effet cela faisait d’être hypnotisé pour de bon. Mais il était déjà arrivé au troisième rang, les gens firent de la place, il se faufila devant leurs genoux et s’effondra sur son siège. Il poussa un long soupir.

“C’était comment ?” chuchota Martin.

Iwan haussa les épaules.

“Tu t’en souviens ou tu as tout oublié ?”

Iwan s’apprêtait à répondre qu’il n’avait bien sûr rien oublié et que ce n’était qu’une mauvaise plaisanterie, lorsqu’il remarqua que les gens assis devant eux s’étaient retournés. Ils ne fixaient pas la scène, mais lui. Il parcourut la salle du regard. Tout le monde le dévisageait. Lindemann avait menti. Ce n'était pas fini.

"C'est lui?" demanda Lindemann.

Iwan leva les yeux vers la scène.

"Ton père. C'est lui?"

Iwan regarda Arthur, puis Lindemann, puis de nouveau Arthur. Après quoi il acquiesça.

"Vous voulez venir me voir, Arthur?"

Arthur fit non de la tête.

"Vous croyez que non. Mais, en fait, si. Croyez-moi."

Arthur rit.

"Ça ne fait pas mal, ce n'est pas dangereux, cela pourrait même vous plaire. Faites-nous ce plaisir."

Arthur fit non de la tête.

"Pas la moindre curiosité?

— Ça ne marche pas avec moi! s'écria Arthur.

— Peut-être pas. C'est possible, ça s'est déjà vu. Raison de plus pour monter sur scène.

— Prenez quelqu'un d'autre.

— Mais c'est vous que je veux.

— Pourquoi?

— Parce que je le veux. Parce que vous croyez que vous ne voulez pas."

Arthur fit non de la tête.

"Venez!"

"Vas-y, chuchota Eric.

— C'est intéressant, chuchota Martin.

— Tout le monde nous regarde, chuchota Iwan.

— Et alors! dit Arthur. Ils n'ont qu'à nous regarder. Pourquoi les enfants ont-ils toujours honte de tout?

— On s'y met tous! s'écria Lindemann. Envoyez-le-moi, montrez-lui, applaudissez si vous voulez qu'il vienne. Applaudissez fort!"

Un tonnerre d'applaudissements éclata, des battements de pieds et des cris, comme si rien n'était soudain plus important que d'exaucer le vœu de Lindemann, comme si nul ne pouvait imaginer plus grand bonheur que de voir Arthur sur scène. Le bruit ne cessait de s'amplifier, les voix se faisant toujours plus nombreuses : les gens applaudissaient et hurlaient. Arthur ne bougeait pas.

"S'il te plaît ! s'écria Eric.

— Vas-y, s'il te plaît ! dit Martin. Je t'en prie !

— Juste pour vous", dit Arthur, et il se leva. Il se fraya un chemin à travers la foule en liesse jusqu'à l'allée centrale, puis il se dirigea vers les marches et monta sur scène. Lindemann fit un geste bref, le vacarme cessa.

"Vous tombez mal avec moi, dit Arthur.

— Possible.

— Ça ne marche vraiment pas.

— Ce gentil garçon. C'est votre fils ?

— Je suis désolé, je ne suis pas la bonne personne. Vous aimeriez quelqu'un qui soit gêné au début et bavarde ensuite avec vous, parle de lui, ce qui vous donne l'occasion de faire une blague pour amuser la galerie. Peut-on passer directement à la suite ? Vous ne pouvez pas m'hypnotiser. Je connais le truc. Un peu de pression, un brin de curiosité, le désir d'être initié, la peur de mal faire. Et bien sûr l'envie de vivre une aventure. Très peu pour moi."

Lindemann ne pipait mot. Ses verres de lunettes brillaient dans la lumière des projecteurs.

"Ils peuvent nous entendre ?" Arthur désigna les trois corps inertes.

"Ils sont occupés à autre chose.

— Et vous voudriez faire pareil avec moi ? Une autre vie ?”

Iwan se demanda comment son père s’y prenait pour qu’on comprenne chacune de ses paroles. Il n’avait pourtant pas de micro et parlait à voix basse. Il était détendu, comme s’il était seul avec l’hypnotiseur et pouvait lui demander tout ce qui lui passait par la tête. Et il ne semblait plus absent. Il avait l’air de bien s’amuser.

Lindemann, en revanche, paraissait douter de lui pour la première fois. Il souriait toujours, mais des rides se dessinaient sur son front. Il enleva ses lunettes du bout des doigts, les remit, les enleva de nouveau, les replia et les glissa dans sa poche derrière le foulard vert. Il leva la main droite et la plaça au-dessus du front d’Arthur.

“Regardez ma main.”

Arthur sourit.

Lindemann posa la main gauche sur l’épaule d’Arthur. “Regardez ma main, regardez-la, regardez, regardez ma main.

— Je ne fais que ça.”

Un gloussement parcourut la salle. Lindemann fit la moue. “Regardez ma main, regardez, regardez ma main. Juste elle, rien d’autre, juste ma main.

— Je ne sens rien.

— Ce n’est pas nécessaire. Lindemann avait un ton irrité. Contentez-vous de regarder ! Regardez ma main, ma main, rien d’autre.

— Vous focalisez la conscience sur elle-même, n’est-ce pas ? Voilà le truc. L’attention se focalise sur l’attention. Sur le fait qu’elle se focalise sur elle-même. Une boucle, et soudain on n’est plus capable de…

— Ce sont vos fils là-bas ?

— Oui.
— Comment s'appellent-ils ?
— C'est important ?
— Comment ils s'appellent.
— Iwan, Eric et Martin.
— Iwan et Eric ?
— Les chevaliers de la Table ronde.
— Parlez-moi de vous."
Arthur ne dit rien.
"Parlez-moi de vous, répéta Lindemann. Nous sommes entre amis.
— Il n'y a pas grand-chose à dire.
— Quel dommage. Quelle tristesse si c'était vrai."
Lindemann baissa la main, se pencha en avant et scruta le visage d'Arthur. Le silence était absolu, on n'entendait qu'un faible bruissement, peut-être la climatisation, peut-être le courant électrique des projecteurs. Lindemann recula d'un pas, une planche de la scène craqua, l'un des dormeurs gémit.
"Quel est votre métier ?"
Arthur ne dit rien.
"À moins que vous n'en ayez pas ?
— J'écris.
— Des livres ?
— Si ce que j'écris était publié, ce seraient des livres.
— Des refus ?
— Quelques-uns.
— C'est ennuyeux.
— Non, ça ne fait rien.
— Ça ne vous dérange pas ?
— Je n'ai pas beaucoup d'ambition.
— C'est vrai, ça ?"
Arthur ne dit rien.

“Vous n’avez pas l’air de quelqu’un qui se contente de peu. Vous aimeriez le croire, mais vous ne le croyez pas. Moi non plus. Et personne ici non plus. Que voulez-vous vraiment ? Nous sommes entre amis. Que voulez-vous ?

— Partir.

— D’ici ?

— De partout.

— De chez vous ?

— De partout.

— Quitter votre foyer ?

— Le foyer, c’est la mort.

— Vous ne semblez pas satisfait.

— Personne ne l’est.

— Répondez, je vous prie.

— Non.

— Pas heureux ?

— Non.

— Redites-le.

— Je ne suis pas heureux.

— Pourquoi tenez-vous encore le coup ?

— Que faire d’autre !

— Fuir ?

— On ne peut pas fuir sans arrêt.

— Pourquoi pas ?”

Arthur ne dit rien.

“Et vos enfants ? Vous les aimez ?

— Il faut bien.

— Exact. Il le faut. Tous autant ?

— Iwan davantage.

— Pourquoi ?

— Il me ressemble.

— Et votre femme ? Nous sommes entre amis.

— Elle m’aime bien.

— Ce n'était pas la question.

— Elle gagne de l'argent pour nous, elle s'occupe de tout, que serais-je sans elle ?

— Peut-être libre."

Arthur ne dit rien.

"Que pensez-vous de moi ? Vous ne vouliez pas monter sur scène, or vous y êtes. Vous pensiez que ça ne marcherait pas avec vous. Que pensez-vous maintenant ? De moi, par exemple ?

— Un homme médiocre. Manquant d'assurance, c'est pourquoi vous êtes ce que vous êtes. Parce que vous ne seriez rien sans tout cela. Parce que vous bégayez dès que vous n'êtes plus sur scène."

Lindemann se tut un instant, comme pour donner à la salle l'occasion de rire, mais on n'entendait pas le moindre bruit. Il avait le visage blême et cireux, Arthur quant à lui se tenait très droit, les bras pendants, sans bouger.

"Et votre travail ? Votre écriture ? Arthur ? Qu'en est-il ?

— Peu importe.

— Pourquoi ?

— Un passe-temps. Pas de quoi en faire toute une histoire.

— Ça ne vous dérange pas que vos œuvres ne soient pas publiées ?

— Non.

— Qu'elles ne soient pas bonnes ? Ça ne vous gêne pas ?"

Arthur fit un petit pas en arrière.

"Vous croyez que vous n'avez pas d'ambition ? Mais peut-être vaudrait-il mieux en avoir, Arthur. Peut-être que l'ambition vaudrait mieux et que vous devriez être bon et admettre que vous voulez l'être, peut-être devriez-vous faire des efforts, travailler, voire changer de vie. Tout changer. Tout changer, Arthur. Qu'en dis-tu ?"

Arthur ne dit rien.

Lindemann s'avança encore, se hissa sur la pointe des pieds et approcha son visage de celui d'Arthur. "Ce dédain. Pourquoi faire des efforts, c'est ce que tu as toujours pensé, pas vrai ? Mais maintenant ? Quand la jeunesse se dissipe, quand tout ce que tu fais commence à peser lourd, quand la légèreté disparaît, que doit-il arriver ? La vie est vite passée, Arthur. Encore plus vite gaspillée. Que faut-il faire ? Où veux-tu aller ?

— Loin.

— D'ici ?

— De tout.

— Alors écoute." Lindemann posa la main sur l'épaule d'Arthur. "C'est un ordre auquel tu vas obéir parce que tu le veux, et tu le veux parce que je te l'ordonne et je te l'ordonne parce que tu le veux. À partir d'aujourd'hui tu vas faire des efforts. Quel qu'en soit le prix. Quel qu'en soit le prix. Répète !

— Quel qu'en soit le prix.

— À partir d'aujourd'hui.

— À partir d'aujourd'hui, dit Arthur. Quel qu'en soit le prix.

— De toutes tes forces.

— Quel qu'en soit le prix.

— Et ce qui vient de se passer ici ne doit pas te préoccuper. Tu peux y repenser sereinement. Répète.

— Y repenser. Sereinement.

— D'ailleurs ce n'est pas important. Du divertissement pur et simple, Arthur, un passe-temps d'après-midi. Comme ton écriture. Comme tout ce que font les hommes. Je vais frapper trois fois dans les mains et tu pourras retourner t'asseoir."

Lindemann frappa dans ses mains : une fois, une deuxième, une troisième fois. Aucun changement n'était perceptible chez Arthur. Il se tenait droit, la nuque légèrement penchée en arrière. On n'entendait pas un bruit. Il se retourna avec hésitation et descendit les marches. Un petit nombre se mit à applaudir, mais dès qu'Arthur eut regagné sa place, cela enfla en un tonnerre d'applaudissements. Lindemann s'inclina et désigna Arthur. Qui l'imita avec un sourire absent et s'inclina lui aussi.

Voilà la beauté du métier, dit Lindemann une fois le silence revenu. On ne savait jamais à l'avance ce que réservait la journée, jamais on ne pressentait les défis auxquels on serait confronté. Et, pour finir, le clou du spectacle, le summum, l'apothéose. Lindemann réveilla la dormeuse en lui effleurant la tempe et lui demanda ce qu'elle avait vécu.

Elle s'assit, mais au bout de quelques phrases l'excitation lui coupa le souffle. Elle haletait, sanglotait, respirait avec difficulté. Elle évoqua en larmes sa vie de paysanne du Caucase, son enfance difficile dans le froid de l'hiver, elle parla de ses frères et sœurs, son père et sa mère, son mari, les animaux, la neige.

"On peut partir ? chuchota Iwan.

— Oui, s'il te plaît, dit Eric.

— Pourquoi ?

— S'il te plaît, dit Martin. S'il te plaît, allons-nous-en ! S'il te plaît."

Lorsqu'ils se levèrent, un méchant ricanement parcourut la salle. Eric serra les poings en se persuadant que ce n'était que le fruit de son imagination, tandis que Martin comprit pour la première fois que les gens pouvaient sans raison se réjouir du malheur d'autrui, être malveillants et méchants. De même qu'ils pouvaient sans raison être bons, gentils et serviables, tout cela en même temps. Mais ils étaient surtout dangereux. Cette révélation ne le quitterait plus et resterait liée au souvenir du visage de Lindemann qui observait leur départ depuis la scène, tout en nettoyant ses lunettes avec le foulard vert. Au moment précis où Martin sortait en dernier, le regard de Lindemann l'atteignit : les sourcils haussés, un sourire sur les lèvres, la langue humide aux commissures. Mais la porte venait déjà de se refermer avec un léger claquement.

Pendant le trajet du retour, Arthur tapota sur le volant en sifflotant. Martin était assis très droit à côté de lui, Iwan regardait fixement par une des vitres, Eric par l'autre. Arthur leur demanda à deux reprises ce qui avait bien pu les gêner, pourquoi ils avaient voulu partir et pourquoi les enfants avaient-ils tellement honte de tout mais, n'obtenant aucune réponse, il ajouta qu'il y avait certaines choses qu'il ne comprendrait jamais. Cette femme, s'écria-t-il, cette stupide histoire de paysanne russe, cousue de fil blanc, c'était clairement une assistante de l'hypnotiseur, si facile à percer à jour, qui pouvait croire un truc pareil ! Il alluma la radio pour l'éteindre aussitôt, la ralluma et, au bout d'un moment, l'éteignit de nouveau.

“Saviez-vous, demanda-t-il, que le condor vole plus haut que tous les autres oiseaux ?

— Non, dit Eric. Je ne savais pas.

— Si haut qu'il est parfois invisible depuis la terre. Aussi haut qu'un avion. Parfois si haut que la montée est plus courte que la descente.

— Qu'est-ce que ça veut dire? demanda Iwan. Quelle montée?

— Eh bien! la montée!" Arthur se frotta le front. Pendant quelques secondes, il roula les yeux fermés.

"Je ne comprends pas, dit Martin.

— Qu'est-ce qu'il y a à comprendre! Dis-moi plutôt comment ça se passe à l'école, tu ne racontes jamais rien.

— Tout va bien, dit Martin à voix basse.

— Pas de problèmes, pas de difficultés?

— Non."

Arthur alluma la radio, puis l'éteignit. "Voilà! s'écria-t-il. On descend."

Martin, Eric et Iwan échangèrent un regard étonné. Ils venaient de remarquer qu'ils étaient devant la maison de Martin.

Martin descendit.

"Nous aussi? demanda Iwan.

— Bien sûr."

Les jumeaux descendirent, perplexes, et Arthur resta seul dans la voiture. Eric regarda ses chaussures. Une fourmi suivait une fissure dans le bitume, une punaise grise croisa son chemin. Écrase la punaise, dit une voix dans sa tête, écrase-la, écrase vite la punaise, et peut-être que tout ira bien. Il leva le pied, mais ensuite il le reposa et laissa la punaise en vie.

Arthur baissa la vitre. "Tous mes fils." Il rit, remonta la vitre et appuya sur l'accélérateur.

Les trois garçons regardèrent la voiture s'éloigner, rapetisser et disparaître au coin de la rue. Pendant un moment, personne ne parla.

"Comment est-ce qu'on part d'ici? finit par demander Iwan.

— Il y a un bus qui passe cinq rues plus loin, dit Martin. On descend au septième arrêt, on change de bus, puis on descend au troisième arrêt et on continue en métro.

— On peut venir chez toi ?" demanda Eric.

Martin fit non de la tête.

"Pourquoi pas ?

— Maman a de drôles de réactions sur le sujet.

— Nous sommes tes frères !

— Justement."

Mais lorsqu'ils sonnèrent quand même à la porte, la mère de Martin accepta la situation avec une étonnante rapidité. C'est incroyable, disait-elle sans cesse, stupéfiant, une ressemblance pareille ! Elle donna aux jumeaux du Coca-Cola et une assiette remplie d'oursons trop sucrés et gélatineux qu'ils mangèrent afin de ne pas être impolis, et elle permit bien sûr à Iwan d'utiliser le téléphone pour appeler chez lui.

Ils allèrent ensuite dans la chambre de Martin et il sortit le petit pistolet à air comprimé qu'Arthur lui avait offert quelques mois plus tôt et qu'il dissimulait soigneusement à sa mère. Ils se postèrent tous les trois à la fenêtre et visèrent à tour de rôle l'arbre qui se fondait peu à peu dans l'obscurité de l'autre côté de la rue. Eric toucha deux fois le tronc et deux fois les feuilles, Iwan toucha le tronc deux fois, mais aucune feuille. Martin toucha une feuille mais pas le tronc, et ils commencèrent à se sentir proches et à comprendre ce que cela signifiait d'être frères.

À ce moment, une voiture s'arrêta et un brusque coup de klaxon convoqua Eric et Iwan au bas de l'escalier et dans la rue. Quand leur mère leur demanda ce qui s'était passé et où se trouvait leur père, ils ne surent que répondre. Mais quand arriva, peu avant minuit, un télégramme d'Arthur, elle les tira du lit et les força à tout lui raconter.

Arthur avait pris son passeport et retiré tout l'argent de leur compte commun. Le télégramme ne comportait que deux phrases : premièrement, il allait bien, qu'on ne s'inquiète pas pour lui. Deuxièmement, ce n'était pas la peine de l'attendre, il ne reviendrait pas avant très longtemps. Et, en effet, aucun de ses fils n'allait le revoir avant l'âge adulte. Mais les années suivantes virent la publication des livres qui firent connaître au monde entier le nom d'Arthur Friedland.

LA VIE DES SAINTS

Je confesse. J'entends leurs voix mais je ne vois rien, tant le soleil éblouit à travers les vitraux. Que j'ai péché. L'enfant de chœur bâille à côté de moi. Par action et par omission. Voilà que moi aussi, j'ai envie de bâiller, mais je me retiens et je serre si fort les mâchoires que les larmes me montent aux yeux.

La lumière tombera bientôt en oblique, et de la mer d'ombres surgira alors un petit groupe de gens : les cinq vieilles dames qui viennent toujours, l'obèse sympathique, l'obèse un tantinet moins sympathique, la jeune femme triste et le fanatique. Il s'appelle Adrian Schlüter. Il m'écrit souvent des lettres, rédigées à la main sur un luxueux papier. Il n'a visiblement jamais entendu parler d'e-mails.

C'est ma faute, c'est ma faute, c'est ma très grande faute. Je ne m'habitue pas à me lever si tôt. L'orgue retentit : nous Te louons, nous Te bénissons. Je dérape sur la plupart des notes mais cela fait partie de mon métier, presque tous les prêtres chantent faux. Nous T'adorons. L'orgue se tait. Pendant qu'on chantait, le soleil est monté dans le ciel, une clarté multicolore scintille à travers les vitraux, de fines lances de lumière traversent l'air, chacune abritant un tourbillon de poussière. Il est encore si tôt et il fait déjà si chaud. L'été est dans sa phase impitoyable.

Que le Seigneur tout-puissant et miséricordieux nous accorde le pardon, l'absolution et la rémission de nos péchés. L'enfant de chœur pose le lectionnaire sur le pupitre en bâillant. Si cela ne tenait qu'à moi, ce pauvre garçon serait encore au lit. Nous sommes vendredi, je n'ai pas de sermon à faire, c'est déjà pas mal. Parole du Dieu vivant. Les fidèles s'assoient, Martha Frummel s'avance, soixante-dix-huit ans, c'est elle qui fait la lecture du matin un jour sur deux.

Première lettre de saint Paul, apôtre, aux Corinthiens. Frères, lorsque je suis venu à vous, je ne suis pas venu vous annoncer le témoignage du Christ avec la sublimité du discours ou de la sagesse. Martha Frummel est une femme douce et bonne, peut-être l'une des justes de ce monde, mais sa voix rappelle l'orgue de Barbarie. Car je n'ai pas jugé savoir autre chose parmi vous que Jésus-Christ, et Jésus-Christ crucifié. Et c'est dans un état de faiblesse, de crainte et avec un grand tremblement que j'ai été parmi vous. Mon langage et ma prédication ne consistent pas dans les discours persuasifs de la sagesse humaine, mais dans une manifestation d'esprit et de puissance, afin que votre foi ne soit pas établie sur la sagesse des hommes, mais sur la puissance de Dieu.

Parole du Dieu vivant. Martha retourne à sa place en clopinant. Les fidèles se lèvent et on entonne : alléluia, alléluia, alléluia, alléluia. Le soleil n'éblouit plus, on reconnaît les images grossières sur le verre polychrome : l'agneau, le Sauveur au regard figé, la tranche de pain dans la croix rayonnante. Cette église n'est pas plus vieille que moi, les murs ne sont pas droits et c'est fait exprès, l'autel est un bloc de granit brut qui, pour une raison quelconque, n'est pas situé à l'est mais à l'ouest, si bien qu'à la messe du matin le soleil n'aveugle pas les fidèles, comme il se doit, mais ma personne.

L'Évangile. À l'époque où Jésus et ses disciples poursuivaient leur route vers Jérusalem, un homme s'adressa à Jésus et lui dit : Je te suivrai où que tu ailles. Ma voix n'est pas mal ; je suis doué pour mon métier. Jésus lui répondit : Les renards ont des terriers et les oiseaux du ciel ont des nids ; le Fils de l'homme, lui, n'a pas d'endroit où reposer sa tête. Il dit à un autre : Suis-moi ! Celui-ci répondit : Permets-moi de m'en aller d'abord enterrer mon père. Jésus lui dit : Laisse les morts enterrer leurs morts ; mais toi, va-t'en annoncer le Royaume de Dieu ! Un autre encore dit : Je te suivrai, Seigneur ; mais d'abord permets-moi de prendre congé des miens. Jésus lui répondit : Quiconque a mis la main à la charrue et regarde en arrière est impropre au Royaume de Dieu. Je referme le livre d'un coup. Ce passage prévu pour le 8 août 2008 est tout à fait approprié, mais c'est le hasard.

Et maintenant la profession de foi. Je m'éclaircis la voix et déclame ce à quoi j'aimerais croire : Dieu Tout-Puissant, Jésus son fils, crucifié, mort et enseveli, ressuscité le troisième jour, monté au ciel d'où il viendra juger les vivants et les morts. L'Esprit saint, la résurrection, la communion des saints et la vie éternelle. Oui, ce serait bien.

Les intentions de prière. Nous prions pour les dominicains, qu'ils accomplissent avec zèle l'œuvre de Dieu, car c'est aujourd'hui la Saint-Dominique. Nous te prions, exauce-nous. Nous prions pour les hommes qui cherchent, exauce-nous, nous prions pour les malades, et pour tous ceux qui ont perdu la certitude de la foi. Dans un séminaire d'études liturgiques, on s'est un jour demandé s'il était judicieux de prier un être omniscient d'exaucer un vœu. Le père Pfaffenbichel nous a expliqué que les intentions n'importaient guère et qu'on pouvait très bien s'en passer. Mais il ne connaissait pas mes fidèles. Deux semaines sans intentions l'année dernière, et ils croyaient déjà que Dieu les avait oubliés. Neuf mails de réclamation adressés à moi et malheureusement trois à l'évêque, ainsi que la rupture d'un fidèle avec l'Église. J'ai dû offrir une bonbonnière à Mme Koppel et lui rendre visite chez elle deux fois pour la faire changer d'avis.

L'Eucharistie. L'enfant de chœur me verse de l'eau sur les doigts, l'orgue entonne son hymne, j'élève la coupe contenant les hosties. C'est un instant plein d'emphase et d'intensité. On en viendrait presque à penser que ces gens croient réellement qu'une rondelle de pain azyme devient le corps d'un homme crucifié. Mais ils ne le croient pas, bien sûr. C'est impossible, il faudrait avoir l'esprit dérangé. On peut néanmoins croire que le prêtre y croit, qui croit lui-même que ses fidèles y croient ; on peut le répéter mécaniquement tout en s'interdisant d'y réfléchir. Saint, saint, saint, suis-je en train de scander, et j'ai bel et bien l'impression de ressentir un champ de force autour de moi. Une gestuelle magique, millénaire, antérieure à l'époque chrétienne, plus vieille que l'acier et le feu. Les premiers hommes rêvaient déjà de dieux déchiquetés. Par la suite viendront le mythe d'Orphée, démembré par les esprits de la vengeance, la légende d'Osiris, descendu dans les ténèbres et dont le corps reconstitué fut ramené à la vie et, bien plus tard, la figure du Nazaréen. Un vieux rêve sanglant, représenté jour après jour dans des milliers d'endroits. Il serait si facile d'en faire un acte symbolique, mais c'est justement là l'hérésie. On doit y croire, c'est un dogme. On ne peut pas y croire. On doit, on ne peut pas. Élevez votre cœur, dis-je. Nous le tournons vers le Seigneur, disent-ils. Mystère de la foi. Nous proclamons ta mort, nous célébrons ta résurrection, nous attendons ta venue dans la gloire. L'enfant de chœur effleure la clochette, le son vibre dans l'air, les bancs grincent tandis que les fidèles se mettent à genoux.

J'élève l'hostie. Le silence est si parfait qu'on entend les voitures dehors. Je repose l'hostie et fais la génuflexion de rigueur. Je transpire aussitôt, j'ai du mal à garder mon équilibre, la semaine dernière je suis tombé à ce moment-là, c'était horriblement gênant. Tiens bon, Martin, reste droit, tiens bon! Je me redresse en nage, chancelant. Prions, dis-je le souffle court, ainsi que le Seigneur nous l'a appris.

Notre Père, qui es aux cieux, que ton règne, que ta volonté, des phrases limées par des milliers d'années de répétition, délivre-nous, amen. Je romps l'hostie, la glisse dans ma bouche et apprécie un instant son petit goût sec. Il y a peu de chances que ce soit le corps de Dieu, mais c'est bon. L'orgue entame l'*Agnus Dei*, cinq membres de l'assemblée se mettent en file pour la communion. Je crains les anciens qui veulent se faire mettre le pain transformé sur la langue, comme c'était l'usage avant le concile; c'est difficile de poser quoi que ce soit sur une langue sans la toucher du bout des doigts. Mais aujourd'hui j'ai de la chance, trois paires de mains et une seule langue fripée de vieillard. En dernier, comme toujours, Adrian Schlüter.

Le corps du Christ, dis-je.

Pour les siècles des siècles, amen, dit-il en regardant non pas l'hostie, mais moi, fixement et sans cligner des yeux, comme s'il voulait me prouver quelque chose. Il va revenir, ce soir, demain matin, demain soir, chaque jour, c'est lui mon épreuve.

L'orgue gravit les derniers accords avant de se taire. J'en arrive aux mots de la fin. Portez dans le monde l'esprit de cette fête. Le Seigneur soit avec vous.

Et avec votre esprit.

Allez dans la paix du Christ.

Nous rendons grâce à Dieu.

Je me dépêche d'arriver en premier à la sortie et je me campe dans la chaleur matinale qui entre à flots. La main de Martha Frummel est aussi rêche que du papier émeri, Mme Wiegner est toute voûtée, son cœur ne va pas bien, son dos non plus. Mme Koppel est en bonne forme, mais toujours aussi seule. Mme Helgner ne viendra plus souvent, elle est très faible. Qui fait subir ce calvaire aux gens ? J'aimerais les enlacer mais je suis gros et je transpire, ça ne leur plairait pas. Alors je me contente de serrer des mains et de sourire. Les voilà tous partis, sauf un.

“Cher monsieur Schlüter, je suis un peu pressé.

— Une question de foi. Mon père, ça me préoccupe sans cesse.”

Je m'efforce de prendre un air intéressé.

“La Trinité. J'ai lu Tertullien. Et Rahner. Et bien sûr Ratzinger, Sa Sainteté. Mais je ne comprends pas.

— Qu'est-ce que vous ne comprenez pas ?

— L'Esprit saint.”

Je le regarde avec désespoir.

“Je comprends le Fils, le Père, je comprends aussi la différence entre l'Esprit saint et le Fils. Mais quelle est la différence entre l'Esprit saint et le Père ? Karl Barth dit que Dieu est le sujet, l'Esprit est le contenu et le Fils, le phénomène de la Révélation.

— C'est un mystère."

Cela fait effet. Il cligne des yeux. Que ferais-je sans ce mot ?

"Cela nous a été révélé !" J'hésite. Ou *"s'est révélé à nous"* ? Il faut que je vérifie ça sous peu. "Dieu nous a dit qu'il en était ainsi. Notre entendement peut nous aider à en saisir le sens. Mais l'entendement a ses limites. Et là commence la foi.

— Je ne suis pas tenu de comprendre ?

— Vous n'êtes pas obligé.

— Je ne dois pas essayer de comprendre ?

— Vous n'y êtes pas tenu."

Sa main est douce et sèche, son contact n'est même pas désagréable. J'en suis quitte pour aujourd'hui. Il s'en va et je me rends avec soulagement dans la sacristie.

L'enfant de chœur m'aide à retirer la chasuble. Dès que je me retrouve en chemise, j'évite le regard de mon reflet dans le miroir. Pourtant ce n'est pas si grave : Chesterton, le grand catholique, était bien enrobé lui aussi, et même Thomas d'Aquin, je le vois comme un sage à la panse tendue. En comparaison, je pourrais presque passer pour mince. Je m'assois sur le canapé. Mon Rubik's Cube repose sur l'accoudoir ; je suis toujours content de le voir et mes mains se tendent d'elles-mêmes vers lui. L'enfant de chœur m'a récemment demandé ce que c'était et à quoi cela servait. *Sic transit gloria*. Il y a vingt ans, c'était l'objet le plus célèbre au monde.

"Tu dois aller à l'école maintenant ?" dis-je au jeune garçon.

Il acquiesce et, par pure compassion, je me penche et lui caresse la tête. Il tressaille, je retire aussitôt ma main. Quel idiot je fais. Un prêtre doit être prudent ces temps-ci, il n'y a plus de geste anodin.

"J'ai une question, dit-il. La semaine dernière, en cours de religion, on parlait de la prescience de Dieu. Il sait quelle décision on va prendre avant même qu'on ne la prenne. Comment peut-on être libre malgré tout ?"

Les rideaux de gaze se gonflent, des taches de lumière dansent sur le parquet. La croix juchée sur l'armoire projette une ombre allongée.

"C'est un mystère.

— Mais…

— Le mystère signifie que cela nous a été… s'est révélé à nous. Dieu sait ce que tu vas faire. Tu es néanmoins libre. Tu es donc responsable de tes actes.

— Ce n'est pas logique.

— Voilà pourquoi c'est un mystère.

— Mais si Dieu sait ce que je vais faire, je ne peux pas agir autrement. Alors pourquoi serais-je responsable ?

— C'est un mystère !

— Qu'est-ce que ça veut dire ?

— Tu ne dois pas aller à l'école ?

— Excusez-moi." Le servant d'autel se tient à la porte : un frère lai cistercien nommé Franz Eugen Legner. Il a de petits yeux et des picots de barbe. Cela fait deux mois qu'il travaille ici, avant il était employé quelque part au fin fond des Alpes. Il garde l'église propre, actualise notre site web, joue de l'orgue et envoie – j'en suis à peu près sûr – des rapports sur mon compte à l'évêque. J'attends qu'il commette une faute pour que je puisse me plaindre de lui en retour

– une manœuvre préventive. Mais il n'en commet aucune, hélas. Il est très prudent.

"Tu sais ce que tu as fait hier, dit-il au jeune garçon.

— Qu'est-ce que j'ai fait ?

— Peu importe. Tu le sais. Tu t'en souviens.

— Oui.

— Et pourtant tu étais libre. Tu le sais, mais tu aurais pu agir autrement.

— Parce que c'était hier !

— Mais pour Dieu, dit Legner d'une voix mielleuse, aujourd'hui et hier n'existent pas. Ni maintenant, ni juste avant, ni dans cent ans. Il sait exactement ce que tu vas faire, de même que tu sais exactement ce que tu as fait hier.

— Je ne comprends pas.

— Tu n'y es pas tenu, dis-je. C'est un mystère." Je suis admiratif, malgré moi. Huit années d'études, dont une à la Grégorienne à Rome, mais ça ne me serait pas venu à l'idée.

Legner me regarde comme s'il avait lu dans mes pensées. Il montre les dents d'un air triomphant. Et pourtant il me fait pitié. Pauvre intrigant décharné, où ta ruse t'a-t-elle mené ?

Le garçon ramasse son sac à dos et le voilà qui franchit déjà la porte. Quelques secondes plus tard, il passe devant la fenêtre et descend la rue d'un pas traînant. Je ferme les yeux et mélange rapidement les couleurs du cube. Puis j'ouvre les yeux et je commence à rétablir l'ordre.

"Les jeux sifflent", dit Legner. Il ne regarde pas mes mains, car s'il le faisait, il serait forcément impressionné et il ne veut pas être pris en défaut. "Sur l'orgue. Nous devrions faire venir un réparateur.

— Peut-être le Seigneur pourra-t-il faire un miracle." Pourquoi diable avoir dit cela ? Ce n'était même pas drôle. La face rouge est reconstituée.

Il me scrute.

"Je plaisante, dis-je avec lassitude.

— Il pourrait le faire, dit Legner.

— Sans aucun doute." La face jaune également. Il se tait, je me tais.

"Mais il ne le fera pas", dis-je ensuite. La blanche.

"Ce n'est pas impossible.

— Non, impossible, non."

Nous nous taisons tous les deux. La face bleue est finie. La verte.

"Il pourrait le faire, reprend Legner.

— Mais il ne va pas le faire.

— On ne sait jamais.

— Non, dis-je en reposant le cube reconstitué. On ne sait jamais."

J'étais souvent resté devant le miroir pour m'assurer avec une rage froide que je n'étais pas laid. J'avais un visage harmonieux, une peau correcte, un corps assez grand, un torse et un menton larges, des yeux pas trop petits, et en outre j'étais mince. Alors pourquoi ?

Je pense aujourd'hui que c'était le hasard. Le *fatum* n'existe pas et si, par exemple, j'avais invité Lisa Anderson un autre jour ou au moins d'une autre manière, les choses se seraient peut-être passées différemment, et j'aurais une famille et serais journaliste à la télévision ou météorologue.

Lisa était dans ma classe et elle était assise devant moi, en biais. Lorsqu'elle portait des manches courtes, je voyais ses taches de rousseur et, quand le soleil apparaissait à la fenêtre, la lumière jouait sur sa chevelure brune et lisse. Il m'avait fallu cinq jours pour préparer les bons mots.

"Et si on allait au théâtre ? *Qui a peur de Virginia Woolf ?*

— Qui a… quoi ?"

Non pas que j'aimais aller au théâtre. Cela m'ennuyait, l'air était vicié et on comprenait mal les gens sur scène. Mais quelqu'un m'avait dit que Lisa s'y intéressait.

"C'est le nom de la pièce."

Elle me contemplait avec bienveillance. Je n'avais pas bégayé, et je n'avais pas non plus la sensation d'avoir rougi.

"Quelle pièce ?

— Au… théâtre.

— C'est quel genre de pièce ?

— Si on la voit, on le saura."

Elle rit. C'était en bonne voie. Soulagé, je ris moi aussi.

Elle prit un air grave.

J'avoue, mon rire n'était pas vraiment approprié ; un rien trop sonore et trop aigu, j'étais nerveux. Je tentai vite de le corriger et de rire normalement, mais je venais d'oublier comment faire. Remarquant à quel point ma voix était bizarre, je finis quand même par rougir : ma peau, brûlante, me picotait. Pour passer ce mauvais moment, je ris à nouveau mais ce fut encore pire, je me vis soudain debout devant Lisa, à la fixer, à rire et à m'observer en train de rire, planté devant elle, en la fixant et en riant. La rougeur me brûlait la peau.

"Aujourd'hui ça ne va pas, hélas, dit Lisa.

— Mais tu viens de…

— Hélas”, dit-elle. Elle venait juste de s’en souvenir. Pas le temps.

“Dommage, dis-je d’une voix rauque. Et demain ?”

Elle se tut une seconde. “Hélas, finit-elle par dire. Demain non plus.

— Après-demain ?”

Elle répondit qu’elle avait, hélas, beaucoup de choses prévues dans les semaines à venir.

Après cela, j’osais à peine la regarder de dos. Mais je ne pouvais l’empêcher de surgir dans mes rêves. Elle y était affectueuse, prévenante et elle buvait chacune de mes paroles. Nous étions tantôt seuls en forêt, tantôt allongés dans une prairie, parfois aussi dans une chambre, la lumière si faible que je ne pouvais qu’entrevoir la rondeur de ses épaules, les contours de ses hanches, la douce ondulation de ses cheveux. Quand je me réveillais, encore engourdi de désir et déjà torturé par la honte, je n’arrivais pas à comprendre comment j’avais pu croire, à l’instant encore, que cela m’arrivait pour de bon.

Quelques mois plus tard, lors d’une soirée, j’entrai en conversation avec Hanna Larisch de la classe parallèle. J’avais déjà bu ma deuxième bouteille de bière, l’air avait la consistance molle du velours, et nous en vînmes à parler du cube. Elle en avait un aussi, chacun en avait un à l’époque, mais, comme tout le monde ou presque, elle n’avait jamais réussi à reconstituer plus d’une face.

C’est très facile, expliquai-je. On commençait de préférence par la face blanche, puis on formait un T sur la bleue et la rouge : arête et centre. Après quoi on complétait la deuxième couronne en faisant pivoter la tranche centrale vers la droite ou la gauche, puis on orientait correctement la tranche centrale de la troisième couronne et, pour ce faire, il y avait plusieurs possibilités : comme ça, comme ça et comme ça, je montrai les mouvements. L'astuce consistait à vite décider quelles arêtes basculer, et il n'existait aucune formule, les seules clés étant la pratique et l'intuition.

Elle m'écoutait. Le cube était alors à son zénith, des experts en parlaient à la télévision et les magazines publiaient des articles sur les gagnants des championnats. Ma voix ne s'interrompit pas lorsque j'effleurai, l'air de rien, son épaule ; et quand je m'approchai d'un pas pour mieux l'entendre, car la musique était forte, elle ramena ses cheveux en arrière et me regarda avec attention. Oui, pensai-je soudain, voilà ce qu'il faut faire, voilà ce que font les autres. Je pris encore une bouteille, la parole me venait facilement. Et ce fut bien là le malheur.

Je parlai encore et encore. J'évoquai la difficulté à orienter les derniers coins. Je racontai qu'avec un peu plus d'entraînement j'avais des chances d'obtenir le titre de champion du Land et que même le championnat national serait alors à ma portée. Je sentis que le temps filait, qu'il faudrait bientôt que quelque chose se passe et je dissimulai ma nervosité sous un flot de paroles.

Elle passa la main dans ses cheveux, regarda le sol, puis moi, et ses gestes semblaient un peu forcés. Inquiet, je me mis à accélérer le débit. Elle passa à nouveau la main dans ses cheveux mais elle ne dit plus rien. C'est moi qui parlais. J'attendais qu'un instinct me dise ce que je devais faire, mais l'instinct en question ne pipait mot. D'où les autres savaient-ils de quelle manière procéder, où était-ce écrit, où l'apprendre ? Je regardai l'heure pour me persuader que nous avions encore assez de temps, mais elle interpréta mal mon regard et dit qu'elle aussi devait rentrer à la maison. "Déjà?" m'écriai-je. Et : "Non!" Et : "Pas encore!". Puis plus rien ne me vint à l'esprit. Nous étions silencieux dans le vrombissement de la musique. À côté de nous dansaient des élèves ivres, enlacés dans l'épaisse fumée de cigarette, deux autres s'embrassaient devant la fenêtre. Hanna sortit d'un pas hésitant.

"Ça s'est mal passé?" demanda ma mère. Elle était encore debout. Comme souvent lorsque je rentrai tard. Assise dans la cuisine, elle ajoutait du jus de citron dans son thé.

"Quoi donc?

— Je ne sais pas, mais je lis sur ton visage que ça s'est mal passé."

Elle posa sa cuillère tel un objet fragile près de sa tasse. "Il y a certaines choses qu'il faut retenter. Encore et encore. Malgré toutes les défaites. Tu penses être le seul dans ce cas, mais c'est pareil pour tout le monde. C'est absurde de s'acharner. Et pourtant on s'acharne.

— De quoi tu parles?" demandai-je sèchement.

Elle se tut un moment. "Du championnat. Ça va marcher. Tu ne dois pas te décourager."

Elle avait beau ne pas être âgée, ses cheveux grisonnaient déjà. Elle affichait quelques rondeurs et souriait souvent, d'un air triste et absent. En cet instant, dans la cuisine, après minuit, maintes choses me venaient à l'esprit : je me disais qu'elle avait évidemment raison, mais que je ne pouvais pas en parler avec elle, et qu'autrefois j'aurais pu rester à la maison et vivre à ses côtés, libéré de la compétition et de la misère, entouré de sa sollicitude, sans que quiconque trouve cela bizarre. Mais, à l'ère des psychologues, c'était franchement mal vu.

J'allai me chercher une tasse. De la pièce voisine, où se trouvait le tourne-disque, nous parvenait une douce musique de piano. Je me versai du thé. Fallait-il vraiment aller dans le monde ? N'était-il pas possible de vivre ici, dans cette maison, cette cuisine ?

Elle secoua la tête, comme si elle avait lu dans mes pensées. "Il ne faut pas baisser les bras, dit-elle. C'est ça l'astuce.

— Mais pourquoi ?"

Elle ne dit rien. Je pris ma tasse et allai me coucher.

Deux ou trois mois plus tard, je me trouvais chez Sabine Wegner. Nous étions seuls, sa famille absente, nous avions prévu de faire du latin. Sabine était bouffie. C'était une jeune fille gentille, intelligente et chaleureuse mais tout chez elle était bouffi : le visage, les mollets, le corps, les mains. Et moi, qui ne me doutais pas encore de mon apparence future, je la toisais et la raillais autant que les autres. Tout son physique révélait qu'elle ne faisait pas partie du jeu. Elle n'entrait pas en ligne de compte.

Nous étions assis à la table du salon pour déchiffrer Tacite. Sabine buvait un thé à la menthe, moi un jus de pomme. Au bout d'un moment, le travail fut terminé et je me levai.

"Mais les infos vont commencer", dit-elle.

Nous nous sommes assis sur le canapé. Gorbatchev et Reagan se serraient la main, Honecker glapissait dans un micro, Tom Cruise était assis dans un cockpit, une femme annonçait de la pluie devant un fond bleuté, puis ce fut déjà l'heure de la publicité : une femme au foyer agitait une serviette en disant à un homme fier portant cravate et attaché-case que le linge n'avait jamais été aussi propre. C'est alors que je posai la main sur la nuque de Sabine.

Au début, je crus moi-même à une erreur. Pourquoi faire cela, qu'est-ce qui me prenait ?

Elle était comme figée. Du coin de l'œil, je vis qu'elle ne tournait pas la tête. Retire ta main, pensai-je, il est encore temps. Je me penchai vers elle. Mes oreilles bourdonnaient, mon cœur cognait dans ma poitrine.

Qu'est-ce qu'elle est grosse, pensai-je.

Et je pensai : mais c'est une fille.

C'est là qu'elle tourna la tête. Son regard était étrangement trouble. La grande ombre de son corps, l'odeur douceâtre de son parfum, ma main sur sa nuque molle.

J'avais le vertige. Je me dis : en fin de compte, elle n'est pas si grosse que ça. Et son visage, déformé par la proximité, n'est pas horrible. Je vis qu'un de ses cils s'était détaché et reposait sur sa pommette. Je vis une petite éraflure sur sa tempe. Je vis qu'une veinule se ramifiait dans le blanc de son œil droit et je vis les pores de sa peau.

Ses lèvres se posèrent sur les miennes telle de la ouate. D'un geste hésitant, je mis la main sur sa hanche. Sabine recula, scruta mon visage, s'essuya les lèvres d'un revers de main et revint vers moi. Nous nous embrassâmes une deuxième fois, sa bouche s'entrouvrit et je sentis un petit être vivant, sa langue. Sa poitrine se souleva et s'abaissa, mon cœur battait la chamade, j'avais le souffle coupé, mais on y arrivait aussi sans respirer. Au bout d'un moment, elle retira sa tête. Je pris une grande inspiration. Elle tripotait ma ceinture.

Je me levai et la laissai baisser mon pantalon d'un coup sec. Puis elle saisit mon caleçon, tira dessus et contempla ma nudité. Le générique de *Tatort* braillait depuis le téléviseur. Je regardais ses seins. Ils étaient ronds, gros et rebondis sous son chemisier. Je tendis les mains vers eux, elle se pencha pour venir à ma rencontre. La porte s'ouvrit et son père entra, suivi de sa mère et de sa sœur, suivies d'un teckel, suivi de ma mère.

Personne ne dit rien. Ils m'observaient en silence tandis que je remontai caleçon et pantalon, rebouclai ma ceinture. Le chien grogna, s'allongea sur le tapis et mit les pattes en l'air dans l'espoir qu'on lui gratte le ventre. L'habillage dura plus longtemps que d'habitude, à cause de mes mains tremblantes. Le bourdonnement dans mes oreilles s'était encore intensifié et le sol me semblait très éloigné. Le chien soupira d'un air suppliant, en vain. À la télé un policier moustachu parlait vaguement d'un mandat d'arrêt et de la police judiciaire de Duisbourg. Je traversai la pièce vacillante, pris mon livre de latin, mon cahier, mon dictionnaire et mon stylo à plume sur la table à manger et je me dirigeai vers la porte. Les parents de Sabine s'écartèrent. Sa sœur pouffa. Ma mère passa devant moi.

Nous descendîmes l'escalier.

“Ils attendaient le bus, dit-elle. Je passais par hasard en voiture. J'ai proposé de les ramener. Avec l'intention de te ramener ensuite à la maison.” Elle se tut quelques secondes. “Excuse-moi.”

Elle ouvrit la portière, je m'assis sur le siège avant droit. Elle ajusta longuement le rétroviseur avant de démarrer.

“Je ne pensais pas… ! dit-elle. Je veux dire. Étant donné que Sabine. Je n'aurais pas cru… ! On ne peut pas dire qu'elle soit. Enfin, il ne me serait pas venu à l'idée…”

Je ne dis rien.

“Quand j’ai fait la connaissance de ton père…”

J’attendis. Elle ne parlait jamais d’Arthur. Ou bien elle se dit que ce n’était pas le bon moment, ou bien elle ne voulait soudain plus en parler, toujours est-il qu’elle ne finit pas sa phrase. Elle garda le silence jusqu’à notre arrivée.

Renoncer, tout simplement – où était le mal? Une pensée froide, grande et séduisante. J’arrivai deuxième au championnat du Land, je me qualifiai pour le national, mais je savais désormais que le cube ne mènerait jamais à aucun métier. Contre toute attente, les gouvernements n’étaient pas intéressés par les services des rubicubistes, pas plus que les grandes entreprises, et même les concepteurs de programmes informatiques et les fabricants de jouets préféraient les diplômés en mathématiques et en économie.

Pour ma part, je me sentais bien dans la pénombre, j’aimais la musique de Monteverdi et le parfum de l’encens. J’aimais les vitraux des vieilles églises, le canevas des ombres dans les voûtes gothiques, les représentations du Christ pantocrator, le Sauveur et maître du monde dans un nimbe d’or, j’aimais les gravures sur bois du Moyen Âge et la douce humanité des madones de Raphaël. J’étais impressionné par les *Confessions* de saint Augustin, je me sentais instruit par les subtilités de saint Thomas, je ressentais une affection chaleureuse envers le genre humain et je n’avais vraiment aucune envie de gaspiller mes journées dans un bureau. En outre, je n’étais pas doué pour me toucher. Je l’avais fait pendant un temps, avec rage et dégoût, persuadé de commettre une faute esthétique, un péché contre la beauté plutôt que contre la morale. Je me voyais comme de loin : un jeune homme rubicond, déjà un peu enrobé, qui se tripotait nerveusement en plissant les yeux. C'est ainsi que je me défis bientôt de cette habitude. On ne devrait pas non plus avouer cela à l'ère des psychologues, mais le cube me procurait davantage de plaisir.

Quant à Dieu, j'arriverais bien à m'en accommoder. C'est du moins ce que je pensais. Cela ne pouvait pas être si difficile. C'était sûrement faisable au prix de quelques efforts.

J'espérais en secret que mon baptême allait tout arranger. Mais, quand l'heure fut venue, l'église était en pleine rénovation : les murs disparaissaient derrière des poutrelles métalliques, une bâche en plastique dissimulait le retable et l'orgue, hélas, ne marchait pas. L'eau n'était que de l'eau, le prêtre un esprit confus et borné et, à côté de ma mère qui souriait d'un air mélancolique, mon frère Iwan luttait visiblement contre un fou rire.

Et pourtant j'étais sûr que la foi viendrait à moi. Tant de gens intelligents étaient croyants. Il suffisait de lire davantage, d'aller plus souvent à la messe et de prier davantage. Il fallait s'exercer. Dès que je croirais en Dieu, tout s'ordonnerait et ma vie se muerait *a posteriori* en destinée. Alors tout n'aurait été que Providence.

Je fêtai mon vingt et unième anniversaire avec mes camarades d'études Finckenstein et Kalm dans un bar étudiant enfumé.

"Saint Augustin est un aristotélicien de pacotille, dit Finckenstein. Il s'enlise dans l'ontologie de la substance, voilà pourquoi il est dépassé lui aussi !

— Aristote n'est pas dépassé, répondit Kalm. Il incarne la raison !"

Seule l'époque étudiante permet d'avoir ce genre de discussions. Finckenstein avait d'épaisses lunettes, des joues très rouges et l'innocence d'un enfant de chœur. Kalm était un doux fanatique, thomiste et habile défenseur de la Sainte Inquisition. Il participait à des tournois d'aviron le week-end, s'intéressait aux trains miniatures et avait – ce qui faisait de lui l'objet d'une jalousie contenue parmi les collègues – une petite amie. Le livre d'Arthur, *Que mon nom soit personne*, reposait devant lui. Je fis comme si de rien n'était et personne n'en parla. Cela n'avait d'ailleurs rien d'étrange, on le voyait partout, cette année-là.

"La théorie du temps de saint Augustin reste bien en deçà de la tradition aristotélicienne, dis-je. Tout le monde cite sa phrase selon laquelle on sait ce qu'est le temps du moment qu'on ne se pose pas la question. C'est beau mais, en tant que théorie de la connaissance, c'est faiblard.

— Il faut dire que la théorie de la connaissance n'était pas encore le paradigme, dit Kalm. C'était l'ontologie."

Nous nous tûmes, épuisés. Je posai de l'argent sur la table et me levai.

"Qu'est-ce qui te chagrine, Friedland ?

— L'écoulement des années. La perte du temps, la proximité de la mort et de l'enfer. Tu ne connais pas ça, tu n'as que dix-neuf ans.

— Mais est-ce que l'enfer existe ? demanda Finckenstein. Que dit l'ontologie ?

— Il existe nécessairement, dit Kalm. Mais il se pourrait bien qu'il soit vide.

— Et de quoi se compose-t-il ? De feu qui fait mal mais ne consume pas, comme chez Dante ?

— Dante ne décrit pas l'enfer, dit Kalm. Dante décrit la vérité de notre existence. L'enfer, nous y sommes tout au plus la nuit, dans ces moments de vérité que nous appelons cauchemars. Quelle que soit la nature de l'enfer, le sommeil en est la porte d'entrée. Nous le connaissons tous, parce que nous nous y retrouvons chaque nuit. La punition éternelle consiste à rêver sans jamais se réveiller.

— Eh bien dans ce cas, dis-je, je vais dormir."

Dehors le tram était déjà là. Je montai et il partit aussitôt, comme s'il m'attendait. Je m'assis.

"Excusez-moi", dit une voix grêle. Un homme déguenillé à la barbe hirsute était blotti devant moi et il portait deux sacs plastique bien bombés. "Vous donnez ?

— Pardon ?

— De l'argent, dit-il. Ce que vous avez fait au plus petit d'entre mes frères. C'est à moi que vous le faites. Dit le Seigneur."

Il tendit vers moi sa paume crevassée. Je portais évidemment la main à la poche de ma veste mais il était déjà en train de s'agenouiller. Puis il s'allongea sur le dos.

Stupéfait, je me penchai vers lui. Il souriait et se roulait par terre avec lenteur, voire délectation, de l'épaule gauche à la droite, et vice versa. Je regardai autour de moi. Seules quelques personnes se trouvaient encore dans le wagon, et elles s'efforçaient de regarder ailleurs.

Mais c'était mon devoir. Le christianisme l'exigeait. Je me levai et me penchai au-dessus de lui.

"Vous avez besoin d'aide ?"

Il mit la main autour de ma cheville. Il avait une poigne étonnamment ferme. Le tram s'arrêta, les portes s'ouvrirent, deux femmes se dépêchèrent de descendre, le wagon était maintenant presque vide. L'homme m'observa. Son regard était clair, précis et attentif, non pas perturbé, mais plutôt curieux. Un filet de sang dégoulinait de son nez et se perdait dans le feutre gris de sa barbe. Les portes se refermèrent, le tram démarra. Je tentai de dégager ma jambe. Mais il ne lâchait pas prise.

Aucun autre passager ne regardait vers nous. Nous étions dans le deuxième wagon, le conducteur semblait à une distance inaccessible. Sa main libre s'agrippa si fermement à mon autre jambe que je sentis ses ongles. Le tram s'arrêta, les portes s'ouvrirent, des gens descendirent à nouveau, le tram attendit un bref instant, les portes se refermèrent et on repartit. Une pomme entamée roula de dessous un siège, changea de direction et disparut sous un autre siège. Je ne pouvais pas bouger, l'homme était plus fort qu'il n'en avait l'air. Il montra les dents, me lança un regard interrogateur et ferma les yeux. Je secouai violemment le pied droit, sans pouvoir me libérer. Son souffle était rapide, sa barbe tremblait. Il prit une grande inspiration, puis il cracha. Je sentis quelque chose de chaud et de mou couler le long de ma joue. Il se mit à feuler.

Je lui donnai alors un coup de pied. Il voulut se redresser mais je lui donnai un deuxième coup et il s'effondra. Mes orteils me faisaient mal. Je saisis une des poignées pour ne pas perdre l'équilibre, et lui assénai un troisième coup. Une de ses mains se détacha, mais pas l'autre, un sac plastique se renversa, laissant s'échapper des dizaines de boules de papier :

des pages de journaux, de livres, de magazines sur papier glacé et de brochures publicitaires. Un couinement provint de l'autre sac ; il me semblait que quelque chose avait bougé à l'intérieur. Le tram s'arrêta, les portes s'ouvrirent, je marchai sur son poignet, il gémit et sa main gauche finit par lâcher prise. Je sortis d'un bond et me mis à courir.

Je courus longtemps. Quand je n'en pus plus, je m'arrêtai et regardai ma montre en haletant. Minuit passé de dix minutes. Mon anniversaire était terminé.

"Ce n'était pas lui, dit Iwan. Sûrement pas.

— Qui sait.

— Ce n'était pas le diable ! Même si l'idée te plaît. Vous autres cherchez toujours de quoi renforcer votre foi. Mais ce n'était pas lui."

Nous étions assis dans la pièce qui abritait autrefois la bibliothèque d'Arthur. Des dos de livres s'alignaient sur les murs, on entendait au dehors le bruit paisible d'une tondeuse.

"La foi, ce n'est pas si important, dis-je.

— Ah.

— Le prêtre a le pouvoir de lier et de délier. Peu importe ce qu'il pense. Il n'est pas forcé de croire au sacrement pour que le sacrement s'accomplisse.

— C'est ce que tu crois ?

— Je ne suis pas obligé de le croire, c'est vrai dans tous les cas."

Iwan irait bientôt étudier à Oxford. Chacun savait qu'il était destiné à de grandes choses et nul ne doutait qu'il serait un peintre célèbre dans dix ans. Je m'étais toujours senti mal à l'aise en sa présence, toujours inférieur à lui, mais le catholicisme m'offrait soudain un statut, une attitude et un argument pour tout.

Iwan s'apprêtait à répondre quand la porte s'ouvrit d'un coup et qu'il entra une deuxième fois. J'avais beau m'y attendre, la magie opérait et il me fallut un instant pour comprendre.

"Voudrais-tu bien ne plus jamais me soumettre ce bouquin ?" Eric jeta sur la table un exemplaire de *Que mon nom soit personne*. "Je refuse de lire ça.

— Mais c'est intéressant, dit Iwan. J'aimerais bien savoir ce que tu…

— Ça ne m'intéresse pas. Pour ma part il peut crever. Je me fiche de ce qu'il écrit.

— Ce n'est pas ce qu'Eric veut dire, dit Iwan. Il est juste théâtral parfois.

— Et toi ? me demanda Eric. Tu es sérieux ? Les prières, l'église, le séminaire ? Tu es vraiment sérieux ? Nous sommes juifs, est-ce possible, d'ailleurs ?

— Nous ne sommes pas juifs, dit Iwan.

— Mais notre grand-père…

— Et quand bien même, dit Iwan. Nous ne sommes rien, hélas. Tu le sais.

— Martin ne fait ça que parce qu'il ne trouve pas de petite amie."

Je me concentrai sur ma respiration. Surtout ne pas rougir maintenant.

"Je suis horrifié par la platitude de ton esprit, dit Iwan. Martin est une personne sincère. Je sais que c'est inconcevable pour toi, mais il est croyant et veut servir Dieu. Tu ne comprendras jamais ça."

Eric me dévisagea. "Sérieusement ? La Vierge, l'eau en vin, la résurrection ? Vraiment ?

— C'est un processus. Je me raclai la gorge. Dans la foi on est toujours en chemin. On n'est jamais…

— Tu ne veux pas travailler, c'est tout !"

Je me levai. Comment faisait-il pour me mettre aussi vite en colère ? Pourquoi avait-il toujours raison et pourquoi était-ce toujours aussi pénible à entendre ?

"Le jour où tu en auras marre de prier, tu arriveras en rampant, dit Eric. Et tu me supplieras de t'embaucher.

— Et tu feras quoi ? Quand j'arriverai en rampant ?

— Eh bien ! Je t'embaucherai, quoi d'autre ? Tu es mon frère." Il rit et sortit sans autre forme de procès.

"Il est nerveux ces derniers temps, dit Iwan. Il ne dort pas assez. Ne l'écoute pas." Il ouvrit *Que mon nom soit personne*, feuilleta distraitement plusieurs pages et le referma. "Moi aussi, j'ai cru un jour avoir rencontré le diable. C'était dans un grand magasin, j'avais dix ans. Une femme devant un présentoir pour les soldes, d'apparence normale, elle ne faisait rien de spécial, mais j'étais persuadé que si je restais quelques secondes de plus, il se passerait quelque chose d'horrible. Maman ne m'a retrouvé qu'au bout d'une heure, derrière un frigidaire au rayon électroménager, elle était folle d'inquiétude. Je pense aujourd'hui encore que j'ai bien réagi. Si elle m'avait vu..." Il regarda par la fenêtre d'un air songeur. Un jardinier agitait son taille-haie, le métal étincelait au soleil. "Mais c'est absurde. J'avais dix ans." Il fixa la table, puis moi, comme s'il avait un instant oublié ma présence. "Et à part ça ? Des plans, des projets ? C'est bien ce qu'on fait pour son anniversaire. De bonnes résolutions ?

— Je m'entraîne pour le championnat.

— Toujours le cube ?

— Toujours lui.

— Bonne chance. Mais plus important encore…
— Oui ?
— Rien.
— Vas-y !
— Bon, il faut bien que quelqu'un te le dise. Tant que tu peux y remédier. Tu devrais…
— Oui ?
— Peu importe.
— Dis-le !
— Perdre du poids, frère très pieux. C'est encore possible, mais ça va devenir de plus en plus difficile. Tu devrais vraiment perdre du poids."

Que mon nom soit personne est-il une expérience joyeuse et donc le produit futile d'un esprit joueur, ou bien une tentative malveillante pour ébranler l'âme de chaque lecteur ? Nul ne le sait vraiment, peut-être que les deux hypothèses coexistent.

Le début se compose d'une nouvelle à l'ancienne dont le héros est un jeune homme qui se lance dans la vie, et dont nous ne connaissons que l'initiale du prénom : F. Les phrases sont bien construites, le récit s'écoule avec force, nous lirions presque avec plaisir si nous n'avions pas sans cesse l'impression qu'on se moque de nous. F est mis à l'épreuve, il fait montre de ses qualités, lutte, apprend, gagne, apprend davantage, perd et continue de progresser, le tout dans la plus pure tradition narrative. Mais c'est comme si chaque phrase signifiait autre chose qu'elle-même, comme si l'histoire observait son propre déroulement et qu'en réalité ce n'était pas le personnage principal qui se trouvait au centre, mais le lecteur, lui qui suit tout cela de si bonne grâce.

Au fil du récit s'accumulent de petites incohérences. F est chez lui, il regarde la pluie par la fenêtre, met sa veste et son bonnet, prend son parapluie, quitte la maison, flâne dans les rues, où il ne pleut pas, met son bonnet et sa veste, prend son parapluie et quitte la maison, comme s'il ne venait pas déjà de le faire. Peu après surgit un parent éloigné, dont nous avons appris auparavant dans une subordonnée qu'il est mort depuis dix ans, la banale promenade d'un grand-père et de son petit-fils dans une fête foraine se transforme en cauchemar labyrinthique, une maladresse de F lourde de conséquences est annulée sans autre forme de procès. En tant que lecteur, on élabore bien sûr des théories. On a peu à peu l'impression de comprendre, on se croit déjà tout près du but, et c'est là que le récit s'arrête – comme ça, sans avertissement, au beau milieu d'une phrase.

On tente à nouveau d'y trouver un sens. Peut-être que le héros est mort. Peut-être ces incohérences sont-elles les signes annonciateurs de la fin, les premières zones élimées, en quelque sorte, avant que la trame ne cède pour de bon. Car, semble demander l'auteur, qu'est-ce que la mort, si ce n'est une fin au beau milieu d'une phrase que l'intéressé ne dépassera jamais, si ce n'est une apocalypse silencieuse, durant laquelle ce n'est pas un homme qui disparaît du monde mais le monde lui-même qui disparaît, si ce n'est la fin de toutes choses sans point final ?

La deuxième partie aborde un autre thème. À savoir, c'est ce qu'affirme l'auteur, que toi, oui, toi, et ce n'est pas une expression rhétorique, que toi, donc, tu n'existes pas. Tu crois que tu es en train de lire ceci ? Bien sûr que tu le crois. Mais personne n'est en train de lire ces pages.

Le monde n'est pas ce qu'il paraît être. Les couleurs n'existent pas, ce sont des longueurs d'onde, les sons n'existent pas, c'est de l'air qui vibre, d'ailleurs l'air n'existe pas non plus, ce sont des atomes reliés entre eux dans l'espace ; quant au mot atome, il ne sert qu'à désigner des enchevêtrements d'énergie sans forme ni lieu fixe, et qu'est-ce au juste que l'énergie ? Un nombre qui reste constant en dépit des changements, une somme abstraite qui se maintient, non une substance mais un rapport, autrement dit, des mathématiques pures. Plus on y regarde de près, plus tout devient vide, et plus le vide lui-même devient irréel. Car l'espace n'est lui aussi qu'une fonction, un modèle de notre esprit.

Et l'esprit qui crée ces modèles ? N'oublie pas : nul n'habite dans le cerveau. Il n'y a pas d'être invisible qui flotte dans les méandres du système nerveux, regarde par les yeux, écoute de l'intérieur au niveau des oreilles et parle par ta bouche. Les yeux ne sont pas des fenêtres. Il existe des influx nerveux, mais nul n'est là pour les interpréter, les compter, les traduire ou y penser. Cherche autant que tu veux, personne n'est à la maison. Le monde est en toi, et tu n'es pas là. Car "toi", même vu de l'intérieur, c'est au mieux une construction de fortune assemblée à la va-vite : un champ visuel de quelques millimètres qui, à la périphérie, fuit déjà dans le néant, contenant des taches aveugles, comblées par l'habitude et une mémoire qui conserve peu de choses et invente tout le reste. Ce que tu appelles ta conscience est un vacillement, un rêve que personne ne fait.

Cela continue ainsi sur cinquante pages et fonctionne presque, on est quasiment convaincu. Mais le sentiment s'insinue en nous que même tout cela n'est qu'une démonstration ironique de – de quoi, au juste ? Car on en est déjà au dernier chapitre. Court et cruel, il y est question, aucun doute là-dessus, d'Arthur lui-même.

F réapparaît, et on assiste en peu de pages au déchiquetage d'un homme : doué, sans courage, hésitant, égocentrique à la limite de la méchanceté, écœuré par lui-même, vite lassé par l'amour, incapable d'entreprendre quoi que ce soit avec sérieux, utilisant l'art comme simple prétexte pour l'inaction, rechignant à s'intéresser aux autres, incapable de prendre des responsabilités, trop lâche pour se confronter à son propre échec, un homme faible, malhonnête, inutile, n'ayant du talent que pour les jeux d'esprit creux, du pseudo-art inconsistant, et capable de se sortir discrètement de n'importe quelle situation fâcheuse, un homme qui finit par en arriver au point où, par dégoût pur et simple de sa propre personne, il se voit contraint de prétendre que l'être n'existe pas et que le moi n'est qu'une illusion.

Mais cette troisième partie n'est pas non plus aussi claire qu'il y paraît. Cette haine de soi est-elle vraiment authentique ? Selon l'exposé qui précède, le moi n'existe pas et l'examen de conscience n'a pas de sens. Quelle partie annule laquelle ? L'auteur ne donne pas d'indice.

Iwan, Eric et moi en avions chacun reçu un exemplaire par la poste, dans une enveloppe en papier kraft, sans dédicace ni expéditeur. Aucune critique ne parut et je ne le vis dans aucun magasin. Ce n'est qu'un an plus tard que je le remarquai pour la première fois dans la rue. Je rentrai de l'université et je crus un instant à une hallucination. Or le livre était bien là, entre les mains d'un vieux monsieur assis sur un banc, qui affichait un sourire crispé tout en lisant, visiblement pris dans le doute de sa propre existence. Je me penchai et regardai la couverture bleu uni, l'homme leva vers moi un regard inquiet, je passai vite mon chemin. Je revis le livre deux semaines plus tard, dans le métro cette fois, lu par un homme portant une sacoche en cuir et un chapeau effiloché. Lorsque je l'aperçus à nouveau la semaine suivante, des articles étaient déjà parus dans tous les journaux, car il venait d'attirer la première personne dans la mort.

Il s'agissait d'une âme rêveuse avec un penchant métaphysique, un étudiant en médecine à Minden qui, après la lecture, avait élaboré une expérience confuse pour s'assurer de son existence. Personne n'en comprit les détails mais il était question d'un protocole minuté de ses affects, de piqûres d'aiguilles contrôlées qu'il s'infligeait à lui-même et à un malheureux cochon d'Inde en alternance, ainsi que d'un saut minutieusement préparé et exécuté après mûre réflexion depuis un pont ferroviaire. La semaine suivante, une jeune femme se jeta du haut de la tour de télévision de Munich, avec un exemplaire de *Que mon nom soit personne* entre les mains, ce qui déclencha une nouvelle déferlante d'articles de presse, entraînant à son tour la mort par empoisonnement d'un marchand de fruits et de sa femme à Fulda. Entre les deux corps se trouvait le livre d'Arthur.

Là s'arrêta la vague de suicides, mais la vague d'articles, de commentaires et de réactions aux commentaires se poursuivit encore quelque temps, d'autant que, peu après, un célèbre animateur de radio fut enfermé à sa demande dans un hôpital psychiatrique après avoir déclaré dans son émission être persuadé de sa non-existence substantielle. Il avait enchaîné sur la lecture d'un long passage de *Que mon nom soit personne*, ce qui amena la commission parlementaire compétente à débattre de la question de savoir s'il ne fallait pas appliquer beaucoup plus sévèrement la loi sur l'interdiction des films, jeux vidéo et livres dangereux. Cela donna lieu à des déclarations railleuses de plusieurs députés, ainsi qu'à la prise de position d'un évêque, ce qui provoqua une nouvelle vague de commentaires, dans laquelle on fit également moult hypothèses sur l'identité de cet Arthur Friedland, qui restait à ce point silencieux, ne défendait pas son livre, n'apparaissait jamais en public et refusait même de se faire photographier.

Une fois le sujet débattu de façon si approfondie qu'il ne se trouva plus personne que cela n'ennuyait pas, Arthur devint célèbre. Son deuxième livre, le roman *L'Heure du chasseur*, un polar en apparence conventionnel au sujet d'un détective profondément mélancolique qui, en dépit d'une grande intelligence et d'efforts désespérés, se révèle incapable de résoudre une affaire en réalité très simple, occupa pendant plusieurs semaines les dernières places dans les classements des meilleures ventes.

Peu après parut le roman *À l'embouchure du fleuve* : la destinée d'un homme se ramifie au fur et à mesure de ses décisions ou des aléas de la fortune. L'auteur décrit chaque fois les deux variantes, les deux itinéraires de vie possibles qui ont divergé à partir d'un même point. La mort s'immisce de plus en plus souvent, seuls un instant d'inattention ou un infime hasard séparent parfois une existence réussie de son horrible fin – des chemins toujours plus nombreux mènent à la maladie, aux accidents et à la mort, très peu conduisent au grand âge.

Ce livre m'a laissé une impression des plus étranges, et encore aujourd'hui il me fait peur. D'une part, parce qu'il montre à quel point les conséquences de chaque décision et de chaque geste sont imprévisibles – chaque seconde peut tout réduire à néant, et quand on pousse la réflexion jusqu'au bout, comment arrive-t-on encore à vivre ? D'autre part, parce que je n'ai jamais pu me défaire de l'idée que ce livre, plus que les autres d'Arthur, parle de moi : d'un lointain après-midi d'été où une voiture avait failli me tuer, ce qui n'est plus désormais qu'un vieux souvenir, une brève anecdote, voire un écho ponctuel dans les mauvais rêves survenant après un dîner copieux.

Le bois craque, une silhouette se faufile et tombe à genoux. Je repose le cube. Je viens de le reconstituer en vingt-huit secondes, mon record est de dix-neuf, mais cela remonte loin.

"Au nom du Père, du Fils et du Saint-Esprit, dis-je d'un ton irrité.

— Pour les siècles des siècles, amen, répond une voix masculine rauque.

— J'écoute."

Il se tait, respire avec difficulté, cherche ses mots. Je jette un coup d'œil au cube mais ce n'est pas possible, on entendrait la rotation des articulations, il le remarquerait.

"La luxure. Je me suis masturbé. Je le fais sans arrêt !"

Je soupire.

"À l'instant. Dans la rue. Personne ne l'a vu. J'ai une femme et une copine. Chacune connaît l'existence de l'autre, mais elles ignorent tout de ma deuxième copine qui, elle, sait que les deux autres existent. Et j'ai encore une troisième copine dont toutes les autres ignorent l'existence. Elle ne sait rien des autres non plus, elle croit que je vis seul."

Je me frotte les yeux. Je suis fatigué, et il fait si chaud.

"Cela a commencé à mal tourner quand Klara s'est moquée de ma femme sur Facebook. Elle n'a pas pensé que Pia est sa copine, et qu'elle peut le lire.

— Sa copine ?

— Sur Facebook. Je leur ai dit à toutes que j'arrêtais, que les choses allaient changer. Mais c'est tellement dur ! Comment faites-vous ? Jamais de femme ! Au bout de deux heures, j'ai déjà des tremblements.

— Parlons de vous.

— J'ai aussi volé de l'argent.

— Ah.

— Pas beaucoup. Mille euros. Dans la caisse de la société.

— Quel est votre métier ?

— Je suis conseiller fiscal. Ma copine travaille dans la même pièce.

— Laquelle ?

— Quelle pièce ?

— Quelle copine !

— Eh bien, Klara. Celle dont ma femme connaît l'existence.

— Pourquoi devient-on conseiller fiscal ?

— Pardon ?

— Pourquoi conseiller fiscal ? Cela m'a toujours intrigué."

Il se tait. Mais pourquoi ne devrais-je pas poser de questions, où est-il écrit que je n'ai pas le droit de m'instruire pendant la confession ?

“J’aime les mots croisés, finit-il par dire. Quand toutes les cases sont soigneusement remplies. Quand tout est à sa place. J’aime ça. On reçoit les notes de frais, c’est le chaos, puis on se met à remplir les formulaires. On inscrit des choses ici et là, on coche cette case-ci et celle-là, jusqu’au moment où tout s’ordonne. Dans la vie, sinon, rien n’est jamais en ordre. Vous avez besoin d’un conseiller fiscal ?

— Non, non. Merci.

— L’argent ne venait pas d’un client. Ne croyez pas cela. Il provenait de la caisse pour les frais généraux. Un ami à moi est grossiste en mobilier, je lui ai dit : je t’achète de nouvelles chaises pivotantes mais tu dois gonfler un peu la facture, trois mille euros environ, et puis…

— Mais vous venez de dire : mille !

— … il a livré les chaises, j’ai payé et partagé le surplus avec lui. Malheureusement il a ensuite voulu déduire ma part en tant que charges et, comme il est client chez nous, j’ai dû lui dire que ce n’était pas possible. J’ai essayé quelques astuces de comptabilité…

— Revenons aux femmes.

— C’est terrible, monsieur le curé ! Elles m’appellent sans arrêt.

— Lesquelles ?

— Toutes sauf ma femme. Elle, elle n’appelle jamais. Pourquoi le ferait-elle, d’ailleurs ? Chaque jour je leur rends visite à tour de rôle, j’ai tout bien organisé, mais quand c’est trop espacé, je ne peux pas m’empêcher de… comme tout à l’heure ! Comment faites-vous pour résister à la tentation, monsieur le curé ? Une fois j’ai tenu une semaine. Je suis resté à la maison, j’ai joué avec les enfants et aidé ma femme à la cuisine. Le soir nous avons regardé des vidéos d'animaux rigolos sur YouTube. Il y en a tant. Des milliers de vidéos. Des milliers d'animaux rigolos.

— Et qu'est-ce qu'ils font ?

— Ils mangent, se roulent par terre, font des bruits. Au bout du troisième jour, je me suis dit : ce n'est pas si horrible, après tout. Au cinquième, j'ai cru que j'allais me suicider. Je suis donc allé chez elle.

— Laquelle ?

— Je ne sais plus, c'est important ?

— Non.

— Alors que dois-je faire ?

— Exactement cela. Restez chez vous. Aidez à la cuisine. Regardez des vidéos d'animaux.

— Mais c'est affreux.

— Bien sûr que c'est affreux. C'est la vie.

— Pourquoi me dites-vous une chose pareille ?

— Parce que je ne suis pas votre thérapeute. Je ne suis pas non plus votre ami. Regardez la vérité en face. Vous ne serez jamais heureux. Mais cela ne fait rien. On peut aussi vivre de cette manière." J'attends un instant, puis j'enchaîne sur le signe de croix. "Je te délivre de tes péchés. Au nom du Père, du Fils et du Saint-Esprit. Soyez fidèle à votre femme aussi longtemps que possible. Essayez deux semaines. Deux semaines, cela devrait être faisable. Et rendez l'argent. C'est votre pénitence.

— Comment dois-je le comptabiliser ?

— Trouvez un moyen.

— C'est facile à dire ! Comment vous représentez-vous la chose ? Je ne peux pas simplement faire un virement de douze mille euros à notre bureau !

— Douze ?

— Je préfère rester trois semaines à la maison. Trois, d'accord ?

— Rendez l'argent !"

Il se tait. "L'absolution est toujours valable ? Je veux dire, indépendamment de la pénitence ? Ce n'est pas une… condition nécessaire ?

— Le sacrement est accompli. Mais ne pas rendre l'argent constituerait un nouveau péché.

— Dans ce cas je reviendrai.

— Ce n'est pas comme ça que ça marche !

— Je pourrais bien sûr le déclarer en tant que remboursement d'impôts. Mais qu'est-ce que je fais en cas de contrôle fiscal ? Je ne peux pas le comptabiliser !"

Il attend. Je ne réponds pas.

"Au revoir, monsieur le curé."

Le bois craque, ses pas s'éloignent. J'aurais aimé jeter un œil sur son visage mais le secret de la confession me l'interdit et je m'en tiens aux règles. Les protestants ont un Dieu qui tient à savoir ce qu'ils ressentent en leur for intérieur, mais je suis catholique, et mon Dieu ne s'intéresse qu'à ce que je fais. Je prends le cube et, à l'instant précis où je me demande si je dois procéder de façon classique ou commencer par un bloc de quatre, le bois craque à nouveau.

"Je bois."

Je repose le cube.

"Je bois tout le temps. Je ne peux pas m'arrêter."

J'envie les alcooliques. On tourne des films sur eux, on engage les meilleurs acteurs, on écrit des reportages et des romans à leur sujet. Mais les gloutons ? Les gens minces disent que c'est une question de volonté mais peut-être sont-ils simplement minces parce qu'ils ont moins faim. Tout à l'heure je me suis acheté deux barres chocolatées au distributeur du coin de la rue. Pas pour les manger, mais pour les avoir sous la main. Quelle idée stupide.

“Je ne désire plus rien d’autre. Juste boire. Ma femme m’a quitté, j’ai perdu mon travail, je m’en fiche. Je veux boire, c’est tout.

— Je ne peux vous donner l’absolution que si vous avez le souhait sincère de changer.”

Mon téléphone vibre. Je le sors tant bien que mal et vois sur l’écran le numéro du bureau d’Eric. C’est étrange car Eric ne m’appelle jamais. Mais je ne peux pas répondre maintenant.

“Je ne sais pas. Je ne sais pas. Je ne sais pas.

— Vous ne savez pas si vous voulez arrêter de boire ?

— J’aimerais bien ne plus vouloir boire, mais je veux boire.”

Est-ce une distinction pertinente ou absurde ? Le téléphone cesse de vibrer.

“Vous ne seriez pas en train de manger, monsieur le curé ?

— Non ! Essayez de ne pas boire pendant deux jours. C’est déjà un début. Et revenez me voir !

— Deux jours ? Je ne peux pas.

— Alors je ne peux pas vous donner l’absolution.”

La première bouchée était divine. Le chocolat qui se brise, le délicat picotement de la noix de coco. Mais on se rend vite à l’évidence : trop gras, beaucoup trop sucré. Il en va ainsi de la plupart des choses, cela a échappé à Jésus, tandis que Bouddha, lui, était plus attentif. Le manque n’est jamais vraiment comblé. Tout est insuffisant et on n’arrive néanmoins pas à s’en défaire.

“Vous mangez !

— Revenez dans deux jours.

— Arrêtez de manger !

— Je ne mange pas.

— Dans le confessionnal !

— Dans deux jours. Si vous n'avez pas bu. Revenez me voir !"

Le bois craque, l'homme s'en va. Je froisse la feuille métallisée vide et pense à la deuxième barre. Elle est encore dans ma poche et elle va y rester.

Je la sors de ma poche.

Mais je ne l'ai pas encore ouverte. Et même si elle l'était, je n'aurais pas encore mordu dedans. Tout est en mon pouvoir. Le mystère du libre arbitre : je peux mordre dedans, je peux la laisser. Cela dépend de moi. Tout ce que je dois faire pour que cela n'arrive pas, c'est de ne pas le faire.

La deuxième barre est insignifiante. Je mâche vite et avec rage. La deuxième n'est jamais bonne. Le téléphone vibre. Encore le bureau d'Eric. C'est sûrement important.

"Je t'envie, dit Iwan.

— C'est exagéré."

Nous étions assis sur un banc dans le promenoir du monastère d'Eisenbrunn. Les arbres se balançaient dans le vent froid, des oiseaux chantaient, une odeur de nourriture provenait de la cuisine, un moine en froc passait de temps à autre devant nous, tête baissée. On aurait pu se croire dans un autre siècle.

J'étais content de voir Iwan. Au bout d'une semaine de retraite stricte, je me lassais des visages pieux. Mon frère avait surgi sans prévenir, comme à son habitude. Le portier, qui voulut d'abord le renvoyer, avait fini par le faire entrer. Iwan ne se laissait pas éconduire facilement.

"Ils t'ont même enlevé le cube ?

— Cela fait partie de l'exercice", dis-je. Il m'avait manqué au début, mais je me demandai depuis si ce que je prenais pour mon loisir préféré n'était pas, en réalité, une forme de dépendance.

"Tu étais chez Lindemann ? demandai-je.

— C'était stérile. Ce n'est pas quelqu'un d'intéressant.

— Mais est-ce qu'il s'est rappelé ? Est-ce qu'il a pu t'expliquer…

— Je viens de te dire qu'il n'est pas intéressant.

— Mais…

— Martin, il n'y a rien à raconter ! J'aimerais être comme toi. Tu sais ce que tu veux. Je ne suis même pas fait pour être artiste.

— C'est absurde.

— Ce n'est ni de la modestie, ni une crise. J'ai compris que je ne pourrais pas devenir peintre."

Sous la colonnade passèrent trois moines dissimulés sous leur froc. Celui de gauche était un poivrot, celui du milieu passait ses soirées à regarder les retransmissions sportives sur un vieux téléviseur noir et blanc, celui de droite avait récemment été rappelé à l'ordre à cause de sa collection de vidéos pornographiques. Mais pour Iwan, qui ne les connaissait pas, ils devaient avoir l'air d'illuminés.

"Je pourrais à la rigueur devenir professeur d'arts plastiques. Ou conservateur de musée. Si je continuais à peindre… je serais médiocre. Au mieux médiocre. Au mieux.

— Ce serait si grave que ça ? La plupart des gens sont médiocres. Par définition.

— Exact. Mais pense à Vélasquez et à sa façon d'utiliser le blanc de la toile, comme si c'était une couleur. Ou aux tons chair de Rubens. Ou à la puissance de Pollock, son courage de peindre comme un fou. Je suis incapable de faire ce genre de choses. Je ne peux être que moi-même. Et ça ne suffit pas.

— Tu n'as pas tort, dis-je d'un air songeur. Comment se faire à l'idée qu'on n'est pas Rubens ? Comment s'en accommoder ? Au début, on se croit toujours exceptionnel. Mais personne ou presque ne l'est.

— Par définition.

— Tu cherches encore un sujet de thèse ?

— Ce ne serait pas une mauvaise idée." Il remua le gravier du bout de sa chaussure, leva les yeux et sourit. "Vraiment pas une mauvaise idée. Nous parlons trop rarement ensemble. Tu seras bientôt ordonné ?

— Ce n'est pas pour tout de suite.

— Je suis sérieux, je t'envie. Quitter le monde. Tout lâcher. Ne plus faire partie de ça.

— Ce serait bien." Des rayons de soleil filtraient à travers le branchage des grands arbres, sur les cailloux dansaient des taches lumineuses. "On en fait toujours partie. Mais d'une autre manière. Aucun chemin ne permet d'en sortir.

— Prie pour moi." Iwan se leva. "Je m'envole demain pour l'Angleterre, on se verra peut-être à Noël. Prie pour moi, frère Martin. Je suis de ceux qui ont besoin de prières."

Je le suivis des yeux. Le portail du monastère s'ouvrit dans un ronronnement. Tout ici avait l'air médiéval, mais le courant circulait partout, il y avait des caméras de sécurité cachées, et on voyait de plus en plus souvent des moines parler dans de minuscules téléphones. Ici comme ailleurs, le monde prenait un tournant inéluctable. Je me levai lentement. Les cloches allaient nous appeler pour l'office du soir.

Durant les deux premiers jours, j'avais cru mourir d'ennui mais les choses s'étaient améliorées, et je pouvais désormais rester agenouillé des heures dans l'église à écouter les modulations des mélodies grégoriennes. En outre, je n'étais plus sans cesse torturé par la faim, je pus ainsi oublier mes douleurs au genou et lever les yeux vers les hautes fenêtres en étant persuadé que j'étais là où je devais être selon ma vocation et mon destin.

Sauf que je ne sentais pas la présence de Dieu.

J'attendais, priais, attendais et priais. Mais je ne sentais pas Sa présence.

Je m'entendais bien avec les autres séminaristes. L'un d'eux s'appelait Arthur comme mon père et maîtrisait des tours de cartes tels que je n'en avais encore jamais vu. Un autre s'appelait Paul et avait parlé à la Vierge Marie. Il raconta qu'elle portait un imperméable et un drôle de chapeau, mais que c'était sans aucun doute la Sainte Vierge. Un autre encore s'appelait Lothar et pleurait si fort la nuit que nous avions du mal à fermer l'œil, et même mon vieil ami Kalm était ici, nimbé du doux éclat de sa dévotion.

"J'aimerais être comme toi", dit Kalm au dîner. Il y avait de la purée et du poisson. La purée était insipide et le poisson trop cuit, mais je me serais volontiers resservi.

"C'est idiot.

— Tu vas pouvoir aider les autres. Tu iras loin. Jusqu'à Rome. Et qui sait jusqu'où encore."

Après le dîner nous nous réunissions de nouveau dans la chapelle. On s'agenouillait, les moines chantaient, leurs voix se fondaient en une seule voix puissante et les bougies emplissaient la nef d'ombres dansantes.

Je l'exige, dis-je. Je l'ai mérité. Donne-moi un signe.

Rien ne se passa.

Je me levai. Des regards curieux se posèrent sur moi mais personne n'intervint. Après tout, il s'agissait d'exercices spirituels, certains avaient des visions, d'autres entendaient des voix, on s'attendait à ce genre de choses, cela en faisait partie intégrante.

Maintenant, dis-je. Maintenant serait le bon moment. Parle-moi comme tu as parlé à Moïse depuis le buisson ardent, à Saül sur la route de Damas, à Daniel devant le roi de Babylone, à Josué lorsque tu arrêtas le cours du soleil, aux apôtres du Ressuscité pour qu'ils puissent annoncer la vérité. Le monde n'a vieilli que d'un jour depuis ce temps, le soleil décrit la même trajectoire dans le ciel et, comme eux jadis, je me tiens à présent devant toi et te prie de me parler.

Rien ne se passa.

Ce n'est vraiment pas ma faute, dis-je. Je fais des efforts pourtant. Je lève les yeux et tu n'es pas là, je regarde autour de moi et tu n'es pas là, je ne te vois pas, je ne t'entends pas. Juste un petit signe. Nul autre n'aurait besoin de le voir. Je n'en ferais pas toute une histoire, personne ne le saurait. Ou, encore mieux, ne me donne pas de signe, fais-moi croire en toi, tout simplement. Cela suffirait. Qui a besoin de signes ? Fais-moi croire, et alors tout arrivera sans qu'il n'arrive rien.

J'attendis en fixant la lumière vacillante des bougies. Était-ce fait ? Peut-être étais-je devenu croyant sans le savoir. Fallait-il savoir qu'on croyait en Dieu ? J'écoutai mon for intérieur.

Mais rien n'avait changé. Je me tenais devant un autel dans un bâtiment en pierre sur une petite planète, une parmi des centaines de milliards de milliards. Des galaxies d'une étendue insupportable tournoyaient dans le néant noir, traversées de rayons, un univers se désagrégeant lentement dans le froid. Je tombai à genoux sur le coussin de prière plat et avenant, et je joignis les mains.

Le lendemain matin je fus convoqué chez l'abbé. Le père Freudenthal, ventripotent, intelligent, intimidant, était assis à son bureau, revêtu de l'habit pourpre des chanoines de Saint-Augustin. D'un geste il m'invita à m'asseoir, ce que je fis avec inquiétude.

"Ce n'est pas passé inaperçu, dit-il d'une voix douce. Hier, pendant les prières du soir.

— Je suis désolé."

Il ajouta que les jeunes gens comme moi étaient rares. Un tel enthousiasme. Un tel sérieux.

Je me surpris à sourire modestement. Un hypocrite, pensai-je avec stupeur. Ce n'était pas prévu, je ne m'y attendais pas, or j'étais de toute évidence un hypocrite !

"Parfois, reprit le père Freudenthal, on se disait que de tels jeunes hommes n'existaient plus. Mais ils existaient bel et bien !" Il était très ému.

Je baissai la tête.

"Une faveur." Il ouvrit le tiroir et en sortit un exemplaire de *Que mon nom soit personne*. "La bibliothèque de notre monastère recueille les livres dédicacés. Pourrais-tu demander à ton père d'y inscrire son nom ?"

Je pris le livre en hésitant. Arthur ne faisait jamais aucune dédicace, personne ne savait à quoi ressemblait sa signature.

"Aucun problème, dis-je avec lenteur. Il le fera sûrement volontiers."

Cela fait trois quarts d'heure que j'attends. J'ignore pourquoi je suis ici mais, étant donné que la climatisation fonctionne, cela me convient tout à fait. La chaleur pèse contre les fenêtres, l'air extérieur est imbibé de lumière ; je me demande machinalement si les vitres vont résister. Je sirote mon café dans un gobelet en carton. Devant moi se trouve une assiette en verre vide, j'ai mangé les biscuits depuis longtemps. Personne ne réapprovisionne.

D'à côté proviennent des bruits de bureau : voix, téléphones, bourdonnement des imprimantes et des photocopieuses. Un des bureaux est occupé par une secrétaire qui porte une jupe très courte. Je perçois nettement ses jambes : halées et musclées, la peau lisse. Son regard se pose sur moi comme sur une table, un frigidaire ou un tas de boîtes en carton. Je suis content de porter l'habit ecclésiastique. Si j'étais en civil, un tel regard serait insoutenable.

Je me concentre sur le cube. Je dois m'améliorer quand j'applique la méthode de Petrus. La concurrence est rude, les jeunes gens sont rapides et l'approche classique trop lente pour le championnat du monde. Dans nombre de compétitions, on lubrifie les cubes avec de la vaseline pour qu'ils tournent plus vite. Quand j'ai débuté et que le cube était nouveau, on commençait par une face qu'on reconstituait, défaisait puis refaisait, mais aujourd'hui ce n'est plus possible. De nos jours on travaille sur deux faces en même temps, à partir desquelles on reconstitue le reste sans avoir à défaire quoi que ce soit. C'est plus rapide mais il faut faire très attention, rien n'est mécanique, rien ne va de soi. Le premier bloc, il faut le trouver de façon intuitive et, si on n'est pas assez rapide, on perd des secondes qui sont irrécupérables par la suite.

Une main effleure mon épaule. Une autre secrétaire, un peu plus âgée. “Votre frère a du temps maintenant.”

Le bureau d’Eric est tel que je me l’imaginais : la table dégagée, la baie vitrée qui en jette, la vue imposante sur les toits, les antennes de télévision et les tours. Mon frère est assis là, immobile, les yeux rivés sur un écran gigantesque, et il feint de ne pas me voir.

“Eric ?”

Il ne répond pas. Son doigt clique sur la souris, puis il tend lentement la main vers un verre d’eau, le porte à ses lèvres, boit, soupire et le repose.

Combien de temps cela va-t-il durer ? J’approche une des chaises en cuir et je m’y affale, aussitôt pris au piège de sa douceur.

Eric tourne la tête, me regarde et ne dit rien.

“Eh bien ?” dis-je.

Il se tait.

“Qu’est-ce qu’il y a ? dis-je.

— Je peux faire quelque chose pour toi ?”

Je me frotte les yeux. Chaque fois qu’on se voit, peu importe dans quelles circonstances, quand et où, il trouve toujours le moyen de me mettre en colère. “C’est toi qui m’as téléphoné !

— Je sais. Il me scrute sans sourciller. On s’est parlé.

— Mais non ! C’était ta secrétaire. Elle a dit que je devais absolument venir.

— Je sais.

— Alors de quoi s’agit-il ?”

Il prend un papier au hasard, le contemple avec un bref rictus, en saisit un autre, retrouve son sérieux, repose les deux, prend son téléphone portable et le regarde. "Comment vas-tu ?

— Bien. Le championnat du Land a lieu dans six mois. Je ne vais sûrement pas gagner, mais je peux quand même y participer."

Il me dévisage.

"Le cube."

Il me dévisage.

"Le Rubik's Cube !

— Ça existe encore, ce truc ?"

Je décide de ne pas réagir. "Et toi, comment vas-tu ?

— Des évolutions intéressantes sur le marché de l'immobilier en Europe de l'Est, on investit en parallèle dans les énergies renouvelables. Tu as déjà mangé ?"

J'hésite. Je pense à mon petit-déjeuner, aux barres chocolatées dans le confessionnal, à la currywurst en chemin, je pense aux biscuits desséchés du lobby. "Non.

— Alors viens !" Il se lève d'un bond et sort sans m'attendre.

Je m'apprête à me hisser de la chaise mais les accoudoirs se dérobent et je retombe en arrière. La secrétaire plus âgée m'observe à travers la porte ouverte. J'y parviens seulement à la troisième tentative ; je lui souris comme si moi, clown en chef et roi du gag, je l'avais fait exprès, puis je traverse le couloir jusqu'à l'ascenseur où m'attend mon frère.

"Pas trop tôt !" s'exclame-t-il.

Dans l'ascenseur se trouvent deux hommes en cravate, les miroirs nous transforment en multitude.

"Est-ce qu'il existe des études statistiques, au fait ? demande Eric. Sur les horoscopes et les parcours de vie ? Histoire de savoir si les événements se déroulent tels que les astrologues le prédisent ? Cela devrait pouvoir s'expliquer grâce aux statistiques. Tu es au courant ?

— Pourquoi serais-je au courant ?

— Eh bien, vous faites des horoscopes !

— Non !

— Non ?

— Les horoscopes, c'est débile !

— Vous ne faites pas d'horoscopes ?

— C'est une blague ?"

Il sort son téléphone, pianote et le range. L'ascenseur s'arrête, nous descendons, j'ai du mal à le suivre. Nous traversons le hall d'entrée, les portes vitrées s'ouvrent, je me heurte à un mur de chaleur. Il traverse la rue, comme ça, sans regarder à droite ni à gauche. Une voiture klaxonne, il n'y prête aucune attention. Par chance, le restaurant est situé de l'autre côté de la rue. Vu la température, je ne pourrais pas aller plus loin.

C'est un établissement élégant : nappes en lin, lampes en forme de gouttes de verre, serveurs en chemise noire et, Dieu soit loué, une climatisation. Eric se dirige vers une petite table coincée entre d'autres petites tables devant une banquette en cuir le long du mur. Ce n'est pas une bonne idée, mais comment le lui expliquer ? Le serveur a déjà déplacé la table, Eric s'écarte et il ne me reste plus qu'à m'asseoir sur la banquette, entre deux hommes en costume qui me lancent un regard froid, leur désapprobation devant mon embonpoint un rien atténuée par leur respect envers mon statut d'ecclésiastique. Le serveur replace la table, Eric s'assoit en face de moi et dit : "Comme d'habitude." Le serveur file avant même que je puisse le contredire. De quel droit commande-t-il à ma place ?

Il jette un œil sur son portable, pianote, le repose et fixe le mur derrière moi. Puis il reprend son téléphone.

“Que devient l'économie ? dis-je.

— Pardon ?” Il pianote et ne lève pas les yeux.

“Que devient l'économie ? Tu as une prévision ?

— Une prévision. Il pianote. Non.”

Comme toujours, on m'observe à la dérobée des quatre coins de la salle. J'ai l'habitude. Si les gens me voyaient à la tête d'une procession, ils n'auraient rien contre, et ils ne seraient pas surpris de m'entendre parler de questions morales à la télévision. Mais l'idée que je puisse être attablé au restaurant, un verre d'eau devant moi, en compagnie d'un homme d'affaires qui fixe sans arrêt son portable, cela les dépasse. Beaucoup d'entre eux sont rassurés par le simple fait que nous autres existons encore – et parcourons la terre, disons la messe, prions et nous comportons comme si l'homme avait une âme et que l'espérance était justifiée. C'est ce que je ressens, moi aussi, quand je vois des prêtres que je ne connais pas. Mais cela ne marche pas, hélas, avec mon propre reflet.

Le serveur apporte nos plats. Les portions sont encore plus petites que ce que je craignais. Un minuscule tas de pâtes et de moules enchevêtrées au centre d'une assiette en grande partie vide.

Eric repose son téléphone. “Quand tu envoies un message à quelqu'un, qu'il te répond, que tu lui réponds en lui demandant une réponse rapide et que tu n'en reçois aucune, en déduirais-tu qu'il n'a pas reçu le message ou qu'elle a décidé de ne pas répondre ?

— Il ou elle ?
— Quoi ?
— Tu as dit une fois « il » et une fois « elle ».
— Et alors ?
— Rien.
— Quel rapport avec ma question ?
— Aucun, mais…
— Qu'est-ce que tu veux savoir ?
— Rien !
— On se fiche du message. Ça n'a aucune importance.
— Ma question ne portait pas là-dessus.
— Ça fait peut-être partie de ton métier. Vous ne pouvez pas vous empêcher d'être curieux.
— Mais je ne suis pas curieux !"

Il fixe son téléphone, pianote et ne s'occupe plus de moi. Ça me convient très bien, parce que le plat s'avère si compliqué que je dois me concentrer. C'est contraire à la raison de ne pas pouvoir couper les pâtes. Un commandement d'une force quasi religieuse. Couper des pâtes, ce serait un faux pas incommensurable. Pourquoi ? Nul ne le sait. Et les moules ? Il faut ouvrir chaque coquille l'une après l'autre pour en retirer un minuscule morceau parfaitement insipide. C'est difficile avec les doigts et encore pire avec la fourchette.

"Vous pratiquez toujours l'exorcisme ?
— Si on… ?
— La possession démoniaque. Ça se fait encore ? Vous avez des gens qui s'en chargent ?
— Je ne sais pas. C'est bien possible."

Il acquiesce, comme si ma réponse avait confirmé une supposition.

Eric n'a pas encore touché à son plat. J'ouvre la dernière coquille, la sauce dégouline sur ma manche, puis je me consacre aux pâtes mais ce n'est pas chose facile, mon assiette étant remplie de débris de coquilles. Mes doigts sentent le poisson. Et mon voisin de table me heurte sans arrêt du coude, il gesticule furieusement. Face à lui est assis un homme chauve à lunettes, tous deux parlent du degré de solvabilité d'un fonds de pension.

"Que dit la doctrine officielle? demande Eric. Doit-on laisser entrer un démon quand il se présente? Il lui faut une invitation ou il peut tranquillement venir nous posséder?

— Pourquoi veux-tu savoir ça?

— Un livre, juste un livre. J'ai lu un livre là-dessus. Un bouquin étrange. Peu importe." Il prend son verre d'eau, le contemple, boit une gorgée et le repose. "Alors, de quoi voulais-tu me parler?"

Il fronce les sourcils et regarde son téléphone. J'attends. Il ne dit rien.

Cela commence à devenir pénible. Je sors mon propre téléphone, je tape un message : *Comment vas-tu, appelle-moi quand tu auras le temps! Martin*, et je l'envoie à Eric.

Il vient de reposer son téléphone. Il vibre, Eric le prend, regarde l'écran et hausse les sourcils. J'attends mais il ne pipe mot. Il ne sourit pas non plus. Il se frotte les tempes, repose le téléphone, le reprend, le repose et dit : "Quelle chaleur!"

Ce n'était pas une blague très fine, je l'avoue, mais un petit sourire aurait fait l'affaire. Pourquoi a-t-il autant de mal à être poli? Je lui demande comment va Laura. Je connais à peine sa femme. Une actrice, évidemment. Très belle. Évidemment. "Et Marie?

— Elle est bonne à l'école. Parfois elle me donne du souci.

— Pourquoi ?

— Elle me donne parfois du souci. Mais elle est bonne à l'école.

— Et ta mère ?

— Elle présente maintenant cette émission à la télé. Des gens l'appellent, évoquent leurs maladies, elle commente.

— Je croyais qu'elle était ophtalmo.

— Il y a eu un casting, elle a gagné, parmi trois cents collègues. Elle a une bonne audience. Et ta mère ?

— En bonne santé. Dieu merci. La retraite lui réussit, elle lit tout ce qu'elle a toujours voulu lire.

— Tu habites encore chez elle ?"

Je vois bien ce qu'il pense. Mais pourquoi devrais-je le cacher ? Les heures passées chez maman sont paisibles et lumineuses, ce sont les plus belles de la journée. Nous mangeons du gâteau, assis l'un en face de l'autre, nous parlons peu et attendons le soir. Où est le mal ? "J'habite au presbytère. Mais je suis souvent chez elle.

— Tous les jours ?

— Tu vas finir tes pâtes ?"

Il regarde son assiette intacte comme s'il la voyait pour la première fois. Mais avant qu'il puisse répondre, un homme s'arrête derrière lui, montre les dents et lui tape sur l'épaule. "Friedland !"

Eric se lève d'un bond. "Remling !" Il fait semblant de lui bourrer l'estomac de coups, tandis que l'autre retient le bras d'Eric. Tous deux ont un rire forcé.

"Ils laissent entrer n'importe qui, maintenant ?

— Comme tu vois !

— Tout baigne ?

— Bien sûr ! Et toi ?

— Bien sûr!
— Le match de l'autre jour! Quelle honte!
— La folie!
— J'ai cru que j'allais me flinguer! Voici mon frère."

Remling me regarde. Un léger étonnement glisse sur son visage : le regard habituel de ceux qui se retrouvent soudain face à un prêtre. Il me tend la main et je la serre.

Après quoi les deux hommes regardent dans le vide. De toute évidence, ils sont à court d'idées.

"Bon! dit Remling. Eh bien!
— C'est clair! s'écrie Eric.
— On essaie de se… Un de ces jours.
— Sans faute!"

Remling me fait un signe de tête et retourne à sa table près de la fenêtre.

"Je le hais. Il a failli me plomber le deal Ostermann l'année dernière." Eric se rassoit et pianote sur son téléphone. Le serveur surgit derrière lui, se penche au-dessus de son épaule et emporte si vite mon assiette vide et celle, intacte, d'Eric que je n'ai pas le temps de protester. "Eh bien!" Eric range son téléphone, repousse sa chaise et se lève. "Content de t'avoir vu. Il faut que je file, un rendez-vous important, tu n'imagines pas tout le boulot que j'ai en ce moment. Tu es invité, bien sûr.
— Mais pourquoi voulais-tu me parler?"

Eric se dirige déjà vers la sortie. Il ne se retourne pas, il ouvre la porte d'un coup, et le voilà parti.

Est-ce que je commande encore quelque chose? Mais c'est cher, les portions sont petites et il y a un stand de currywurst au coin de la rue.

Je reste encore quelques minutes. Il va falloir que je demande au serveur de déplacer la table et mon voisin sera forcé de se lever, puis on déplacera sa table à lui, ce qui signifie que son propre voisin devra également se lever. La moitié du restaurant sera debout avant que je puisse enfin sortir de table.

Je suis en retard. À deux heures, maman m'attend avec le gâteau, puis je dois me rendre à la rencontre de la jeunesse catholique et il me faudra ensuite célébrer la messe du soir. Pourquoi Eric voulait-il donc me voir ?

Je bois lentement mon verre d'eau et j'adresse un sourire bienveillant à toutes les personnes de la salle. Soyez bénis, que vous le vouliez ou non. C'est ma fonction. Jour après jour, je témoigne que les choses sont bien ordonnées et que le sens préside aux affaires du cosmos. Ce qui est doit être. Ce qui doit être est. Je suis l'avocat de la permanence, le défenseur du statu quo, quel qu'il soit. C'est mon métier.

Et le monde n'est vraiment pas si mal. Remercions Dieu, qui n'existe pas, notamment pour les restaurants et les climatisations. Je vais quand même commander un dessert. Je fais signe au serveur.

J'étais assis dans la bibliothèque du séminaire, le cube caché derrière un exemplaire d'*Étapes sur le chemin de la vie*, lorsque Kalm entra en disant que mon père était au téléphone.

Pour accéder à l'appareil commun il fallait descendre un escalier, traverser un long couloir, puis remonter un deuxième escalier. Pendant tout le chemin je n'avais qu'une peur, c'est qu'Arthur raccroche. J'arrivai en haletant au téléphone, le combiné se balançait au bout du fil.

"Tu as du temps ?"

C'était réellement sa voix. Je n'avais jamais réussi à me la remémorer, et voilà que je la reconnaissais comme si c'était hier.

"Du temps pour quoi ?

— Je suis dans le coin. Je tombe mal ?

— Tu veux dire – maintenant ?

— Je suis ici.

— Où ?

— Sors.

— Maintenant ?

— Donc je tombe vraiment mal ?

— Non, non. Tu es ici ?

— C'est ce que je viens de te dire. Devant le bâtiment.

— Ce bâtiment ?"

Arthur rit et raccrocha.

Cela faisait un an que la nouvelle la plus étrange de son dernier recueil était parue. Elle s'intitulait *Famille* et il y était question de son père, son grand-père, son arrière-grand-père, c'était l'histoire de nos ancêtres, génération après génération, jusqu'à un Moyen Âge vaguement esquissé. La majeure partie n'est que pure invention car, ainsi que le dit Arthur au début, on ne sait rien du passé : *Nous croyons que les morts sont conservés quelque part. Nous croyons que leurs traces demeurent inscrites dans l'univers. Mais il n'en est rien. Ce qui est révolu est révolu. Ce qui fut sera oublié et ce qui est oublié ne revient pas. Je n'ai aucun souvenir de mon père.* Curieusement, je m'étais senti spolié. C'étaient aussi mes ancêtres.

Je sortis dans la rue, et il était là. Les cheveux toujours en bataille, les mains dans les poches, les mêmes lunettes sur le nez. À ma vue il écarta les bras et je crus un instant qu'il allait m'embrasser, mais le geste traduisait simplement sa surprise de me voir en tenue de séminariste. Il suggéra une promenade, j'étais soudain trop enroué pour répondre.

Nous marchions en silence. Des feux clignotaient, des voitures klaxonnaient et j'entendais les bribes de mots des passants. C'était comme si tous les bruits faisaient partie d'un langage secret, comme si le monde me jetait des centaines de sons à la figure, mais je n'arrivais pas à me concentrer et je ne comprenais rien.

"Je vais être en ville un certain temps, dit-il.

— Sous un faux nom ?

— Je ne suis qu'un écrivain connu. Personne ne connaît les écrivains connus. Je n'ai pas besoin d'un faux nom.

— Qu'as-tu fait pendant toutes ces années ?

— Tu as lu mes livres ?

— Bien sûr.

— Alors tu le sais.

— Et à part ça ?

— Rien. Je n'ai rien fait d'autre. C'était le but.

— Ah, c'était le but !

— Tu m'en veux ?"

Je ne répondis pas.

"De ne pas avoir été là ? Pour jouer avec vous à la course en sac, aller au zoo avec toi, aux réunions parents-profs, se bagarrer sur la moquette et t'emmener à la fête foraine ? Tu m'en veux pour ça ?

— Et si les livres ne sont pas bons ?"

Il me regarda de biais.

"Alors quoi ? dis-je. Tu as tout sacrifié et en fin de compte ils ne sont pas bons ? Alors quoi ?

— Il n'y a pas d'assurance contre ça."

Nous marchions à nouveau en silence.

“Les obligations”, dit-il au bout d’un moment. “Nous les inventons selon nos besoins. Nul n’en a, à moins de décider qu’il en a. Mais je vous aime beaucoup. Tous les trois.

— Tu ne voulais pas vivre avec nous pour autant.

— Je ne crois pas que vous ayez raté grand-chose. Nous parlerons de tout. L’hôtel en face de la gare, viens ce soir, Iwan sera là aussi.

— Et Eric ?

— Il ne souhaite pas me voir. Viens à huit heures pour le dîner. Je suppose que tu aimes manger.”

Je m’apprêtais à lui demander de quel droit il me faisait une remarque pareille mais c’était déjà le mot de la fin. Il fit un signe, un taxi s’arrêta, il monta et referma la portière.

Ce soir-là nous restâmes de longues heures ensemble. Iwan parla du moment où il avait compris qu’il ne serait jamais un grand peintre et Arthur évoqua son idée d’écrire un livre qui serait un message destiné à une seule personne et dans lequel tout l’art servirait au camouflage, afin que seul l’intéressé puisse le déchiffrer, ce qui en ferait paradoxalement un ouvrage de grande valeur littéraire. À la question de savoir quel serait le message, Arthur répondit que cela dépendait du destinataire ; quant à savoir qui serait le destinataire, Arthur dit que cela dépendait du message. Vers minuit, Iwan raconta que son impression d’être homosexuel s’était confirmée à dix-neuf ans, sans effroi ni choc, mais qu’il n’avait jamais pu le dire à Eric, de peur que leur ressemblance ne l’amène à douter complètement de lui-même. À une heure du matin, j’étais sur le point d’avouer que je ne croyais pas en Dieu mais je me ravisai et parlai plutôt de Karl-Eugen Immermann, ce jeune garçon de treize ans qui, à chaque compétition, avait toujours trois secondes d'avance sur moi, je n'avais vraiment aucune chance contre lui. À une heure et demie, Arthur dit qu'il s'était résigné à devoir vivre avec la culpabilité et les remords, comme d'autres avec un pied engourdi ou un mal de dos chronique, vers deux heures je versai quelques larmes, à deux heures et demie nous nous séparâmes en nous promettant de nous retrouver le lendemain soir.

Lorsque nous arrivâmes à l'hôtel le lendemain, Arthur avait déjà plié bagage. Il n'avait laissé ni adresse ni message. Pendant plusieurs semaines, j'attendis chaque jour qu'il fasse signe et explique tout. Après quoi je cessai d'attendre.

Une salle sans fenêtre dans la cave du palais épiscopal. Cela ne sent pas bon, et il n'y a pas de climatisation. Du linoléum sur le sol, des murs blancs, le plafond recouvert de plastique insonorisé, le crucifix de rigueur au mur. Une table de ping-pong, un baby-foot, deux vieux ordinateurs, deux consoles de jeux et une horde d'adolescents qui savent qu'il leur suffit de tolérer la présence de deux prêtres pour que tout cela soit mis gracieusement à leur disposition. Les boissons ne coûtent rien non plus. Mon métier comporte des obligations variées. Si je pouvais renoncer à l'une d'elles, je choisirais celle-là : la rencontre de la jeunesse catholique.

À côté de moi se tient le père Tauler, un jésuite décharné. Il se frotte les yeux et soupire.

"Ça ne durera pas longtemps ! dis-je.

— Une heure.

— Ça va passer.

— Tu crois ?

— Il faut bien.”

Il soupire à nouveau. “Au fait, ton ami Finckenstein est ici.

— Ah!

— À l'étage du palais. Venu tout droit de Rome.”

Le père Tauler se dirige vers une des chaises usées. Il s'assoit, deux jeunes filles vont aussitôt vers lui, s'assoient à ses côtés et commencent à lui parler à voix basse. L'une est agitée, ses yeux brillent, l'autre lui met de temps à autre le bras autour des épaules.

Tout en souriant vaguement, je m'avance vers l'autre chaise. Je transpire beaucoup et j'aimerais prendre une boisson au distributeur. Mais ce n'est pas possible. Je ne peux pas boire du Coca-Cola au goulot ici, je dois garder un reste de dignité. Si j'étais mince, cela ne poserait aucun problème. Mais, dans mon cas, c'est exclu.

Je m'assois et j'attends. Peut-être que personne ne voudra rien de moi. Deux garçons jouent au babyfoot, ils expédient la balle d'un côté et de l'autre avec des gestes enragés; derrière eux trois jeunes filles bondissent autour de la table de ping-pong, elles sont vraiment douées, je vois à peine la balle. Les consoles grincent et sifflent, ça sent la transpiration. Une jeune fille vient vers moi, je prends peur mais, par chance, elle bifurque vers les ordinateurs. Le pire, ce sont celles qui viennent me voir parce qu'elles sont enceintes. Je sais ce que je dois leur dire, les règles sont strictes, et pourtant je suis perplexe. C'est plus facile quand quelqu'un doute de sa foi. Là, pas besoin de réfléchir, j'évoque simplement le mystère. Hélas, la crise mystique est passée de mode.

Je ferme les yeux. Justement Finckenstein! Je vais devoir le saluer, il sait que je suis ici, cela paraîtrait bizarre. L'éviter est hors de question, nul ne doit laisser d'espace à la jalousie.

J'ouvre les yeux. Quelqu'un a tapoté sur mon genou. Un jeune homme est assis devant moi. Je le connais, il vient souvent et il s'appelle… J'ai oublié. Si j'avais la mémoire des noms, je saurais comment il s'appelle. Il a des picots de barbe, porte une casquette bleue avec les lettres *N* et *Y*, et sa narine droite est traversée par un mince anneau. On peut lire sur son tee-shirt : *bubble tea is not a drink I like*. Son jean est déchiré mais c'est le genre de jeans qu'on achète dans cet état. Son visage blême souligne la repousse de sa barbe. Il me dévisage de ses yeux un rien enflammés.

"Oui ?" dis-je.

Il se racle la gorge avant de se lancer. Je me penche. Il parle trop bas et trop vite, je le comprends mal.

"Attends. Plus lentement, s'il te plaît."

Il regarde ses baskets, se racle à nouveau la gorge, reprend son récit. Je comprends peu à peu. Il y a eu une rixe, et il est aussi question d'un papillon. *Butterfly*, dit-il sans cesse, et sa main voltige dans les airs, comme ça, comme ça et comme ça : *butterfly*.

"Un papillon… ? Il me vient un doute.

— Oui, dit-il. Un cran d'arrêt, un *butterfly*. Voilà comment on l'ouvre, comment on s'en sert ; ça s'est passé très vite.

— Attends. Répète."

Il est en nage et ponctue son récit de soupirs. C'est dur à suivre, mais je saisis l'essentiel. Lui et deux amis nommés Ron et Carsten s'étaient disputés deux nuits plus tôt dans une boîte de nuit avec un certain Ron ; l'identité du prénom était un hasard et ne signifiait rien. Ce qui complique les choses, c'est que le garçon debout devant moi, cela me revient maintenant, s'appelle également Ron. Reprenons : Lui, Ron et Carsten s'étaient disputés avec Ron, mais personne ne se souvenait pourquoi, peut-être pour du fric ou pour une fille ou pour rien, il faut bien dire qu'on se disputait souvent pour rien, mais quand quelqu'un donnait un coup de couteau, on se fichait pas mal de la raison, l'important, c'était le couteau.

"Qu'est-ce que cela signifie au juste, l'inscription sur ton tee-shirt ? *Bubble tea is not a drink I like*, qu'est-ce que ça veut dire ?"

Il me regarde, perplexe, il semble ne s'être jamais posé la question.

"Peu importe, dis-je. Continue."

Il tousse, se frotte les yeux. Lui, Ron et Carsten avaient donc croisé dans la rue Ron, le type qui s'était rué sur Ron deux jours avant en boîte de nuit.

"Quelle coïncidence !" dis-je.

Pas tant que ça, dit-il, ils traînaient souvent dans cette rue et Ron aussi, tous les après-midi ou presque, et pourtant ils n'avaient pas vu venir la rencontre et Ron non plus visiblement, parce que sinon ç'aurait vraiment été trop stupide de sa part de rappliquer tout seul pile au même moment. Alors on lui avait cassé la figure. Pas si brutalement que ça d'ailleurs, mais bien comme il faut.

"C'est grave, dis-je.

— Oui, dit-il, mais ce n'est pas le pire, car le *butterfly* n'était pas encore de la partie. Un homme a fait son important, et…"

Le père Tauler se lève, va au distributeur, en retire une bouteille de Coca, l'ouvre, retourne auprès des deux jeunes filles et boit. Je l'observe avec envie.

"Pardon ? Excuse-moi, j'étais un instant… pardon ?"

Ron demande si je ne l'ai pas écouté.

"Répète, s'il te plaît!

— Cet homme, donc. Il a fait son important! Or ça ne le regardait pas, pas le moins du monde! Un crâneur, le type. Il faisait tache dans le quartier, qui sait d'où il venait! Et il a fait son important!

— Et ensuite?"

Ben, le cran d'arrêt. Le *butterfly*. Comme ça, *tchac*, *tchac*, d'un coup, très vite. Puis ils s'étaient enfuis, seul Ron était resté à terre.

"Ron?

— Pas celui qui avait porté le coup, l'autre!" Il se frotte le visage.

L'inscription sur son tee-shirt me gêne soudain énormément. Pourquoi fabrique-t-on un truc pareil?

"Quelqu'un a appelé la police?

— Sans doute, dit-il. Il y a toujours quelqu'un pour appeler la police.

— L'homme était-il blessé?"

Il me regarde comme si j'étais dur à la détente. C'est clair, dit-il avec lenteur. Ben évidemment. C'est pas possible autrement! Ron lui avait donné *un coup de couteau*! Comment ne pas être blessé dans ce cas-là? Il jette un œil vers la table de ping-pong, les consoles de jeux, puis il se penche et me demande si je peux lui donner la solution.

"L'absolution?"

L'absolution, oui. Est-ce que je pouvais la lui donner. Et si la police débarquait chez lui, pouvais-je confirmer que ce n'était pas lui qui avait porté le coup, mais Ron.

"Comment pourrais-je le confirmer?"

J'ai la tête qui tourne et cette fois ce n'est pas dû à la chaleur. Est-ce que c'est vraiment en train de se passer ? Personne n'est jamais venu me voir pour se confesser d'un acte de violence, cela ne se voit pas, même si les auteurs de polars et les scénaristes pensent que cela arrive chaque semaine. Je pourrais appeler la police. Mais je n'en ai pas le droit. Ou bien dois-je le faire, au contraire ? Est-ce d'ailleurs une confession ? Nous ne sommes pas au confessionnal, même pas dans une église. Suis-je tenu d'appeler la police ? Tout est si compliqué, et il fait si chaud.

Comme s'il avait deviné mes pensées, il se met à pleurer. Des larmes roulent sur ses joues d'enfant mal rasé. "Je vous en prie, dit-il. Je vous en prie ! Monsieur le curé !"

D'un autre côté, me dis-je, admettons que c'est une confession. Je peux en décider, je dis que c'en est une. Dans ce cas, je ne peux pas aller à la police. Le droit canonique l'interdit et la loi de l'État me protège. L'affaire serait aussitôt réglée. Et l'absolution ? Pourquoi pas ! Il n'y a pas de Dieu tenu de pardonner au gamin simplement parce que j'ai fait le signe de croix. Ce ne sont que des paroles. Cela ne change rien.

Ron essuie ses larmes et reprend son récit. Tout s'était passé si vite. Il n'avait rien pu faire. Et pourquoi ce crâneur s'était-il cru obligé de faire son important !

Je sais que je vais me le reprocher, ou plutôt que je serai contraint de l'oublier pour ne pas avoir à me le reprocher. Ayant déjà esquissé le geste, je ne peux pas l'interrompre, donc je fais le signe de croix au-dessus de lui, de haut en bas, de droite à gauche, et il se remet à pleurer, d'émotion cette fois, peut-être croit-il réellement que cela lui épargnera les flammes de l'enfer, et je l'arrête en lui disant d'aller voir la police, de tout lui raconter, et il dit qu'il va le faire, bien sûr, mais je sais qu'il ment et il sait que je le sais.

“Merci, répète-t-il. Merci, monsieur le curé!

— Mais va voir la police. Dis-lui ce que…”

Oui, bien sûr! La police. Il veut alors tout reprendre depuis le début et me resservir cette histoire sordide, mais maintenant ça suffit. Je bondis de ma chaise.

Ron lève les yeux vers moi – à la fois libéré car il pense que j'ai enlevé son péché, et inquiet parce qu'il s'est confié à moi. Je contemple son visage, ses yeux troubles d'où me regarde un être inachevé, ignorant encore tout de lui-même. Je perçois de la crainte dans son regard, mais aussi un brin de malveillance et la question de savoir s'il ne faudrait pas me réduire au silence.

Je lui souris, il ne sourit pas en retour. “Ça va aller”, dis-je et j'ignore ce que je veux dire par là. Je tends le bras vers lui, il se lève et nous nous serrons la main. La sienne est molle et moite, il relâche tout de suite la mienne. J'ai l'impression que tout serait plus clair, plus juste, plus adéquat si je pouvais comprendre l'inscription sur son tee-shirt. Je me détourne d'un air résolu et signifie au père Tauler que je dois partir. Il hausse les sourcils, surpris, je désigne ma montre et le plafond – un geste universel pour signaler un rendez-vous en haut lieu.

“Monsieur le curé?” Une jeune fille, elle porte une chaîne avec un crucifix, se poste devant moi. “J'ai une question.

— Adresse-toi au père Tauler.”

Elle me laisse passer, déçue, j'atteins la porte et la cage d'escalier. Je gravis les marches en haletant. J'entre, liquéfié, dans la fraîcheur du hall en marbre.

"Friedland!"

Il fallait que ce soit maintenant. Il est mince et grand, vêtu d'un habit noir à la coupe élégante, impeccablement coiffé, et il porte des lunettes de chez Armani. Il va de soi qu'il ne transpire pas.

"Salut Finckenstein.

— Il fait chaud chez vous.

— Tu connais ça.

— Oui, l'été à Rome est terrible." Il croise les bras, s'appuie contre la rampe d'escalier en pierre et me toise d'un air étrangement amusé.

"Je viens de confesser quelqu'un. Figure-toi qu'il a… Je veux dire, que fait-on quand une personne… Qu'en est-il du secret de la confession, quand… Peu importe. Pas maintenant. Peu importe.

— Tu joues toujours au cube?

— Je me prépare pour le championnat.

— Les championnats de Rubik's Cube existent encore? Tu as un peu de temps? On va manger quelque chose?"

J'hésite. À vrai dire, je n'ai pas envie d'entendre parler de sa carrière, de sa vie dans des espaces climatisés, de son ascension et de son succès. "Avec plaisir.

— Alors viens. On va dîner de bonne heure, quelque chose de léger, impossible d'avaler des quantités par ce temps." Il gravit l'escalier de marbre, je le suis d'un pas hésitant.

"Tu as vu Kalm ces derniers temps? je lui demande.

— Toujours égal à lui-même. Il sera bientôt évêque, si Dieu le veut.

— Il le voudra.

— Je pense aussi. Il le voudra.

— Tu crois en Dieu?"

Il s'arrête. "Martin, je suis rédacteur en chef adjoint de Radio Vatican !

— Et alors ?

— Tu demandes au rédacteur en chef adjoint de Radio Vatican s'il croit en Dieu ?

— Oui.

— Sérieusement ?

— Non. Mais si je te posais la question sérieusement, tu dirais quoi ?

— Je dirais que la question ne se pose pas en ces termes.

— Pourquoi ?

— Dieu est un concept qui se réalise lui-même, une *causa sui*, parce qu'elle est concevable. Je peux penser Dieu, et parce qu'Il est concevable, Il existe nécessairement, le reste ne serait qu'une contradiction, donc je sais qu'Il existe, même si je ne crois pas en Lui. C'est pourquoi je suis croyant. Et n'oublie pas, nous réalisons Son existence par l'amour agissant que nous portons à l'humanité. Nous faisons notre travail. C'est à travers nous qu'Il devient réel, mais nous ne pouvons le rendre réel que parce qu'Il existe nécessairement. Comment aimer les hommes si on ne voit pas en eux les créatures de Dieu, mais quelque chose d'aléatoire : des lichens qui ont fait carrière, des mammifères ayant un système digestif et des problèmes de dos ? Comment éprouver de la compassion envers eux ? Comment aimer le monde s'il n'est pas voulu par celui qui incarne la bonne volonté ?"

Je repense à Ron, c'est plus important, c'est de lui que je devrais parler. Mais quelque chose me retient, c'est comme si j'avais mis le doigt sur un événement dont je ne saisis pas encore l'ampleur ni la malignité ; j'ai l'impression qu'il vaudrait mieux oublier l'affaire.

“Que signifie d’ailleurs « croire » ! C’est une notion floue sur le plan de la logique, Martin. Quand tu es sûr d’un théorème, tu le connais. Quand tu penses que quelque chose pourrait exister, mais que tu sais en même temps que ce n’est peut-être pas le cas, tu appelles cela la foi. C’est une spéculation sur la probabilité. Croire signifie : supposer qu’il en est ainsi, sachant qu’il pourrait en être autrement. Ne pas croire signifie : supposer qu’il n’en est pas ainsi, sachant que cela pourrait être le cas. La différence est-elle vraiment si grande ? C’est très vague, ce sont des nuances. L’essentiel, c’est de faire notre travail.”

Nous continuons de monter, une marche après l’autre. Nos pas résonnent dans la cage d’escalier.

“Tu m’as posé la question sérieusement ?

— Simple curiosité.

— Et qu’est-ce que tu crois, toi ?

— Je crois que je devrais aussi être à Rome.

— Oui, c’est injuste. Mais tu n’as pas répondu à ma question.”

Nous arrivons au premier étage. Une statue de saint hiératique aux mains jointes nous contemple.

“Quelle question ?

— Celle de savoir ce que toi, tu crois.”

Je m’arrête, je m’appuie sur la rampe et j’attends que mon rythme cardiaque s’apaise.

“Je crois qu’on devrait vite aller au restaurant.”

FAMILLE

Nous croyons que les morts sont conservés quelque part. Nous croyons que leurs traces demeurent inscrites dans l'univers. Mais il n'en est rien. Ce qui est révolu est révolu. Ce qui fut sera oublié et ce qui est oublié ne revient pas. Je n'ai aucun souvenir de mon père.

Il écrivait des poèmes. Je n'en ai pas lu un seul. Il les écrivait sur des petits bouts de papier, au bas des menus et sur des enveloppes, avec négligence et par plaisir. Il en emportait certains, en laissait d'autres, de nouveaux poèmes lui venaient sans cesse à l'esprit et il savait que ce n'était qu'un début.

C'est seulement à l'université qu'il eut conscience d'être juif, croyant jusque-là que cela avait à peu près autant d'importance qu'un signe astrologique. Sa mère était juive, bien qu'elle ne crût en rien, et son grand-père à elle était un marchand à longue barbe originaire de Bucovine.

Il n'allait jamais aux cours. Une jeune fille qu'il avait connue par des amis communs accepta de l'épouser. Un après-midi, il vit un défilé militaire, des hommes agitant poings et drapeaux, il voulut s'approcher mais un camarade d'études le tira par la manche en disant qu'ils feraient mieux de déguerpir.

C'est absurde, pensa-t-il. Son père était tombé à la guerre, il était le fils d'un héros, que pouvait-il bien lui arriver ?

Quand je suis né, il travaillait à l'usine, ayant été renvoyé de l'université. On y fabriquait des objets en métal dont il ignorait l'usage. Un jour, deux ouvriers le prirent à part : ils savaient que c'était un saboteur, mais qu'il n'ait aucune crainte, ils le couvriraient. Lorsqu'il répondit, stupéfait, qu'il avait toujours fait de son mieux à l'usine, ils dirent en riant qu'ils n'en croyaient pas un mot, personne ne pouvait être maladroit à ce point. Ce jour-là, en rentrant chez lui, il composa dans sa tête un poème sur le vrombissement des hélices d'un avion dont le pilote s'est assoupi un instant et rêve d'une fourmi qui grimpe sur un brin d'herbe tremblant dans le vent, où l'on perçoit encore le lointain vrombissement d'un avion. Pas mal, se dit-il, c'est rythmé tout en étant simple ; s'il continuait ainsi, il pourrait bientôt publier quelque chose. Chez lui l'attendait une convocation de l'administration le sommant froidement de se rendre à la gare avec des vêtements de rechange et une couverture.

Il vaut mieux que vous alliez en Suisse, dit-il à ma mère. Je vous rejoins dès que possible. Je connais un fonctionnaire qui admirait mon grand-père, il l'avait vu dans le rôle de Karl Moor, il va m'aider.

Elle commença par refuser, mais il finit par la convaincre. Pas de risque que les choses tournent mal, dit-il. Il avait toujours eu de la chance jusqu'ici.

Je ne sais pas à quoi il ressemblait. Aucune photo ne montre son visage.

Le père de mon père n'atteignit même pas vingt ans, et pourtant il avait survécu à la première année de guerre. Des milliers d'heures dans la terre glaise retournée, des fils barbelés, des grenades, des sifflements dans l'air, des éclats d'obus. En voyant sa femme et son minuscule fils lors d'une permission, il eut l'impression que c'étaient des étrangers. Il survécut encore une année. Il était si habitué à l'idée de mourir qu'il doutait que cela pût réellement lui arriver. Mais une balle finit quand même par l'atteindre, des bottes le piétinèrent et il se demanda par simple habitude comment il allait s'en sortir cette fois-ci. Il s'étouffa dans la boue et ne revint jamais.

Le grand-père de mon père vivait pour le théâtre et n'obtenait jamais les bons rôles. Non pas Hamlet, mais Guildenstern, non pas Marc Antoine mais Cicéron, non pas Franz mais Karl Moor. Il décrivit en détail à ses deux fils et ses deux filles les nombreux sacrifices qu'exigeait l'art, mais aucun de ses enfants n'était doué. Les années passaient, il comptait à présent sur le Roi Lear et Prospero. Son fils aîné mourut de la grippe espagnole, le cadet épousa une jeune fille juive, ce qui ne l'enchanta pas, mais il n'avait pas le pouvoir de l'en empêcher. La fille aînée épousa un enseignant, la cadette resta à contrecœur au foyer et cuisina pour lui et sa femme.

Il vit son premier film. Des personnages blêmes batifolaient sur un fond blanc. Il ne comprenait pas pourquoi les gens riaient, il ne voyait que des revenants, et l'idée qu'on pourrait bientôt observer des gens en train de se jeter une tarte à la figure, bien après leur mort, lui sembla atroce. Un petit homme moustachu, un obèse gigantesque, un clown grotesque à la bouche tombante. Le monde court à sa perte, pensa-t-il. Il fera mine de subsister encore un temps, mais ce n'est qu'un leurre, tout comme ces images.

À partir de ce jour-là, il ne se leva plus. Même le début de la guerre le laissa indifférent. Quand son fils arriva en uniforme pour lui faire ses adieux, il s'efforça de paraître aussi digne que l'exigeait la situation. Il n'était pas comédien pour rien.

L'arrière-grand-père de mon père était médecin, mais sans en avoir le talent. Il n'avait fait des études de médecine que pour suivre les traces de son père. Il possédait un petit cabinet, nombre de ses patients mouraient, certains furent guéris par sa femme, qui était plus intelligente que lui. Elle savait souvent quels traitements s'avéraient efficaces. Puis elle aussi finit par rendre l'âme. Il se remaria afin que quelqu'un s'occupe de ses enfants. Sa nouvelle femme le rendait triste et davantage de patients moururent.

Il ne perdait jamais une occasion de raconter que, jeune homme, il avait rencontré Napoléon. En réalité, il n'avait aperçu qu'un manteau bouffant sur le dos d'un cheval, ainsi qu'une main gantée de blanc. Lorsqu'il put enfin prendre sa retraite, il eut l'impression que le grand général avait tué moins de monde que lui, le mauvais médecin. Alors mourut sa deuxième femme. Il vécut les dernières années de sa vie dans un bonheur parfait.

Le père du médecin, médecin lui-même, avait le don d'apaiser les malades en leur parlant. Il devinait le plus souvent leurs maux. Il se familiarisa avec les expériences de Mesmer et apprit à plonger une personne souffrante dans le sommeil magnétique. Son fils suivit la même voie, ce qui le réjouit. Sa fille aussi aurait aimé faire des études, elle était brillante et douée, mais il dut le lui interdire. En compensation, il lui trouva un gentil mari qui travaillait bien et ne la battait pas. À soixante ans, il s'alita, expira et ne revint jamais.

Quant à son père, un tir lui coûta la main. Il avait la peau foncée, nul ne savait pourquoi, sa mère l'avait élevé seule, quelque part dans la misère. Il devint soldat parce que les recruteurs pensaient qu'un Noir était plus fort qu'un Blanc. Il usa ses semelles, monta parfois en grade, engendra au passage trois enfants, tous blancs. Pour finir, une balle l'atteignit à la gorge, il s'étouffa dans son sang et ne revint jamais.

Son père était parti en Angleterre en s'engageant comme mousse pour la traversée. Il économisa un peu, s'essaya au commerce, sans grand succès. Un jour, il entra en conversation avec un jeune Français qui fréquentait la Bourse de Londres pour les besoins d'un article. Il était maigre et souffreteux, mais intelligent, le regard vif, et doté de facultés mentales inouïes. Si j'étais comme lui, songea-t-il, tout me réussirait, les choses ne seraient pas aussi difficiles, le monde ne fourmillerait pas d'obstacles. Au moment de se séparer, il demanda son nom à l'inconnu. Arouet, dit ce dernier avant de filer, car cet homme le barbait.

Il ne se remit jamais de cette rencontre. Il était las. Il parvint encore à ouvrir près de Fleet Street un petit commerce de cruches, bassines et autres babioles, à épouser une femme qui ne lui plaisait pas et à engendrer un enfant ; il lui semblait que l'énergie requise ne venait déjà plus de lui, mais de son fils qui voulait absolument venir au monde. À sa naissance, l'enfant avait la peau foncée, alors que lui-même était blanc comme neige et sa femme aussi, c'est donc qu'elle l'avait trompé. Il cria, elle pleura, il hurla, elle jura, il invoqua le Seigneur, elle le fit aussi et, avec ses dernières forces, il la répudia. Son estomac le faisait déjà beaucoup souffrir, il mourut un mois plus tard et ne revint jamais.

Son père partit en mer. La tristesse de ses ancêtres était ancrée en lui. Dans le port de Hambourg, il se retrouva au lit avec une femme dont il ignorait le nom, et inversement, à vrai dire il n'aimait pas les femmes, mais le fait qu'elle ressemblât à un homme lui facilita la tâche. Il s'engagea en tant que cuisinier sur un bateau à destination de l'Inde, qui coula trois petites semaines après le départ. Des poissons, plus étranges que tout ce qu'il aurait pu imaginer, dévorèrent sa chair, ses os devinrent des coraux, ses cheveux de l'herbe sous-marine, ses yeux des perles.

Son père avait la peau foncée. C'était le fils d'un seigneur et d'une servante de la Trinité, noire comme la nuit. Personne ne s'occupa de lui pendant qu'il grandissait, ce fut peut-être là sa chance mais, lorsqu'il eut quinze ans, son père lui donna de l'argent en cachette et il partit. Il ne savait pas où aller, tous les endroits se ressemblaient et il n'avait pas de projets. Le temps, songea-t-il en appuyant la tête contre la vitre de la diligence, une simple illusion. D'autres avaient parcouru ces collines avant lui, d'autres viendraient après lui, mais c'étaient les mêmes collines, le même ciel et la même terre. Au fond c'étaient aussi les mêmes chevaux, alors où était la différence ? Parmi les hommes, pensa-t-il, les différences ne sont pas grandes non plus. Et si nous étions toujours la même personne, dans des rêves toujours différents ? Seuls les noms nous induisent en erreur. Laissons-les de côté, et cela devient évident.

C'est dans un petit village qu'il s'installa. Les gens trouvaient bizarre qu'il fût noir, ils n'avaient encore jamais vu ça. Il commença par ferrer des chevaux, puis il les guérit, sachant intuitivement où ils avaient mal. Il était béni des dieux. Les animaux lui faisaient confiance et les hommes ne le détestaient pas. Il se maria et engendra sept enfants, certains moururent à la naissance, d'autres survécurent et, à sa grande surprise, ils étaient tous blancs. Dieu nous fait prendre des chemins étranges, dit-il à sa femme, mais nous devons les suivre sans nous plaindre.

C'est ainsi qu'il devint vieux. Il était pleinement satisfait, le premier à l'être dans la lignée de ses ancêtres. Par un après-midi pluvieux, il tomba à genoux devant sa maison, lança des regards curieux autour de lui, ferma les yeux, posa la tête sur le sol comme pour écouter, et ne revint jamais.

Son père, le seigneur, était un alchimiste qui ne réussit jamais à fabriquer de l'or, mais cela n'avait rien d'étonnant car nul autre n'y parvint non plus. Il habitait dans un manoir ouvert à tous les vents, il engendra une douzaine d'enfants avec les servantes, parmi lesquelles une Noire de la Trinité dotée du pouvoir d'ensorceler et de guérir, il ne se maria jamais et se demanda sa vie durant s'il voulait être catholique ou protestant. La Noire, elle, repensait souvent à l'endroit d'où elle venait : elle se rappelait la chaleur, elle se rappelait la pluie, aussi légère que l'air, elle se rappelait la force du soleil et le parfum des plantes. Elle s'occupait bien de son fils à la peau foncée, elle l'embrassait et le serrait contre elle dès qu'elle le pouvait, mais ce n'était pas souvent car elle devait travailler dur, et lorsqu'il finit par s'en aller, elle sut qu'il ne reviendrait pas.

Le seigneur, quant à lui, souffrait des dents. Elles tombaient l'une après l'autre, et la douleur manquait de le rendre fou. Un matin couleur de glaise, un abcès à la mâchoire le fit aller si mal qu'il dut s'aliter. Quelqu'un qu'il ne reconnaissait déjà plus lui appliqua sur le visage des herbes à l'odeur âcre et, une demi-heure plus tard, il mourut d'une septicémie et ne revint jamais.

Son père devint illustre grâce à la plus grande guerre du moment. Il perdit trois doigts près de Liège, une oreille aux abords d'Anvers et une main près de Prague mais, hélas, pas celle à laquelle il manquait déjà des doigts. Il s'y entendait néanmoins pour le pillage ; il savait où trouver de l'or et, une fois qu'il en eut amassé suffisamment, il quitta l'armée suédoise et s'acheta un manoir. Il se maria, engendra trois enfants et fut tué peu après par des maraudeurs. Ce fut long et pénible car ils voulaient tester diverses choses sur lui, tandis que sa femme était cachée dans la cave avec les enfants. Quand les intrus partirent, il vivait encore mais les siens le reconnurent à peine ; il mit deux jours à mourir. Il revint. Aujourd'hui encore, la nuit, on voit quelqu'un, sans doute son esprit, errer dans la maison d'un air las.

Sa mère était une femme hors du commun. Elle faisait des rêves intenses et elle avait parfois l'impression de voir l'avenir ou des événements lointains. Si elle avait été un homme, nombre de possibilités se seraient offertes à elle, et elle aurait eu une destinée. Une nuit, elle rêva d'un vieil homme caché dans une remise et auquel il manquait un œil et une jambe. Il sentait son corps se raidir, il sentait une main froide sur sa gorge et il se mettait à rire, comme s'il ne lui était jamais rien arrivé d'aussi intéressant. Au moment où il allait mourir, elle se réveilla.

Beaucoup de choses la préoccupaient. Elle disséquait des cadavres en cachette, il est vrai qu'on n'en manquait pas, la guerre durait depuis si longtemps que certains vieillards n'avaient jamais connu la paix. Elle étudiait les muscles, les fibres, les nerfs, elle donna au passage cinq enfants à son mari, dont trois survécurent à la naissance, après quoi une brique lui tomba sur la tête. Dieu ne l'avait pas prévu, ce n'était pas un coup du sort, seul le couvreur était un incapable, et elle ne revint jamais.

Son père à elle avait d'abord été voleur de grand chemin. Abandonné par sa mère, il fut élevé par un couple de paysans qui cherchaient un garçon de ferme à peu de frais. Ils ne lui donnaient presque rien à manger, et il ne tarda pas à déguerpir.

La forêt s'étendait sur une surface inimaginable. Il n'y régnait aucune loi, ni Dieu ni prince ne protégeait celui qui devait la traverser. Il passa un certain temps à détrousser des voyageurs et à se terrer dans des trous pour dormir, avant de se trouver un beau jour nez à nez avec une sorcière : un être hideux, plein de poils et de verrues, un tiers femme, un tiers homme, un tiers sanglier à cornes. Elle était en train de dévorer une petite chose sanglante, un faon peut-être, voire un enfant, il n'osa pas regarder. La sorcière releva la tête, ses yeux étaient d'un vert criard, les pupilles réduites à un point. Il comprit qu'elle l'avait reconnu jusqu'au tréfonds de son être et qu'elle ne l'oublierait pas. Il s'enfuit à toutes jambes. Il avait le souffle saccadé. Des branches lui fouettaient le visage, la nuit tomba, le jour se leva. Au bord de l'épuisement, il atteignit une ville fortifiée.

Il s'y établit en tant qu'intendant pour les maisons, les biens, les terrains. Il engendra neuf enfants, dont trois filles seulement survécurent à la naissance. Il se fit des amis, gagna de l'argent et vécut comme s'il avait oublié qu'il était condamné. Il instruisit ses filles au même titre que des garçons, elles le rendaient fier. Elles se marièrent et lui donnèrent des petits-enfants. La famille était catholique bon teint parce que la ville l'était, il allait tous les dimanches à l'église et payait le prêtre pour le salut de son âme. On disait qu'il y aurait la guerre mais il n'y croyait pas. Enfin, une nuit, la sorcière se retrouva devant lui, il la voyait nettement, bien qu'il fît nuit noire dans la chambre et que la sorcière fût plus noire encore que la nuit. On le trouva le lendemain matin. Il ne revint jamais.

Son père était précepteur au service d'un certain comte Schulenburg. Le comte avait une fille, il y eut des missives secrètes, des serments et des projets de fuite de l'autre côté de l'océan, où l'on avait, paraît-il, découvert une nouvelle terre, ce qui pouvait aussi bien n'être qu'un mythe, comment savoir. Leur destinée commune leur semblait aussi importante que si elle eut été racontée dans un livre.

Mais lorsque la jeune fille se retrouva enceinte, deux hommes attrapèrent le précepteur dans la rue et le battirent à mort avec une barre de fer. Elle accoucha en secret, l'enfant fut abandonné, elle dut épouser un hobereau qui ne sut jamais qu'il n'avait pas été le premier.

Au bout de quelques années, elle se retira au couvent de Passau où elle commenta l'ouvrage d'Aristote sur les nuages. Dieu, expliquait-elle, n'est pas en dehors du monde, il est lui-même le monde, qui n'a par conséquent ni début ni fin ; en outre, on ne peut pas définir Dieu comme étant bon ou mauvais, il embrasse toutes choses, et c'est pourquoi il n'y a ni hasard ni providence, car le monde n'est pas une pièce de théâtre. Nous connaîtrions encore cette femme de nos jours si les acariens ne s'étaient pas jetés sur le manuscrit.

Le père du malheureux précepteur était prêtre. Cela ne posait pas problème, Luther n'ayant pas encore affiché ses thèses, la sainte Église était sereine. Il eut beaucoup d'enfants. Il donnait l'extrême-onction aux pestiférés avant de leur faire une saignée, et ils mouraient d'autant plus vite à cause de l'hémorragie.

L'époque n'était guère favorable à la grande mort. La peste bubonique était sur le déclin, les foyers les plus actifs se situaient plus au sud, mais il finit quand même par s'infecter avec le sang des malades. Il s'y attendait, la plupart de ceux qui côtoyaient les pestiférés ne survivaient pas longtemps, et c'est presque avec soulagement qu'il se prépara à mourir. À son chevet apparut un borgne unijambiste, vieux comme Mathusalem et ravagé par le temps, qui lui posa lourdement la main sur l'épaule en murmurant des paroles incompréhensibles. On aurait dit qu'il avait oublié le langage des hommes. Il s'éloigna en chuchotant et en sautillant.

Le père du prêtre était un riche paysan qui possédait beaucoup de terres. C'était une joyeuse nature, sans qu'il sût pourquoi. Il aimait jouer avec ses enfants. Plusieurs d'entre eux moururent et, quand il se trouvait devant leurs petites tombes, il se disait que c'était une bonne habitude de ne pas aimer ses enfants trop tôt.

Il ne quittait jamais son domaine. Il payait ses taxes aux autorités sans se plaindre. Des gens passaient parfois devant chez lui, ils venaient d'ailleurs et voulaient se rendre autre part, mais ils lui semblaient aussi irréels que des fantômes. Un jour apparut un vieil homme auquel il manquait un œil et une jambe, et qui prétendit être parent avec lui. Il resta quelques semaines, il mangeait beaucoup et effrayait les serviteurs par ses cris nocturnes. Puis il s'en alla en clopinant sur ses béquilles.

Une nuit, le paysan eut le sentiment d'avoir été maudit, et il eut si peur qu'il ne voulut plus regarder personne dans les yeux, ni sa femme, ni ses domestiques, ni même ses enfants. L'envie le torturait, mais il savait qu'il devait résister pour ne pas finir en enfer. Il céda. Puis il résista quelque temps, avant de céder à nouveau. Peu avant sa mort, il pleura beaucoup, par peur de l'enfer. Son fils aîné, tout juste ordonné prêtre, aurait aimé savoir ce qu'il était advenu de l'âme paternelle, mais il ne revint jamais et nul ne le sut.

Son père aussi était paysan. Il ne quittait jamais son domaine. Des gens passaient parfois devant chez lui, ils venaient d'ailleurs et voulaient se rendre autre part. Lui ne voulait pas.

Son père aussi était paysan. Il ne quittait jamais son domaine. Des gens passaient parfois devant chez lui, ils venaient d'ailleurs et voulaient se rendre autre part. Lui ne voulait pas.

Son père aussi était paysan. Il ne quittait jamais son domaine. Des gens passaient parfois devant chez lui, ils venaient d'ailleurs et voulaient se rendre autre part. Lui ne voulait pas.

Son père aussi était paysan. Il ne quittait jamais son domaine, il ne voulait pas se rendre ailleurs, il ne comprenait pas pourquoi les gens se déplaçaient, comme s'il n'y avait pas partout les mêmes arbres, les mêmes collines et les mêmes lacs. Il cultivait sa terre, évitait ses sœurs, mourut tôt et ne revint jamais.

Son père aussi était paysan. Il ne quittait jamais son domaine et il avait beaucoup d'enfants. Deux d'entre eux vinrent au monde en même temps, des filles qui se ressemblaient comme s'il s'agissait d'une seule et même personne. L'œuvre du diable, s'écria-t-il. Même le prêtre affirma que ce n'était pas de bon augure et sa femme invoqua la grâce du Seigneur. Mais il n'eut pas le courage de les noyer. Et c'est ainsi que les filles grandirent et épousèrent des paysans du village voisin. Il leur donna une bonne dot. Leurs enfants à elles ne se ressemblaient pas du tout.

Son père était pèlerin, magicien, arracheur de dents et charlatan. Il avait échappé à la peste en prenant ses jambes à son cou, il s'était élevé dans les airs devant une grande foule aux abords de Cologne et avait fait trois fois le tour de la cathédrale encore inachevée. Par la suite circulèrent toutes sortes d'histoires révélant une supercherie mais, en réalité, voler n'est pas difficile quand on n'a ni scrupules ni crainte, tout en étant fou à lier. Aux environs d'Ulm, un marchand l'accusa à juste titre de lui avoir volé de l'argent, il savait néanmoins qu'il suffisait de courir plus vite que les imbéciles pour être tranquille. Près d'un village quelconque, entre des arbres particulièrement hauts, il engendra un enfant. Il ne le vit jamais, mais lui-même n'avait pas non plus connu son père.

Sa vie passa ainsi. Certains disaient qu'il était mort en Palestine, d'autres étaient persuadés qu'il avait fini au bout d'une corde, et seuls quelques-uns prétendirent plus tard qu'il vivait encore, car on pouvait tuer n'importe qui, sauf un type de son acabit.

Son père était le fils d'un mercenaire qui avait pris une femme ne voulant pas de lui, au bord du chemin, dans un champ. Dans l'étreinte de l'homme elle avait compris que Dieu ne lui viendrait pas en aide, parce que l'enfer, ce n'était pas pour plus tard, c'était ici et maintenant. Le mercenaire remarqua soudain que c'était mal, alors il la lâcha, mais trop tard, il s'enfuit et oublia. Juste après la naissance, elle laissa l'enfant dans l'écurie et l'oublia elle aussi.

Or le garçon survécut. Il survécut au souffle pestilentiel qui sillonnait le pays, il survécut à la douleur et au typhus, il refusait de mourir, même si rien ne portait à croire qu'il allait vivre, il n'avait presque rien à manger, mais il ne mourut pas, tout était souillé par les excréments et les mouches, mais il ne mourut pas et, s'il était mort, ni moi ni mes fils n'existerions. À notre place, d'autres qui justement n'existent pas considéreraient leur existence comme inévitable.

Il grandit, devint forgeron, trouva une femme, ouvrit un petit magasin bientôt détruit par le feu, puis il travailla en tant que palefrenier. Il engendra huit enfants, dont trois survécurent. Il fut écrasé peu après par une charrette, perdit une jambe, mais ne mourut toujours pas, même si la plaie infectée lui vrillait le crâne. Il rêva que le diable venait le voir, il le priait de lui accorder une longue vie, le diable repartait en enfer, après quoi sa fièvre baissa.

Un matin, des semaines plus tard, voire des années, il se réveilla avec un vague souvenir de cartes, de vin et de couteaux dégainés. Il ne savait plus grand-chose de la nuit précédente, le monde paraissait plus étroit, un morceau manquait, et lorsqu'il se palpa le nez en remontant vers la douleur, il découvrit qu'il lui manquait un œil. D'abord effrayé, il finit par en rire. Quel heureux hasard qu'il ne lui soit rien arrivé de pire, car des yeux, on en avait deux. Un seul cœur, un estomac, un foie mais deux yeux ! La vie avait beau être dure, on avait parfois de la chance.

AFFAIRES

Cela fait un bon moment que je l'entends sangloter. À l'instant encore, ce n'était qu'un bruit dans mon rêve, mais le rêve est terminé, et les sanglots proviennent de la femme allongée à mes côtés. Les yeux fermés, je sais que c'est moi qui sais que la voix est bien celle de Laura, ou plutôt que c'était la sienne depuis le début. Elle pleure si violemment que le matelas en tremble. Je ne bouge pas. Combien de temps puis-je faire semblant de dormir ? J'aimerais tant m'abandonner et sombrer à nouveau dans le sommeil, mais ce n'est pas possible. La journée a commencé. J'ouvre les yeux.

Le soleil matinal perce à travers les fentes du store vénitien et trace de fines lignes sur le tapis et les murs. Le motif du tapis est symétrique mais si on le contemple trop longtemps, il captive l'attention, s'incruste et ne lâche plus l'observateur. À côté de moi, Laura est d'un calme absolu, elle respire sans bruit, dort profondément. Je retire la couverture et je me lève.

Tandis que j'avance à tâtons dans le couloir, le souvenir du rêve me revient. Aucun doute, c'était grand-mère. Elle avait l'air las, exténué, et elle n'était pas tout à fait entière, comme si un fragment de son âme avait pu parvenir jusqu'à moi. Elle se tenait penchée, soutenue par une canne, et elle portait deux stylos à bille dans son chignon. Elle ouvrait puis fermait la bouche, gesticulait, cherchant à me dire quelque chose. Elle avait l'air terriblement fatigué, elle faisait la moue, me suppliait du regard, jusqu'à ce qu'une métamorphose quelconque l'emporte et que je me retrouve ailleurs, entouré par autre chose. Je ne saurai jamais ce qu'elle a voulu me dire.

Je me rase, vais sous la douche et tourne le robinet d'eau chaude. L'eau est tiède, puis chaude, puis très chaude, c'est ainsi que je l'aime. Je renverse la nuque en arrière, laisse l'eau s'abattre sur moi, j'écoute le bruissement, je ressens la douleur et, l'espace d'un instant, j'oublie tout.

Le répit est de courte durée. Le souvenir revient telle une vague. Je peux peut-être tenir encore deux mois, voire trois. Mais pas plus.

Je coupe l'eau, sors de la douche et enfouis mon visage dans le tissu éponge de ma serviette. Comme toujours, ma mémoire réagit à l'odeur en faisant ressurgir des images : moi enveloppé dans la serviette et porté au lit par maman, la silhouette élancée de papa devant le plafonnier, ses cheveux ébouriffés se découpant à contre-jour, Iwan déjà endormi dans le lit d'à côté; notre bac à sable, où je démolissais chaque fois les tours qu'il avait construites; une prairie, il y avait trouvé un ver de terre, je le coupai en deux, il pleura horriblement. Ou était-ce l'inverse? J'enfile mon peignoir. Maintenant, il me faut mes médicaments.

Dans mon bureau, rien n'a changé. Cela me rassure. La table avec le large écran, Paul Klee sur un mur, Eulenböck sur l'autre, les classeurs vides. Je n'ai jamais travaillé ici. Les tiroirs aussi sont vides et aucun des ouvrages de référence n'a jamais été ouvert. Mais quand je suis dans cette pièce et feins d'être concentré, personne n'entre et c'est tout ce qui compte.

Deux Troprènes, un Torbit, un Prévoxal et un Valium – il ne faut pas commencer la journée avec trop de choses, car je dois pouvoir augmenter la dose en cas d'imprévu. Je les avale tous à la fois ; c'est désagréable et je mobilise toute ma volonté pour lutter contre l'envie de vomir. Quant à savoir pourquoi je les prends toujours sans eau, je l'ignore.

Je sens déjà qu'ils agissent. C'est sans doute une illusion, cela ne peut pas aller aussi vite, mais quelle importance ? Une nébuleuse d'indifférence se pose sur moi. Je vais pouvoir tenir le coup. Un jour, me dis-je, tu perdras tout, on citera le nom d'Eric Friedland avec dégoût, ceux qui te font encore confiance te maudiront, ta famille va se décomposer, et tu finiras en prison. Mais pas aujourd'hui.

Je n'ai le droit de dire à personne combien je hais ce tableau de Paul Klee. Des carreaux de traviole, rouges sur fond noir, à côté d'un pantin minable et brinquebalant. Même moi, j'aurais pu peindre ça. Je sais que je ne dois pas le penser, c'est strictement interdit, mais c'est plus fort que moi, même moi, j'aurais pu peindre ça, il ne m'aurait pas fallu plus de cinq minutes ! Au lieu de cela, j'ai déboursé sept cent cinquante mille euros, mais un homme de mon rang se doit de posséder une œuvre hors de prix : Janke a un Kandinsky, Nettelbeck de chez BMW a un Monet, ou un Manet, qu'est-ce que j'en sais, et le vieux Rebke, mon partenaire au golf, a sur sa pelouse une sculpture de Richard Serra, immense, rouillée et très encombrante pendant les garden-parties. Il y a des années, j'ai donc demandé à Iwan de me procurer un tableau, mais un tableau qui soit fiable.

Il a aussitôt fait semblant de ne pas comprendre. Il aime bien, ça l'amuse : "Fiable ? C'est-à-dire ?

— C'est-à-dire qu'il impressionne tout le monde. Qu'aucun spécialiste n'a quoi que ce soit à reprocher au peintre. Comme Picasso. Ou Vinci. Quelqu'un dans le genre."

Iwan s'est moqué de moi. Ça aussi, il aime bien : Picasso ? Il y avait des centaines de spécialistes qui ne le prenaient pas au sérieux et, si on se trompait de période, on se couvrait de ridicule. Personne ou presque ne disait par exemple du bien de son œuvre tardive ! Paul Klee, en revanche, on pouvait le choisir, personne n'avait rien contre lui.

"Et Vinci ?

— N'existe pas sur le marché. Prends Klee."

Il s'est ensuite rendu pour moi à une vente aux enchères. À cinq cent mille, il m'a téléphoné pour savoir s'il devait renchérir. J'ai failli l'enguirlander. Mais je n'allais quand même pas lui laisser croire que je ne pouvais pas me payer un pantin. Le tableau resta quelque temps accroché au salon, jusqu'à ce que Laura s'en lasse subitement. C'est pourquoi il est suspendu au-dessus de mon bureau, d'où il me regarde avec insistance, et il cause des dégâts dans mes rêves. Je ne peux pas le vendre, trop de gens l'ont vu dans le salon, et j'ai toujours attiré l'attention sur lui, voyez mon Klee, que dites-vous de mon Klee, oui, bien sûr que c'est un vrai ! Dès que les enquêteurs se mettront au travail, l'une de leurs premières questions serait : Mais où est passé le Klee ? L'art n'est qu'un piège, inventé par des gens rusés comme mon frère !

Encore en peignoir, je longe le couloir, descends l'escalier, me rends dans la salle de projection. Elle comporte un écran avec un vidéoprojecteur, et les cubes noirs des haut-parleurs seraient assez puissants pour sonoriser un stade de foot. Devant l'ensemble trône un canapé en cuir moelleux.

La télécommande est sur la table basse. Sans me poser de questions, je m'assois, je la prends et appuie sur quelques boutons. L'écran revient à la vie dans un ronronnement : le programme matinal, un documentaire animalier. Une libellule atterrit sur une tige. Ses pattes sont frêles, ses ailes tremblent et ses antennes palpent le relief de la verdure. Intéressant, mais cela me rappelle la présence de la caméra.

Une caméra est forcément cachée dans un des appareils. Le contraire serait étonnant, car c'est très facile d'en cacher une, jamais je ne la trouverais parmi toutes les lentilles. J'appuie à nouveau sur un bouton, la prairie disparaît et fait place à un secrétaire d'État derrière un pupitre, il a un débit très rapide, comme s'il était crucial qu'il termine au plus vite.

"Non, dis-je. Non, non, non, non. Non !"

Par chance, ça marche. Il ralentit.

Mais il m'a remarqué, hélas. Tout en parlant, il jette un bref regard vers moi. Il l'a fait très discrètement, mais cela ne m'a pas échappé.

Je retiens mon souffle. Je n'ai pas le droit à l'erreur. C'est absurde, bien sûr, je sais que l'émission est en différé, personne ne donne de conférence de presse si tôt le matin.

Mais je sais aussi qu'il m'a regardé.

"Doucement. On se calme."

Je me rends compte avec effroi que j'ai parlé à voix haute. Je ne dois pas me trahir de la sorte ! Le secrétaire d'État, dont le nom me revient soudain – il s'appelle Obermann, Bernd Richard Obermann, et il est en charge de l'électricité ou de l'éducation – m'a entendu, car un sourire narquois glisse sur son visage. Je fais comme si de rien n'était, il en faut plus pour me désarçonner. Du calme, me dis-je à nouveau, en silence cette fois et sans bouger les lèvres, fais comme si tout allait bien ! Il faut que j'arrive, d'une manière ou d'une autre, à ne plus regarder l'écran. Je me concentre sur la périphérie de mon champ de vision et je perçois vaguement quelque chose sur le tapis, une rupture de la symétrie : une tache de vin rouge. Nom d'une pipe, ce tapis m'a coûté trente-cinq mille euros !

La colère m'aide à détourner le regard de l'écran. Je vois du coin de l'œil que le secrétaire d'État a disparu. C'est maintenant un monsieur insignifiant qui parle au micro, et il ne s'intéresse pas à moi. Je brandis la télécommande, l'image lance un éclair avant de s'éteindre.

Juste à temps. Je me lève, remarque quelqu'un à la porte et tressaille.

“Je t'ai fait peur ?

— Mais non, comment ça ? Non, non. Non !” Je regarde ma fille, ma fille me regarde et, pour dire quelque chose, je lui demande : “Tu as un contrôle aujourd'hui ?

— Oui, en maths.”

Je me félicite, je fais vraiment figure de père au courant de la situation et compatissant mais, en réalité, je sais juste que les enfants ont sans arrêt des contrôles. Il y a toujours un test à passer, on peut être sûr qu'une crasse a lieu chaque jour.

“Ça te dit quelque chose, cette tache de vin rouge ?” Elle fait non de la tête.

“Si c’était toi, tu peux me le dire. Tu ne seras pas punie.

— Je ne bois pas de vin !”

C’est joliment dit. J’aimerais l’embrasser sur les deux joues, mais je pense à la caméra et je m’abstiens.

“Et donc ? lui dis-je à la place. Tu as bien révisé ? Tu es prête ?”

Elle hausse les épaules comme si elle doutait que cela m’intéresse. Je suis vexé. Car, bien que cela ne m’intéresse réellement pas, je fais de mon mieux pour lui laisser croire que c’est important pour moi. Je remarque une petite araignée – un point qui monte le long du mur près de la porte. De quoi vit-elle au juste, que mange-t-elle, que boit-elle, à moins que les araignées ne boivent pas ? J’aimerais poser la question à Marie, c’est sûrement le genre de choses qu’elle apprend à l’école, mais je me contente de lui demander : “Quel est le programme aujourd’hui, vous en êtes déjà au calcul différentiel ?

— Qu’est-ce que c’est ?

— Tu ne sais pas ça ?

— J’ai dix ans, papa.”

Elle a réponse à tout. L’araignée a atteint l’autre côté de la porte, comment a-t-elle pu aller aussi vite ?

“Quoi ? demande-t-elle.

— Comment. Tu dois dire « comment », et non pas « quoi ».

— Comment ?

— Quoi ?

— Quelle araignée, papa ?”

Est-ce que je viens de parler à voix haute ? Dieu du ciel !

“Tu as dit…

— Non !

— Mais tu viens de…

— Rien ! Je n'ai rien dit !"

C'était trop fort, je ne veux pas effrayer ma fille et je ne dois pas oublier la caméra. Consterné, je caresse les cheveux de Marie. Elle me sourit, puis se retourne et s'en va, comme les enfants le font toujours, d'un pas bondissant, sautillant, bondissant.

"Dépêche-toi ! lui dis-je dans son dos. Tu es en retard, le cours va commencer !" J'ignore à quelle heure commencent les cours. Mais je dois être plus ou moins dans le vrai.

Que pensera-t-elle de moi quand je serai en prison ? En allant au dressing à l'étage, je me demande une fois de plus pourquoi je n'ai pas le courage d'en finir. Tant d'autres y sont parvenus : revolver, comprimés, un saut depuis une haute fenêtre. Pourquoi pas moi ?

Je suis sans doute trop solide. Cela n'a pas que des avantages. On est plus endurant, on peut se mettre dans des situations plus critiques et il est plus difficile de baisser les bras. Les gens falots, sans substance et sans force, qui n'ont rien à perdre quand ils se perdent eux-mêmes, vont simplement se pendre quelque part. Mais il y a en moi quelque chose qui s'y refuse.

Je suis à l'aise dans mon dressing, rares sont les problèmes qui surviennent ici. Dix-sept costumes noirs sur mesure sont alignés dans la penderie, trente-neuf chemises blanches sont empilées sur les étagères, et sur un cintre sont suspendues vingt-cinq cravates immaculées, du même rouge. Les gens m'offrent parfois des cravates différentes, avec des motifs raffinés, que je jette. J'en ai juste une autre, noire, pour les enterrements. Sur le sol se suivent vingt et une paires de chaussures bien cirées.

Le week-end, en revanche, c'est difficile. Les jours de repos, on ne peut pas mettre de costume, mais on peut difficilement porter une sempiternelle chemise à carreaux. Ce serait sensé et judicieux, c'est pourquoi la personne qui le ferait serait tenue pour excentrique. J'ai donc un autre placard réservé aux week-ends, loisirs et vacances. On y trouve toutes sortes de chemises en couleur : unies, à carreaux, à rayures et même une à pois. Laura ne l'aime pas, mais je prétends que c'est ma préférée. Les gens sont censés avoir une chemise préférée, on s'y attend, on trouve ça sympathique. Le placard comporte aussi des jeans, des pantalons en velours côtelé, des ceintures en cuir, des vestes dans tous les styles, des chaussures de sport, de marche et de pêche, même si je ne suis jamais allé à la pêche de ma vie et que je n'ai pas l'intention d'y remédier.

Par chance, c'est aujourd'hui un jour de semaine, alors je suis prêt en cinq minutes. Costume noir, chemise blanche, cravate rouge. On se sent mieux dès qu'on porte un costume. J'adresse un signe de tête au miroir, mon reflet acquiesce illico. Le monde tourne rond.

Quand j'arrive dans le couloir, Laura se tient devant moi.

"Tu as bien dormi ?" Je lui pose la question chaque matin, même si je n'en vois pas l'intérêt. Ou bien on dort, ou bien on est réveillé ; je sais néanmoins par la télévision que c'est une question que les gens se posent.

Elle recule d'un pas, afin de se ménager un espace pour la réponse.

Comme elle est encore belle ! J'acquiesce en disant : "ah" et "oh !", tandis qu'elle me parle d'un voyage, d'un magicien et d'un lit de roses, des milliers de roses, une vaste mer. Peut-on vraiment rêver de cela ? À moins qu'elle n'invente, de même que j'invente presque tout ce que je raconte.

"Tu m'écoutes ? demande-t-elle.

— Bien sûr. Un lit de roses."

Pendant qu'elle parle, j'allume discrètement mon téléphone : 8 août 2008, deux mille sept cent trente et un mails non lus. Et juste au moment où je regarde l'écran, deux nouveaux messages arrivent.

"Ça t'intéresse davantage que ce que je dis ?

— Chérie ! Je range vite l'appareil. Princesse ! Ça ne m'intéresse pas le moins du monde ! Continue."

C'est vrai, d'ailleurs, voilà des semaines que je ne lis plus mes e-mails. Mais, comme c'est la vérité, elle la tient pour un mensonge et fait la moue.

"Laura ! Continue, s'il te plaît ! Je t'en prie !"

J'ai visiblement du mal à trouver le ton juste aujourd'hui, car des rides de réprobation apparaissent sur son front. "Marie a besoin de cours particuliers en maths. Il faut que tu trouves un professeur. M. Lakebrink dit que c'est urgent."

Cela va trop vite pour moi. À l'instant encore, il était question de roses, et maintenant de ce M. Lakebrink. "C'est son prof?"

Les rides se creusent sur son front.

"Lakebrink, dis-je. Je me souviens. Ce Lakebrink. Cet homme."

Elle recule encore d'un pas.

"Bon d'accord, qui est-ce ?

— Eric, qu'est-ce qui t'arrive ?

— Et si on prenait l'avion ? je lui demande à la hâte. Le week-end prochain, juste toi et moi…" À présent, vite trouver un endroit où il fait une chaleur atroce ; où sommes-nous allés dernièrement ? “La Sicile ?” C’était en Sicile, j’en suis presque certain. Ou peut-être en Grèce. Un climat aussi chaud et humide qu’en enfer, des prix absurdement élevés, des serveurs impertinents qui faisaient des messes basses et des chats galeux qui nous toisaient depuis des roches abruptes, mais Laura était très heureuse.

Elle écarte les bras, pose la tête sur ma poitrine, m’enlace. Ses cheveux ont un parfum légèrement sucré – de sauge, de citron, à vrai dire elle sent toujours bon. Elle murmure que je suis merveilleux, généreux, unique ; je l’entends mal parce qu’elle colle son visage contre ma veste, et je lui caresse le dos.

“Le directeur, dit-elle.

— Quoi ?

— M. Lakebrink est le directeur de l’école de Marie. Tu lui as parlé la semaine dernière. À la rencontre avec les parents.”

J’acquiesce comme si je le savais depuis longtemps. Il me faudra bien sûr une raison convaincante pour justifier le fait que nous ne pouvons pas aller en Sicile. Elle sera si déçue que je vais devoir faire une promesse plus grande encore pour l’amadouer, promesse que je ne tiendrai pas non plus. Tout cela à cause de cette rencontre dont je me souviens bien, du reste : le plafond bas, le sol plastifié, les lampes éblouissantes et une affiche invitant à se faire vacciner d’urgence contre je ne sais plus quoi.

“Encore une chose, Eric !” Elle me caresse la joue. Son geste me rappelle à quel point je la désirais il y a peu de temps encore. “Avant-hier, tu as dit à Marie que l’essentiel, c’est de ne pas se faire remarquer. De ne jamais susciter la jalousie des autres.

— Et alors ?

— Elle a pris cela très au sérieux.
— Parfait.
— Mais hier, tu lui as dit qu'on ne doit jamais faire de compromis. Toujours lutter et tenter d'être le meilleur. Ne pas éviter les conflits.
— Et ?
— Elle ne sait plus où elle en est.
— Pourquoi ?
— Parce que c'est contradictoire !
— La Sicile !" dis-je.

Son visage s'éclaire aussitôt.

Nous nous enlaçons à nouveau, et un sentiment vertigineux de déjà-vu s'empare de moi. Je me revois debout ici, la tenant dans mes bras et ayant cette même conversation avec elle, dans un rêve, ou une autre vie, ou dans celle-ci, il y a deux ou trois jours. Et d'ici peu nous serons à nouveau là, et sans doute que M. Lakebrink surgira de nouveau dans la conversation, jusqu'au moment où le couperet va tomber, la police débarquer, et cela ne se répétera plus. Je dépose sur son front un baiser atrocement chaste et je me précipite vers l'escalier en disant : "Je t'aime", sans me retourner. Pourquoi ai-je l'impression de mentir alors que c'est la vérité ?

"Moi aussi", s'écrie-t-elle, et bien que cela sonne faux, je sais que c'est vrai.

Par distraction, je descends la première marche de l'escalier avec le pied gauche. C'est le genre de choses qui ne devrait pas arriver, je ne dois en aucun cas relâcher ma vigilance, surtout dans cette maison. Depuis le début, dès la première visite, j'avais un mauvais pressentiment.

Surtout ne pas penser maintenant à la mansarde. Je dois faire comme si j'avais oublié son existence.

Tout dans cette pièce est repoussant : la pente du toit touche le sol en formant un angle hideux, des rectangles d'un marron boueux sont imprimés sur le papier peint, la vieille lampe au verre crasseux projette un abominable pentagone sur le plancher, et l'étroite table, installée par Dieu sait qui il y a de nombreuses années, cache un trou béant. Il suffit de passer quelques minutes dans cet endroit pour savoir que quelqu'un y est mort.

Cela n'a pourtant rien d'étonnant. Dans chaque pièce ou presque d'une vieille maison, quelqu'un a déjà passé l'arme à gauche. Or, dans cette mansarde, ce fut une mort particulièrement difficile. Longue et très douloureuse. Des esprits sont apparus, des démons ont surgi, attirés par l'agonie. Mais comment expliquer cela à Laura ? Sept millions et demi. La maison lui a plu d'emblée. Des dalles mauresques sur la terrasse, cinq salles de bains, une salle de projection. Que pouvais-je faire ?

Alors, une nuit, je suis allé là-haut. Car c'est possible, on peut affronter sa peur, jusqu'à ce qu'elle cède et se retire. J'ai tenu presque trois heures. La table, les ombres, la lampe, moi. Et une autre personne.

Après quoi j'ai couru. J'ai dévalé l'escalier, traversé le hall pour arriver dans le jardin. Un quartier de lune dans le ciel, entouré de nuages chatoyants. J'ai bien dû rester une heure allongé dans l'herbe et, lorsque je me suis glissé dans le lit, Laura s'est réveillée et m'a raconté son rêve : un oiseau multicolore, un gentil facteur et une locomotive. Quant à moi, j'ai levé les yeux vers le plafond en songeant que la pièce là-haut existera aussi longtemps que nous. Et même quand nous n'habiterons plus ici et que nous aurons été remplacés par d'autres, elle sera toujours là.

J'ouvre la porte de la maison. Mon Dieu, quelle chaleur ! La voiture m'attend, le moteur tourne, Knut est assis au volant d'un air renfrogné. Il déteste attendre. J'ignore comment quelqu'un dans son genre a pu devenir chauffeur. Quant à savoir pourquoi il s'appelle Knut, mystère. Il est grec, et il en a l'apparence : picots de barbe, cheveux noirs, peau mate. Un jour, lors d'un long trajet, il m'a raconté l'origine de son prénom, je n'ai pas écouté et, si je lui reposais la question maintenant, il serait vexé. Je monte, Knut démarre sans autre forme de procès.

Je ferme les yeux. Je l'entends déjà klaxonner. Il s'écrie : "Espèce d'idiot !" et klaxonne de plus belle. "Vous avez vu ça, chef ?"

J'ouvre les yeux. La rue est absolument vide.

"De gauche, sans se gêner ! s'écrie-t-il.

— Incroyable.

— Quel idiot !"

Tandis qu'il tapote sur le volant et désigne telle ou telle direction en pestant, je me demande pour la millième fois comment je vais pouvoir me débarrasser de lui. Il en sait trop sur mon compte, hélas ; je suis sûr que, le lendemain de son licenciement, il écrirait des lettres anonymes – à Laura, à la police, à Dieu sait qui encore. La seule possibilité serait un meurtre discret. Mais si je voulais réellement tuer quelqu'un, je ne vois personne d'autre que lui pour m'aider. C'est compliqué. Je sors mon téléphone et regarde les cours de la Bourse. Les prix des matières premières ont chuté, l'euro ne s'est pas rétabli face au dollar, alors que les titres informatiques surévalués n'ont pas bougé d'un iota depuis hier. Je ne comprends pas.

“Il fait chaud ! s’écrie Knut. Tellement, tellement chaud !”

J’étais persuadé que les valeurs informatiques allaient chuter. D’un autre côté, j’ai pressenti que cela n’arriverait pas – non par compréhension du marché, mais parce que je me suis fait à l’idée qu’il se produit toujours l’inverse de ce que j’attends. Alors qui suivre – mon intuition ou le fait de savoir que j’ai presque toujours tort ?

“Mars, avril ! s’écrie Knut. Que de la pluie. Mai – pluie. Toujours ! Et maintenant ça !”

Mais les pertes ne m’effraient plus. Même si les cours avaient évolué selon mes prévisions, cela n’aurait rien changé. Des cours ascendants ne me sauveraient plus. Seul un miracle pourrait le faire.

Le téléphone vibre, je lis sur l’écran : *Tu viens aujourd’hui ?*

Quand tu veux, écris-je.

Pendant que j’appuie sur la touche envoi, je me demande quelle excuse je pourrais utiliser au cas où elle me dirait de venir tout de suite. Car je n’ai pas le temps : Adolf Klüssen a pris rendez-vous, mon client le plus important. Mais dans la journée, de toute façon, elle est souvent occupée et, si elle m’écrit de ne venir que ce soir, elle se sentira coupable et cela me sera utile, je pourrai m’en servir.

Je fixe le téléphone. L’écran me renvoie un fond gris. Pas de réponse.

Et toujours pas.

Je ferme les yeux et compte lentement jusqu’à dix. Knut parle, je n’y fais pas attention. À sept, je perds patience, j’ouvre les yeux et regarde l’écran.

Pas de réponse.

Bon, laisse tomber. Je n'ai pas besoin d'elle, je m'en sors mieux sans elle ! À moins que ce ne soit sa vengeance pour dimanche dernier.

Nous nous étions retrouvés devant l'entrée, c'était un cinéma d'art et d'essai où passait le dernier film d'Orson Welles, elle voulait absolument le voir, il ne m'intéressait pas, mais ça m'était égal car aucun autre film ne m'aurait intéressé. Une odeur de friture flottait dans le hall d'entrée, nous fûmes à court de sujets de conversation en faisant la queue devant la caisse et, au moment où nous allions nous asseoir, un homme de la rangée de devant se leva d'un bond en hurlant mon nom.

Pris de terreur, je ne le reconnus pas tout de suite. Puis les traits de son visage s'agencèrent peu à peu : bouche, nez, yeux et oreilles revinrent à leur place et l'apparition se changea en professeur Übelkron, le mari de la meilleure amie de Laura, qui n'a jamais manqué aucune de nos garden-parties.

Je l'enlaçai tel un frère perdu. Puis je me mis à lui boxer l'épaule et à l'assaillir de questions : comment allaient son épouse et sa fille et sa mère et que penser de cette chaleur. Le film avait déjà commencé, les gens autour de nous faisaient chut ! et le professeur Übelkron lui-même montrait des signes d'impatience, mais je ne cessais de parler, de le questionner sans lui laisser le temps de répondre, et de malmener sans pitié son épaule. Lorsque je le laissai enfin tranquille, il s'effondra sur son siège, épuisé, sans me demander qui était donc la femme à mes côtés. Je regardai ma montre, attendis exactement quatre minutes, sortis mon téléphone, m'écriai : "Oh là là", "Oh mon Dieu" et "J'arrive", je bondis de mon siège et sortis au pas de charge. Une fois dans le taxi, je m'aperçus que Sibylle était encore dans la salle.

Le téléphone vibre. *D'accord, viens!*

Quand?

Au bout de trois secondes, la réponse : *Maintenant.*

J'écris : *Peux pas. Client important.* Cela me paraît être un prétexte, comme d'habitude, or cette fois c'est la vérité. J'appuie sur la touche envoi et j'attends.

Rien.

Mais qu'est-ce que ça veut dire, pourquoi ne répond-elle pas? Je parviens à ranger mon téléphone en mobilisant toute ma volonté. Nous sommes arrivés.

Comme toujours, je descends dans la rue et laisse Knut continuer seul dans le parking souterrain, je ne peux pas y aller, ce n'est pas possible. Je franchis vite la fournaise, les portes vitrées s'ouvrent et je pénètre dans le hall d'entrée. L'ascenseur me porte jusqu'au douzième étage. Je traverse en hâte l'open space, je vois partout des visages identiques devant des écrans identiques. J'en connais certains, d'autres non, je suis content que personne ne vienne me parler, j'ai oublié trop de noms ces derniers temps.

Mes secrétaires m'accueillent en silence. L'une est jolie, l'autre compétente, elles se détestent et ne m'aiment pas beaucoup non plus. J'ai couché six ou sept fois avec la jolie, qui s'appelle Else. Je l'aurais renvoyée depuis longtemps si elle n'avait pas les moyens de me faire chanter. Je n'ai couché qu'une seule fois avec l'autre, Kathi, sous l'influence de nouveaux médicaments qui m'ont amené à faire toutes sortes de choses auxquelles je n'ai plus envie de repenser.

“M. Klüssen vous attend déjà, dit Kathi.

— Parfait !" Je vais dans mon bureau, je m'assois derrière la table, joins les mains et compte lentement jusqu'à dix. Puis je sors le téléphone de ma poche. Pas de réponse. Pourquoi me traite-t-elle de la sorte ?

Je gère l'ensemble du patrimoine d'Adolf Albert Klüssen, et j'ai tout perdu. Tous les relevés et les listes qu'il a reçus ces deux dernières années étaient falsifiés. C'est un homme âgé, pas très futé et, bien que je ne sois plus en mesure de regagner son argent, je parviens encore à inventer des bilans impressionnants et à afficher les gains que j'aurais réalisés si j'avais vu venir l'évolution du marché. Je joins aux chiffres toutes sortes de courbes rouges, bleues et jaunes, cela renforce la confiance. Mais chaque entretien avec lui peut s'avérer dangereux.

Je me lève et vais à la fenêtre. La vue est spectaculaire, on s'habitue difficilement à tant d'espace et de clarté. Chaque fois que le monde m'impose ainsi son éclat et ses paillettes, je ne peux m'empêcher de penser à Iwan, à un lointain après-midi dans la bibliothèque d'Arthur. Nous avions vingt-deux ans, Noël approchait, Iwan revenait d'Oxford et moi d'une maison de repos.

"Raconte !" dit-il.

Je me souvenais à peine des mois écoulés. Tout était jaune coquille d'œuf, les murs, le sol, le plafond de ma chambre, les blouses des infirmiers. La nuit, on ne savait pas si les voix qu'on entendait provenaient d'autres patients ou de sa propre tête.

"Tu dois jouer le jeu, dit Iwan, c'est ça, l'astuce. Tu dois mentir. Tu crois que les gens te percent à jour, mais on ne perce jamais personne à jour. On ne peut pas lire les pensées d'autrui. Tu penses que les autres comprennent ce qui se passe en toi, mais c'est faux.

— Je ne vois pas de quoi tu parles.

— Bonne réponse. Observe et déduis-en les règles. Les hommes sont rarement spontanés, ce sont le plus souvent des machines. Ce qu'ils font, ils le font par habitude. Tu dois déduire les règles, puis t'y tenir, comme si ta vie en dépendait. Car c'est bien le cas. Ta vie en dépend."

Je fixais la table. Un bois très vieux, un meuble de famille ayant appartenu à notre arrière-arrière-grand-père qui était, paraît-il, comédien. Les nervures noires formaient un motif d'une beauté singulière. Je me surpris à remarquer une chose pareille, avant de comprendre que ce n'était pas moi qui la percevais. C'était Iwan.

"La vérité, c'est bien beau, dit-il. Mais parfois elle ne nous est d'aucun secours. Demande-toi toujours ce qu'on attend de toi. Dis ce que tout le monde dit, fais ce que tout le monde fait. Représente-toi la personne que tu voudrais être. Demande-toi comment elle agirait. Puis agis de la même manière.

— Si la cellule ne s'était pas divisée, à l'époque, dis-je, il n'existerait qu'un seul de nous deux.

— Concentre-toi !

— Mais ce serait qui ? Moi, toi, ou un troisième que nous ne connaissons pas ? Ce serait qui ?

— Le truc, c'est que tu dois t'en sortir tout seul. Voilà le plus difficile. N'attends d'aide de personne. Et ne te mets pas en tête de faire une thérapie. On n'y apprend qu'à être d'accord avec soi-même. On y apprend de bonnes excuses."

Je devrais lui dire qu'il avait raison, me dis-je à présent, je n'aurais pas dû faire de thérapie. J'aimerais lui parler aujourd'hui, il faut que je le voie, j'ai besoin de ses conseils. Peut-être pourrais-je lui emprunter de l'argent et disparaître. Un faux passeport, un avion pour l'Argentine, moi seul. Ce serait encore possible.

Je prends le téléphone et j'entends la voix d'Else, pas celle de Kathi, hélas. "Je dois parler à mon frère. Appelez-le, faites-le venir.

— Quel frère ?"

Je me frotte les yeux. "À votre avis !"

Elle se tait.

"Alors appelez-le ! Sur-le-champ ! Dites-lui que c'est vraiment important. Et faites enfin entrer Klüssen."

Je raccroche, croise les bras et fais mine d'être plongé dans mes pensées. Je songe soudain que je n'ai pas vu Klüssen au secrétariat. Le canapé était vide. Mais n'a-t-elle pas dit qu'il était déjà là ? Or s'il est déjà là, mais pas au secrétariat, cela veut dire que… ? Je regarde autour de moi avec inquiétude.

"Bonjour, Adolf !"

Il est assis et me dévisage. Il doit être là depuis le début. Je souris et lui lance un regard signifiant que ce n'était qu'une bonne blague.

Adolf Albert Klüssen, un solide vieillard d'environ soixante-quinze ans, bien habillé, habitué à donner des ordres, la peau ridée par le soleil, les sourcils broussailleux, me regarde comme s'il avait avalé une grenouille, perdu ses clés, son passeport et son portefeuille dans la même journée, devenant la risée de tout le monde, comme si on l'avait dévalisé avant de lui rayer sa voiture de sport. Des taches sombres de sueur apparaissent sous les manches de son polo, mais c'est sûrement dû à la chaleur et n'a pas de signification particulière. Adolf Albert Klüssen, fils du propriétaire de grand magasin Adolf Ariman

Klüssen, petit-fils du fondateur du grand magasin Adolf Adomeit Klüssen, descendant d'une famille dont les aînés portent depuis si longtemps le prénom Adolf que personne n'a pu se résoudre à abandonner cette tradition, me regarde comme si le monde entier était méprisable. Et pourtant il ignore encore qu'il est ruiné.

"Adolf! Quelle joie de te voir!"

Sa main a le toucher d'un bois noueux. J'espère que la mienne n'est pas moite à cause de ma nervosité. J'ai néanmoins ma voix sous contrôle, elle ne tremble pas, et mon regard est posé lui aussi. Il commence à dire que je n'ai pas répondu à ses mails et je m'écrie que c'est un scandale et que je vais flanquer ma secrétaire à la porte. Je lui soumets vite trois feuilles imprimées : des chiffres qui ne signifient rien, suivis du nom de quelques valeurs sûres : Apple, Berkshire Hathaway, Google et Mercedes-Benz, des quantités de diagrammes circulaires, le tout aussi bariolé que possible.

Mais aujourd'hui cela ne me sert à rien. Il plisse les yeux, puis il repose les feuilles, se penche en avant et dit qu'il a quelque chose de crucial sur le cœur.

"Quelque chose de crucial!" Je me lève, fais le tour du bureau et m'assois sur le rebord. Toujours être un peu plus haut que son interlocuteur – un vieux truc de négociateur.

Il dit qu'il n'est plus tout jeune. Qu'il ne veut plus prendre de risques.

"De risques? Je joins les mains. Sur la tête de mon père!" Ce geste est utile, car il donne une impression d'honnêteté. L'erreur, en revanche, c'est de mettre la main sur son cœur. "Nous n'avons jamais pris aucun risque!"

Warren Buffett, dit Klüssen, a conseillé de ne jamais investir dans quelque chose qu'on ne comprend pas.

"Mais moi, je le comprends. C'est mon métier, Adolf." Je me lève et vais à la fenêtre pour qu'il ne voie pas mon visage.

Il y a quelques années, tout allait bien. Les investissements étaient rentables, les bilans corrects. Puis nous avons eu un problème de cash-flow et je me suis aperçu que rien ne m'empêchait de prétendre que nous avions fait des profits. Si on annonce des pertes, les investisseurs retirent leur argent ; si on simule des profits, tout reste comme avant – on peut continuer, on comble les pertes, personne n'est lésé, ce ne sont que des chiffres sur le papier. C'est donc ce que j'ai fait et, en l'espace de deux ou trois mois, l'argent était de nouveau là.

Or, un an plus tard, je me suis retrouvé dans la même situation. Mon deuxième plus gros client décida de retirer trois millions au plus mauvais moment. Je détenais des positions que je ne voulais pas liquider à perte, alors j'ai simulé des gains, attirant ainsi de nouveaux investisseurs, et je compensai le retrait grâce à leur capital. J'étais sûr que les cours se rétabliraient vite et que tout rentrerait dans l'ordre.

Mais ils ont continué à dégringoler. D'autres investisseurs voulurent retirer de l'argent et, si je n'avais pas prélevé sur le capital des sommes encore plus importantes, tout aurait été découvert. Quand les cours finirent par se rétablir, il manquait déjà trop d'argent.

Mais j'avais encore bon espoir. Je jouissais d'une bonne réputation, les nouveaux investisseurs affluaient et j'utilisais leurs apports pour payer les rendements des anciens investisseurs : dix, douze, voire quinze pour cent, tellement que personne ne songea à retirer son capital. J'ai longtemps cru que j'allais trouver une issue. Puis, il y a deux ans, durant une nuit de calculs interminables, j'ai compris que ce ne serait pas le cas.

L'Argentine ou le Venezuela, l'Équateur, le Liberia, la Côte d'Ivoire : un nouveau passeport, un nouveau nom, une nouvelle vie. J'aurais dû le faire. Marie aurait sans doute été ravie, Laura aurait pu donner ses réceptions ailleurs. Quant à la météo, elle est partout meilleure qu'ici.

Mais j'ai raté le coche. J'ai été trop lent, trop hésitant. Il faut une fortune pour disparaître sans renoncer au confort. À présent, je n'ai plus rien. Le capital s'est envolé, tous les crédits sont épuisés.

"Tu connais la *Bhagavad-Gita* ?" je lui demande.

Klüssen me dévisage. Il ne s'attendait pas à cela.

"Le dieu Krishna dit au guerrier Arjuna : « Tu n'élucideras jamais le pourquoi des choses. Tu ne peux démêler les enchevêtrements. Mais tu es ici, grand guerrier. Alors ne te pose pas de questions, lève-toi et va au combat. »"

J'ai entendu cette citation un jour à la radio. Elle m'a tellement plu que j'ai demandé à Else de la retrouver.

"Où ça ? a-t-elle demandé.

— Dans la *Bhagavad-Gita*.

— Comment la retrouver ?

— En lisant l'œuvre.

— En entier ?

— Seulement jusqu'au passage en question.

— Et s'il se trouve à la fin ?"

Else ne l'a pas retrouvé, et je cite de mémoire. Klüssen n'ira pas vérifier.

Il se tait. "Peu importe", finit-il par dire. Il ajoute vouloir placer son patrimoine ailleurs.

"Adolf !" Je lui assène une claque si forte sur l'épaule que son corps de vieillard vacille. Je perds un instant le fil, sans doute à cause de ses sourcils. Pas étonnant qu'on ait l'esprit confus devant des sourcils aussi broussailleux. "Ensemble, nous avons gagné beaucoup d'argent. Et il y en aura plus encore. Les prix de l'immobilier ne cessent de grimper ! Celui qui se retire maintenant va le regretter."

"Peu importe", répète-t-il en se frottant l'épaule. Sa femme, lui et son fils avaient décidé d'un commun accord de redistribuer leurs actifs. Son fils jugeait le système en passe de s'effondrer. Tout le monde était endetté. Et le capital beaucoup trop bon marché. Cela allait forcément mal tourner.

"Redistribuer les actifs ? Tu ne sais même pas ce que ça *signifie* !" Non, cette fois je suis allé trop loin. "Je veux dire, bien sûr que tu le sais, mais ça ne te ressemble pas, ce ne sont pas tes mots, ce n'est pas l'Adolf que je connais."

Il dit que son fils vient de terminer son MBA et que…

"Adolf ! L'université est une chose, mais la réalité… !" Qu'est-ce que c'est que cette histoire, de quoi son fils se mêle-t-il ! Je fais une courte pause, puis je prends une grande inspiration et je parle longtemps. Ce n'est pas le contenu qui importe, Klüssen ne comprend de toute façon pas grand-chose et en retient encore moins. L'essentiel, c'est de parler, sans interruption ni hésitation, c'est qu'il entende ma voix et comprenne qu'il a affaire à une force plus grande que la sienne et à un intellect qui le dépasse.

Ainsi devrai-je m'exprimer au tribunal. Mon avocat me conseillera de ne faire aucune déclaration, comme d'habitude. Ils ont peur qu'on s'embrouille dans des contradictions, ils ne nous croient pas capables de tenir tête au procureur, ils pensent qu'on n'a aucune force de persuasion. Il faudra alors sans doute que je me sépare de mon avocat, ce qui produira une impression désastreuse en pleine procédure. Il vaut peut-être mieux que j'assure d'emblée ma défense. Mais ceux qui le font sont pris pour des fous, tout accusé qui se respecte doit avoir un avocat hors de prix, un individu pompeux qui brasse beaucoup d'air. Personne n'y échappe. En tout cas je ne laisserai personne faire de déclaration à ma place.

"Comment ça ? demande Klüssen.

— Pardon ?

— Quelle déclaration ?"

Il me regarde, je le regarde. Impossible que j'aie parlé à voix haute, cela doit être un malentendu. Je balaie donc sa question d'un revers de main et j'enchaîne : je parle de produits dérivés et de produits dérivés de produits dérivés, de fonds immobiliers sous-évalués, de dispersion du risque et d'arbitrage statistique. Je cite la revue spécialisée *Econometrica* dont je ne possède qu'un seul exemplaire, je mentionne la théorie des jeux et l'équilibre de Nash, et je n'omets pas de préciser que j'entretiens des relations avec des personnes haut placées qui me fournissent des informations confidentielles – à la limite de la légalité, mais très lucratives.

Je me tais enfin. Laissons la possibilité à l'adversaire de reprendre ses esprits. Il faut qu'il revienne à lui et comprenne qu'il a perdu la partie. Je joins les mains, me penche en avant et le regarde droit dans les yeux. Il sort un mouchoir et se mouche longuement.

"Tope là, Adolf! Je lui tends la main. Un homme, une parole, on continue ensemble. OK?"

Il s'avoue déboussolé.

"Tope là!"

Il répète : déboussolé.

De la main gauche, je saisis son bras droit et tente de placer sa main dans la mienne. Il résiste. Je tire, il résiste encore, il est plus fort que ce que je croyais.

Il dit devoir réfléchir. Il parlera avec son fils, il m'écrira une lettre.

"Réfléchis, vas-y! dis-je d'une voix rauque. Aussi longtemps que tu veux! C'est important de réfléchir."

Nous finissons par nous serrer la main, non pour sceller notre relation commerciale, mais en guise d'adieu. Je serre la sienne à en dissiper le hâle de son visage ridé. Je sais que j'ai perdu. Il va réclamer son argent. Et il sait que je le sais. Ce qu'il ignore, en revanche, c'est que son argent, je ne l'ai plus.

L'espace d'un instant, il me vient à l'idée de le supprimer vite fait, bien fait. Je pourrais l'étrangler ou lui briser le crâne avec un objet dur. Mais après? Comment me débarrasser du corps? Il est probable, en outre, que cette pièce comporte elle aussi une caméra. Fatigué, je m'effondre dans le fauteuil. J'appuie la tête dans mes mains.

Quand je lève les yeux, Klüssen n'est plus là. À sa place se trouve un homme élancé. Adossé au mur, il me regarde. Je ferme les yeux, les rouvre. Il est toujours là. Il a un horrible creux entre les dents, tout devant.

Pas bon, me dis-je.

"Non, dit l'homme. Pas bon du tout."

Je ferme les yeux.

"Ça ne va pas t'aider", dit l'homme.

Et, en effet, je le vois encore.

"N'interviens pas, dit l'homme. Passe ton chemin. Quand tu les verras, n'interviens pas. Laisse tomber. Ne parle pas à ces trois types, poursuis ta route."

J'ai la tête qui tourne. Ne pas intervenir ? Passer mon chemin ? Je ne peux pas creuser le problème, il faut que je m'occupe de Klüssen. Je pourrai sans doute faire traîner les choses quelques semaines, je l'entraînerai dans une correspondance complexe, je serai injoignable et je lui mettrai des bâtons dans les roues avec mes objections et mes questions sans fin. Tôt ou tard, il portera plainte contre moi et le procureur ouvrira une information judiciaire, mais cela va mettre du temps, et d'ici là je peux encore habiter dans ma maison et aller au travail le matin. Puis ce sera l'automne, les feuilles vont tomber et, avec un peu de chance, je ne serai pas encore sous les verrous quand la neige arrivera.

L'homme a disparu. Je mets la main devant mes yeux. À la fenêtre, la lumière du soleil est si vive qu'elle semble transpercer la vitre teintée. Je prends le combiné et demande un verre d'eau à Else. Il est déjà là, je bois. En le reposant, je vois un prêtre que je connais. Il a encore grossi depuis la dernière fois. À quel moment mon frère est-il entré ? Et le verre dans ma main, qui me l'a apporté aussi vite ?

"Je peux faire quelque chose pour toi ?" Je lui demande avec prudence. Possible qu'il ne soit que le produit de mon imagination. Je ne dois pas me compromettre.

Il tourne autour du pot, bafouille, ne veut visiblement pas s'engager.

Je prends une feuille de papier et fais semblant de lire. Mes mains tremblent. L'entretien avec Klüssen m'a éreinté.

Il me pose une question.

Donc ce n'est pas mon imagination, les fantômes ne posent jamais de questions. Mais son habit noir me perturbe, je ne peux m'empêcher de penser aux exorcismes. Il se met à me parler de cubes, je crois tout d'abord qu'il s'agit d'un jeu de construction, mais il parle en fait de son hobby et, pour ne pas devoir écouter ces âneries, je lui demande s'il a déjà mangé, je me lève et sors de la pièce. Je m'attarde au bureau d'Else, je me penche pour respirer son parfum, je m'oblige à ne pas la toucher et je lui demande ce que mon frère fabrique ici.

Elle me répond que c'était sa mission. Appeler mon frère! Et le faire venir rapidement. C'est ce que j'avais ordonné.

"Ah oui, dis-je. Bien sûr. Exact. Je sais." J'ignore de quoi elle parle. Pourquoi lui aurais-je demandé ça?

Je me précipite vers l'ascenseur. Le téléphone vibre dans ma poche, je le sors tant bien que mal. *Alors, tu veux venir ou pas?*

Maintenant? lui écris-je en retour. J'attends, mon frère n'est nulle part. Pourquoi suis-je entouré de lymphatiques? Cette lamentable apathie qui empoisonne la vie! Et pourquoi Sibylle ne répond-elle pas?

Le voilà. Les portes de l'ascenseur s'ouvrent, nous entrons et je repense à *L'Exorciste*. Il ne faut pas sous-estimer les prêtres. Je l'interroge sur les horoscopes. J'ai toujours voulu savoir s'ils fonctionnaient; on devrait pouvoir le vérifier grâce aux statistiques. Il suffit de prendre cent personnes mortes le même jour : ou bien il y a des points communs significatifs dans leur horoscope, ou pas ! Pourquoi est-ce que personne ne le fait ?

Il me regarde avec des yeux ronds. De toute évidence, je l'ai vexé. Changer le vin en sang, ça ne pose aucun problème, mais l'horoscope, c'est indigne de lui. Je sors mon téléphone. Pas de réponse. Nous sommes déjà en bas.

Nous traversons le hall d'entrée, les portes en verre s'ouvrent. Grand Dieu, quelle fournaise. Mon téléphone vibre. *Tu peux à cinq heures ?*

Pourquoi pas maintenant ??? Je lui écris. Une voiture klaxonne près de moi, je m'aperçois que je suis au beau milieu de la rue. Le restaurant est en face, j'y vais tous les jours. L'endroit est atroce, les serveurs condescendants, la nourriture infecte. Mais ça m'est égal, j'ai rarement faim de toute façon, à cause des médicaments.

Le serveur déplace la table pour que mon obèse de frère puisse se frayer un chemin jusqu'à la banquette. Je commande pour nous deux ce que je commande chaque fois : des spaghettis *alle vongole*. Je n'aime pas les moules, mais c'est un plat standard, pas trop copieux, ni trop lourd, ni trop léger, suffisamment cher.

Le téléphone vibre. *Va pour maintenant.*

Martin m'interroge sur l'économie et mes prévisions, je lui donne une vague réponse.

Pourquoi sommes-nous ici, que veut-il ? *Je ne peux pas maintenant*, écris-je. Comment s'imagine-t-elle ma vie, croit-elle que je peux tout laisser tomber sur-le-champ, juste parce qu'elle se sent seule ? *En fin d'après-midi, OK ?*

J'attends. Pas de réponse. Mon frère me pose une question, je réponds sans écouter ce que je dis. Je regarde le téléphone, le repose, le reprends, le repose, le reprends, pourquoi ne répond-elle pas ?

"Quand tu envoies un message à quelqu'un, je lui demande, qu'il te répond, que tu lui réponds en lui demandant une réponse rapide et que tu n'en reçois aucune, en déduirais-tu qu'il n'a pas reçu le message ou qu'il a décidé de ne pas répondre ?"

"Il ou elle ?

— Quoi ?"

Il me regarde d'un air sournois. "Tu as dit une fois « il » et une fois « elle »".

Quelle absurdité. Je sais bien ce que j'ai dit. Un piège d'une maladresse ridicule. "Et alors ?

— Rien", dit-il avec un regard inquisiteur.

Quelles informations veut-il me soutirer, comment a-t-il fait pour que je parle de sujets personnels avec lui ? Ils sont habiles, ces prêtres. "Qu'est-ce que tu veux savoir ?

– Rien !"

Sa bouche est barbouillée de sauce. Des assiettes se trouvent entre nous, la sienne est presque vide, la mienne intacte. Quand les a-t-on apportées ? "On se fiche du message, dis-je. Ça n'a aucune importance."

Il bredouille quelque chose, essaie de se trouver une excuse.

Pourquoi ne répond-elle pas ? "Ça fait peut-être partie de ton métier. Vous ne pouvez pas vous empêcher d'être curieux."

Mon téléphone vibre. *Alors d'accord, plus tard.*

Quand ? écris-je, et je me demande pour la millième fois par combien de serveurs ce message va passer et combien de tierces personnes vont pouvoir le lire. Chacune d'elles pourrait me faire chanter. Pourquoi me force-t-elle à agir de façon aussi imprudente ? "Vous pratiquez toujours l'exorcisme ? La possession démoniaque. Ça se fait encore ? Vous avez des gens qui s'en chargent ?"

Il me regarde bêtement.

"Que dit la doctrine officielle ? Doit-on laisser entrer un démon quand il se présente ? Il lui faut une invitation ou il peut tranquillement venir nous posséder ?

— Pourquoi veux-tu savoir ça ?"

Toujours ces questions en retour. Pourquoi ne peut-il pas simplement dire ce qu'on veut savoir ? Parce que j'ai peur des esprits, tous les jours, tout le temps – dois-je lui répondre cela ? "Un livre, juste un livre. J'ai lu un livre là-dessus. Un bouquin étrange. Peu importe."

Le téléphone vibre. *J'ai déjà réservé, vol + hôtel, départ sam matin, retour dim soir, hâte d'y être ;-)*

Il me faut un instant pour comprendre que cela vient de Laura. Depuis quand réserve-t-elle elle-même les billets d'avion ? *Merveilleux !* Je lui écris. Il va vraiment me falloir une bonne excuse.

À peine ai-je appuyé sur la touche envoi que le téléphone vibre à nouveau. *Comment vas-tu, appelle-moi quand tu auras le temps ! Martin.*

Bon. Du calme. Toujours garder son calme. Je lève les yeux, il est assis devant moi. Martin. Mon frère. Je regarde mon téléphone, le message est encore là. Je regarde Martin droit dans les yeux. Je regarde le téléphone. Est-ce mon imagination ? Suis-je tout seul ici ? Son assiette est vide, la mienne est pleine, c'est donc exclu.

Mais pourquoi serait-ce exclu ? Je ne sais plus, la pensée m'a échappé. Celui qui croit voir un frère peut aussi voir une assiette vide. Pas de panique. Le plus important, c'est de garder son calme. J'efface le message avec prudence, en prenant soin de ne pas appuyer sur la mauvaise touche. Puis je pose mon téléphone et, pour dire quelque chose, je dis : "Quelle chaleur !"

Il prend des nouvelles de Laura et Marie, je lui en donne. Je parle de la nouvelle émission télé de maman, puis je lui demande comment va sa mère. Visiblement, il est sans arrêt fourré chez elle, le pauvre diable, ça fait pitié. Pourtant j'aime bien sa mère, davantage que la mienne en tout cas. Au moment où je m'apprête à lui demander si c'est bien nécessaire, toutes ces visites, et s'il ne serait pas bientôt temps de changer ses habitudes, quelqu'un me tape sur l'épaule : Lothar Remling. Le téléphone vibre mais je ne peux pas prendre l'appel, je me lève d'un bond : tape sur l'épaule, coup dans le biceps, conversation sur le foot. Après quoi il déguerpit. Je ne supporte pas ce type, il a failli me plomber le deal Ostermann l'année dernière. Je peux enfin regarder mon portable. Trois messages.

Je n'en peux plus.

Viens plus tard ou maintenant, je m'en fiche.

Viens maintenant ou pas du tout.

Je me lève, j'évoque un rendez-vous urgent et je file.

La chaleur est encore pire que tout à l'heure, le chemin est court, elle n'habite qu'à dix pâtés de maisons d'ici. Mais je m'aperçois vite que j'aurais mieux fait de prendre la voiture.

Je m'arrête, sors mon téléphone. Ça sonne : une fois, deux fois, trois et quatre fois. Ne décroche-t-elle plus quand je l'appelle, est-ce qu'on en est déjà là ?

Sibylle décroche. “Qu’est-ce qui se passe, Eric ?
— Il faut que je te voie !
— Je t’ai écrit que tu pouvais venir.
— Mais je ne peux pas maintenant !”
Je crois déjà qu’elle a raccroché. Mais elle est encore là. “Eric, c’est insupportable. D’abord, tout ce cirque au cinéma, et puis…
— N’en dis pas plus ! Pas au téléphone.
— Mais…
— Sais-tu combien de gens peuvent nous entendre ?
— C’est *toi* qui m’as appelée !
— Parce qu’il faut que je te voie.
— Et je t’ai dit de venir.
— Mais ce n’est pas possible maintenant.
— Alors ne viens pas.”
J’ai la tête qui tourne. A-t-elle vraiment dit que je ne devais pas venir ? “Tu es chez toi ?”
Elle se tait.
“Pourquoi tu ne dis rien ?”
Je prête l’oreille et je finis par comprendre qu’elle a raccroché.
Il faut que je m’assoie. Près de la rue se trouve un terrain de sport en bitume, clôturé et équipé d’un banc.
Je reste assis là quelque temps, les yeux fermés. Je perçois le bruit de la circulation : klaxons, moteurs, un marteau-piqueur. Le soleil brûle. Mon rythme cardiaque s’apaise.
Quand j’ouvre les yeux, deux enfants sont assis à côté de moi. Un garçon portant une casquette et une petite fille aux longs cheveux noirs retenus par un nœud bleu. Elle a environ six ans, lui une dizaine d’années.

“Qu’est-ce que tu fais là ? demande-t-il.
— Je reste assis, dis-je. Et toi ?
— Moi aussi.”
Nous regardons la petite fille.
“Moi aussi, dit-elle.
— Vous habitez dans le coin ? je leur demande.
— Loin d’ici, dit-elle. Et toi ?
— Très loin également, dis-je.
— Tu as quel âge ? me demande le garçon.
— Trente-sept ans.
— C’est vieux, dit la petite fille.
— Oui, dis-je, c’est vieux.
— Tu vas bientôt mourir ?
— Non.
— Mais tu mourras tôt ou tard.
— Non !”
Nous nous taisons un moment.
“Vous êtes ici pour jouer ?
— Oui, mais il fait trop chaud, dit le garçon.
— On ne peut rien faire quand il fait chaud comme ça, dit la petite fille.
— Tu as des enfants ? demande le garçon.
— Une fille. Elle a à peu près ton âge.
— Elle est aussi ici ?
— À l’école. Elle est à l’école. Pourquoi est-ce que vous n’y êtes pas ?
— On sèche, dit-elle.
— Vous ne devriez pas.
— Pourquoi ?”
Je réfléchis. Même avec la meilleure volonté du monde, je ne trouve pas de bonne raison. “Parce que ce n’est pas bien, dis-je avec hésitation. Vous devez vous instruire.
— On n’y apprend pas grand-chose, dit-elle.

— Si on n'y va pas pendant une journée, on ne manque rien, dit-il.

— Donc vous y retournerez demain ?

— Peut-être, dit-il.

— Oui, dit-elle.

— Peut-être, répète-t-il.

— Comment vous vous appelez, au fait ?"

La petite fille secoue la tête. "On n'a pas le droit de dire notre prénom à des inconnus.

— Je pense que vous n'avez même pas le droit de parler à des inconnus.

— Si. Parler, on peut. Mais pas dire notre prénom.

— C'est bizarre, dis-je.

— Oui, dit-il. C'est bizarre.

— C'est ta sœur ? dis-je.

— C'est mon frère, dit-elle.

— Vous fréquentez la même école ?"

Tous deux se regardent d'un air interrogateur. Il hausse les épaules.

Je sais bien que je n'ai pas le temps, que je dois me remettre en route, aller chez Sibylle, puis à la réunion. Mais, au lieu de me lever, je ferme à nouveau les yeux.

"Tu es déjà monté dans un avion ?

— Oui, pourquoi ?

— Comment est-ce qu'il vole ?

— Grâce aux ailes.

— Mais un avion, c'est tellement lourd. Comment peut-il voler ?

— La portance.

— Qu'est-ce que c'est ?

— Je ne sais pas.

— Mais comment fait-il pour voler ?

— La portance.

— Qu'est-ce que c'est ?
— Je ne sais pas.
— Tu ne sais pas ?
— Non.
— Pourtant tu es allé à l'école.
— Oui.
— Alors pourquoi vole-t-il ?"

Derrière mes paupières, l'obscurité est illuminée par l'éclat du soleil. Un orange étincelant, dans lequel errent, montent et descendent des cercles jaunes. Même le bruit du marteau-piqueur me semble soudain paisible.

"Laisse ces trois types tranquilles, dit le garçon. N'interviens pas, passe ton chemin.

— Quoi ? Je cligne des yeux en regardant le soleil. Qu'est-ce que tu as dit ?

— J'ai dit qu'on devait se remettre en chemin."

Je me lève vite. "Moi aussi.

— Josi, dit le garçon. Je m'appelle Josi. Et elle, c'est Ella.

— Et toi, comment tu t'appelles ? demande la petite fille.

— Hans." Je suis touché qu'ils me révèlent leur prénom, mais ce n'est pas une raison pour être imprudent.

"Au revoir, Hans !"

Je pars et je me sens léger, comme si je pouvais me détacher du sol. C'est peut-être lié au soleil, ou à la faim. J'aurais dû manger les pâtes aux moules tout à l'heure. Je m'arrête devant un snack pour ne pas défaillir.

J'attends longtemps avant d'être servi. Devant moi se trouvent trois adolescents, et ils se disputent avec le vendeur. Le premier porte un tee-shirt où on peut lire *MorningTower*, sur le tee-shirt du second est écrit *bubble tea is not a drink I like*, et celui du troisième arbore un *Y* d'un rouge criard. N'importe quoi, dit l'un d'eux au vendeur, c'est de la daube, puis le vendeur leur dit de dégager, et l'un d'eux répond au vendeur que c'est à lui de dégager, sur quoi le vendeur dit que ce sont eux qui feraient mieux de dégager, et un autre répond non, c'est toi qui dégages, et ainsi de suite pendant un temps. Je suis sur le point de partir, mais ils finissent par s'en aller en râlant, ils disparaissent dans la bouche de métro la plus proche et je peux m'acheter un hot-dog. Ce n'est pas mauvais du tout. Mon téléphone sonne. C'est Iwan. J'appuie avec hésitation sur la touche répondre.

"Je me suis dit qu'il fallait que je t'appelle, dit-il.

— Pourquoi ?

— Juste une impression. Tout va bien ?

— Évidemment.

— Alors d'où vient mon impression ?

— Peut-être parce qu'aujourd'hui, je voulais te… Ah !" Je comprends. Sous l'effet de la surprise, je m'arrête. Des voitures klaxonnent, un policier crie après moi, je me retrouve une fois de plus sur la route sans m'en apercevoir.

"Pourquoi ris-tu ?

— J'avais dit à ma secrétaire de t'appeler mais elle a… Figure-toi qu'elle a appelé Martin !

— Martin !

— Nous sommes allés au restaurant à midi. Pendant tout le repas, je me suis demandé pourquoi.

— Comment vont les affaires ?

— Bien. Comme toujours. Et l'art ?

— Je dois garder l'œil sur les maisons de vente aux enchères. Il ne faut pas qu'on perde le contrôle des prix. En outre…

— Tu as parlé à maman ces derniers temps ?
— C'est vrai, il va bientôt falloir que je l'appelle. Elle m'a laissé trois messages. Mais quelque chose ne va pas chez toi. Je m'en rends compte. Tu peux le nier, mais…
— Je dois raccrocher !
— Eric, tu peux tout me…
— Tout va bien, je t'assure, je dois arrêter là.
— Mais pourquoi…"

J'appuie sur la touche raccrocher. C'est étrange de parler à Iwan, presque un monologue, et je me rappelle soudain pourquoi je l'évite. C'est difficile de garder un secret face à lui, il me perce à jour, comme je le perce à jour, or il ne faut pas qu'il découvre la mauvaise passe où nous nous trouvons, moi et mes affaires, ce serait trop embarrassant, un trop grand échec, et puis je ne serais pas certain qu'il n'aille pas le divulguer. La vieille règle est la suivante : un secret n'en reste un que si vraiment personne n'est au courant. Si on s'y tient, un secret n'est pas aussi difficile à garder qu'on le croit. On a beau connaître quelqu'un presque aussi bien que soi-même, on ne lit pas dans ses pensées. Je ne peux pas emprunter de l'argent à Iwan. Ni lui demander de m'aider à disparaître. Il est trop honnête et ne le comprendrait pas.

Je regrette qu'il soit homosexuel. Quand je l'ai appris, cela m'a rendu fou pendant des semaines. Quelqu'un qui me ressemble autant – qu'est-ce que cela dit sur moi, qu'est-ce que cela signifie ? Rien, je sais, rien, rien, strictement rien, mais je n'ai jamais pu le lui pardonner.

J'envoie un message à Knut avec l'adresse et l'ordre de s'y rendre sur-le-champ. Puis je pousse la porte de l'immeuble de Sibylle, je monte au premier, deuxième, troisième étage, je veux attendre sur le palier, le temps d'avoir retrouvé mon souffle, mais je suis trop impatient et je frappe à la porte. Je pourrais aussi sonner mais, après qu'elle m'a raccroché au nez, j'ai besoin de faire plus forte impression.

Elle ouvre. Je remarque tout de suite son physique avenant. Elle n'est pas aussi belle que Laura, mais plus sensuelle : ses longs cheveux, sa nuque fine, ses bras nus aux bracelets multicolores. C'était ma thérapeute mais elle ne s'occupe plus de moi depuis six mois, disant que c'est contraire à la déontologie. Cela ne fait rien, la thérapie n'avait de toute façon aucun intérêt, je ne lui ai raconté que des mensonges.

"La sonnette est cassée?"

Je traverse le couloir jusqu'au salon. Je prends une grande inspiration, cherche mes mots et n'en trouve aucun.

"Mon pauvre. Viens par là."

Je serre les poings, inspire, ouvre la bouche. Mais rien n'en sort.

"Mon pauvre", répète-t-elle, et nous nous retrouvons sur le tapis. Je veux protester et nous rappeler à l'ordre car c'est bien là l'essentiel, savoir se rappeler à l'ordre, mais c'est inutile puisque je comprends soudain que je n'y tiens pas le moindre du monde, je veux ce qui est en train de se passer, en elle et au-dessus et à côté, et pourquoi pas d'ailleurs, étant donné qu'on n'a rien d'autre sur cette terre.

"Mais…

— Tout va bien, me glisse-t-elle à l'oreille. Tout va bien."

Il fait chaud ici, elle n'a pas de climatisation ; c'est le genre de choses, dit-elle, qui rend malade. Quant à moi, c'est comme si je me levais et reculais d'un pas pour nous observer : un brin étrange que tout cela, plutôt grotesque que gênant, et je me demande si ceux qui aiment tant parler de la dignité de l'homme ont déjà contemplé la chose de façon objective. Mais je reste aussi l'autre sur le tapis, et je sens qu'il ne va pas tarder, le moment où je ne serai plus scindé en deux, où je ne ferai plus qu'un et, pendant quelques fractions de seconde, je songe que je me rends vulnérable au cas où il y aurait une caméra dans cette pièce, alors surgit l'image de Laura, que je trompe une fois de plus et à laquelle je fais du tort en mentant sans arrêt, mais l'image s'éclipse l'instant d'après et je ne sais plus qu'une chose, c'est que l'homme doit faire ce qui le sauve, et les choses sont enfin ce qu'elles sont et rien d'autre, et tout va bien, enfin.

Nous sommes allongés sur le dos, sa tête sur mon torse. Je ne veux aller nulle part, plus rien ne me fait souci. Cela ne va pas durer.

"Comment va-t-elle ?" demande Sibylle.

Je dois réfléchir pour comprendre à qui elle fait allusion. Je dodeline de la tête et caresse ses cheveux soyeux. Et déjà tout ce qui m'obsède redevient réel.

"Je pourrais peut-être l'aider."

Je retire ma main.

"Je veux dire que je pourrais lui recommander un collègue. Une psychothérapie d'accompagnement. Une fois qu'elle sera guérie, chacun poursuivra sa vie. Elle la sienne. Et nous la nôtre. Ensemble."

Au début, j'avais dit cela sans intention particulière, ce n'était qu'une histoire parmi toutes celles que j'ai inventées, mais, par la suite, elle s'avéra très utile : personne ne peut quitter une épouse atteinte d'un cancer, nul ne peut exiger cela. Parfois, j'ai même l'impression que c'est la vraie version et que, dans un monde parallèle, les choses se déroulent exactement comme je l'ai dit à Sibylle. Je pourrais en parler à un psychologue, mais Sibylle ne veut plus s'occuper de moi et je n'ai pas envie d'essayer avec quelqu'un d'autre, j'ai déjà assez de problèmes.

"Il faut que je file", dis-je.

C'est étrange, je pense à elle toute la journée, mais dès que je suis chez elle, je n'ai qu'une envie, c'est de déguerpir. Je pousse sa tête en douceur sur le côté, je me lève et commence à rassembler mes vêtements.

"Tu es toujours pressé." Elle rit tristement. "Tu me laisses en plan au cinéma, puis tu m'écris de ces messages ! Mon thérapeute m'a demandé pourquoi j'accepte une telle situation. Pour ton physique ? J'ai dit que tu n'étais pas si beau que ça, mais il a voulu voir ta photo et je n'ai pas pu le nier. Ou bien à cause de ça ?" Elle désigne le tapis. "Oui, c'est bien, vraiment bien, mais il faut dire que c'est lié au transfert. Selon mon thérapeute, j'affiche des réactions qui sont automatiquement déclenchées par une corrélation entre régression et agressivité. Alors qu'est-ce qu'on peut y faire !"

Je me racle la gorge en signe d'approbation, j'enfile mon pantalon, boutonne ma chemise, noue ma cravate sans miroir et parviens à regarder Sibylle en simulant la compréhension.

"Ne t'inquiète pas, dit-elle. Tu vas y arriver. Tu es plus fort que tu ne le crois.

— Je sais."

Elle sourit comme si elle venait de faire une plaisanterie sibylline, je souris aussi et je sors de la pièce. Je dévale l'escalier et arrive dans la rue. De l'autre côté se trouve une tour administrative, je prends l'entrée de derrière, puis l'ascenseur jusqu'au premier étage, je fais la queue chez Starbucks et je commande un cappuccino mousseux au lait de soja pour que Knut voie que j'étais réellement dans l'immeuble. Puis je redescends et sors de l'autre côté. Je repère Knut sur-le-champ.

Il est en pleine dispute avec un balayeur de rue, la situation a l'air sérieuse. L'homme brandit son balai comme pour porter un coup, Knut serre les poings, tous deux débitent un flot continu d'insultes. C'est dû à la chaleur, tout le monde a les nerfs à vif aujourd'hui. J'écoute avec intérêt.

"Cochon sauvage ! hurle Knut.

— Ordure de clebs ! hurle le balayeur.

— Gueule de saloperie !

— Sale porc dégueulasse !

— Fumier de goret ! Fumier ! Fumier !"

Ça me plaît, mais je n'ai pas le temps. Je prends une gorgée de café, je pose le gobelet par terre et je me dirige vers Knut.

"Sale ordure immonde ! s'écrie Knut. Crâne d'œuf ! Saloperie de porc !"

Je le pousse vers la portière du conducteur, puis je monte à l'arrière.

La fraîcheur est divine dans la voiture. Tandis que Knut démarre en jurant à voix basse, mon téléphone vibre. Je vois le numéro et je prends l'appel avec appréhension.

"Maman ?

— Tais-toi et écoute. Je…

— Comment marche ton cabinet ?

— Beaucoup trop bien. Le pays entier veut être soigné par moi. Tout cela à cause de l'émission. Je…

— Il faut dire aussi qu'elle est très intéressante." Je ne l'ai vue qu'une seule fois. "Nous ne ratons aucun épisode.

— Je suis ophtalmo. Je ne comprends rien à toutes ces maladies. Je dis simplement aux gens d'aller voir leur médecin.

— Je ne m'en étais pas aperçu.

— Je voulais te proposer un investissement.

— Un… ah.

— Il s'agit d'un terrain. En bas de ma… de notre maison. Quelqu'un veut acheter ce terrain pour faire construire. Nous devons le devancer. Cela gâcherait la vue.

— Ah.

— Ce serait un bon investissement.

— Je ne sais pas.

— Qu'est-ce que ça veut dire ?"

Je m'efforce de repenser aux minutes passées sur le tapis. Au souffle de Sibylle contre mon oreille, à son corps dans mes bras, à ses cheveux et à son odeur. Mais cela ne sert à rien. Il faudrait que je sois de nouveau chez elle, nu sur le tapis, et il est probable que même cela ne suffirait pas.

"Pourquoi tu ne dis rien ? demande ma mère. Pourquoi ne peut-on pas parler normalement avec toi ?

— Je ne t'entends plus ! Je m'écrie. La ligne est mauvaise !

— Moi, je t'entends bien.

— Qu'est-ce que tu dis ?" J'appuie sur la touche raccrocher.

"La ligne était mauvaise, dis-je à Knut. Il devient impossible de téléphoner de nos jours.

— Ils méritent tous la prison !

— Comment ça ?
— Tous pourris, autant qu'ils sont !
— Qui ça ?
— Tous en taule, j'ai dit. Tous pourris !"
Le téléphone vibre. Je pose le pouce sur la touche raccrocher, puis je prends quand même l'appel.
"Tu m'entends mieux, maintenant ? demande-t-elle. Il devient impossible de téléphoner de nos jours.
— La ligne était bonne. J'ai raccroché.
— Tu n'as pas fait ça.
— Si.
— Tu ne raccrocherais pas quand tu parles à ta mère. Tu ne ferais pas ça.
— Achète le terrain toi-même. Tu gagnes assez d'argent grâce à ton émission.
— Mais c'est un bon investissement.
— En quoi serait-ce un bon investissement ? Tu dis que je n'ai même pas le droit de *construire*.
— Tu veux me gâcher la vue ? Qu'est-ce que tu veux construire ?
— Je ne veux rien construire du tout ! Je n'en veux pas !
— Ne me crie pas dans les oreilles ! Quand ta mère te prie de…"
J'appuie sur raccrocher. Le téléphone vibre au bout de quelques secondes, je l'ignore. Puis je réfléchis, fixe le téléphone, me frotte les yeux et rappelle.
"Tu as raccroché ! dit-elle. Je le sais. Ne le nie pas !
— Je n'ai pas l'intention de le nier.
— Je ne le croirais pas de toute façon.
— Bien.
— Ne refais plus jamais ça !
— Je fais ce que je veux. Je suis adulte."

Elle part d'un rire sarcastique, et j'appuie d'une main tremblante sur la touche raccrocher.

J'attends mais elle ne rappelle pas. Par sécurité, j'éteins l'appareil. Je me souviens que Sibylle a fait l'autre jour une remarque d'une étonnante justesse sur ma mère, ce qui est d'autant plus surprenant qu'elle ne sait rien d'elle ; c'était si pertinent que j'ai dû aussitôt le refouler, car je me souviens simplement du fait que c'était pertinent.

Knut se met à raconter une histoire dans laquelle il est question d'un matelot, d'un vieux singe et d'un jardinier thaïlandais, ainsi que d'un arrosoir, d'un avion et, si je comprends bien, d'un professeur de numismatique. J'acquiesce de temps à autre en ayant peu à peu la certitude que, même si j'écoutais avec attention, tout cela n'aurait ni queue ni tête. Quand nous arrivons, il est seize heures dix. La réunion a déjà commencé.

Je descends de voiture, traverse la fournaise pour arriver dans la fraîcheur du hall d'entrée, monte dans l'ascenseur. Peut-être qu'ils m'ont quand même attendu.

L'ascenseur démarre aussitôt. Il s'arrête au troisième étage, personne n'entre et, comme je ne sors pas, personne ne sort. À peine est-il reparti que mes genoux cèdent et ma tête heurte la paroi.

J'entends quelque chose. Il fait sombre autour de moi. Ce que j'entends, ce sont des sanglots. Je me redresse un peu. L'obscurité se dissipe petit à petit. Je me palpe la tête : pas de sang. J'aperçois les filaments verts et sales de la moquette. Celui qui sanglote n'est autre que moi. J'ignore ce qui s'est passé, mais c'est forcément terrible. Et ça n'aurait pas dû se produire. Et c'est irréversible.

Je me lève. Ce n'est pas seulement moi qui vacille, mais aussi la cabine : septième étage, huitième, neuvième. Jamais je n'ai vécu une chose pareille. J'essuie mes larmes et regarde ma montre, seize heures quatorze. Retiens le jour, retiens l'heure : 8 août 2008, seize heures quatorze. Tu sauras bien assez tôt ce qu'il en est. L'ascenseur s'arrête, les portes s'ouvrent. Au dernier moment, juste avant qu'elles ne se referment, je sors d'un bond.

Il faut encore que je m'appuie un instant contre le mur, puis je traverse le bureau d'un pas engourdi. Tout me semble différent, chaque table, chaque visage, chaque objet. J'entre dans la salle de réunion et bredouille une excuse, car ils ont évidemment commencé sans moi. Je retire ma veste, la jette sur une chaise vide, m'assois et parviens à me comporter comme si tout était normal. Il est vrai que c'est ma spécialité.

La vue de mes collaborateurs m'afflige encore plus que d'habitude : toute cette inertie, cette médiocrité. C'est sans doute dû au fait que je n'embauche que des gens médiocres. La dernière chose dont j'ai besoin, c'est de quelqu'un qui me perce à jour. Lehmann et Schröter sont là, Kelling, dont la fille est ma filleule, Pöhlke, que je licencierais sur-le-champ s'il m'en donnait l'occasion, car je ne l'apprécie pas, un point c'est tout. Maria Gudschmid est là, et aussi le type dont je ne me rappelle jamais le nom. Et Felsner. Lui, je l'aime bien, mais sans savoir pourquoi. Lorsque je suis entré, Lehmann était en train de parler. À présent, tous se taisent, me regardent et attendent.

Je prends une grande inspiration. J'ai la voix rauque et je suis à nouveau au bord des larmes, mais il faut bien que je dise quelque chose. Je balbutie donc deux ou trois phrases au sujet de l'ambiance de travail agréable et du bon boulot qu'on fait, et je cite la *Bhagavad-Gita* : Tu es ici, Arjuna, alors ne te pose pas de questions, lève-toi et va au combat, car Dieu déteste les tièdes. Pas mal, mon speech, me dis-je. Ils ignorent qu'ils seront bientôt au chômage, certains seront soupçonnés de complicité, mais la vérité éclatera au grand jour : ce ne sont pas des criminels, juste des incompétents.

Le passage sur Dieu et les tièdes, dit Maria Gudschmid, ne vient pas de la *Bhagavad-Gita*, mais de la Bible.

Le risque, dit Kelling, que les emprunts notés triple A puissent en pâtir de façon significative est pratiquement négligeable. Le triple A est, et reste, un investissement de valeur classique qui ne présente aucun danger.

Le problème qui se pose, dit Pöhlke, c'est que les banques d'affaires investissent, comme chacun sait, dans des titres dont elles encouragent le rachat par les petites sociétés. Ce faisant, elles fixent elles-mêmes la valeur de ce qu'elles vendent, autrement dit, elles décident en toute autonomie combien d'argent on leur doit.

Tôt ou tard, dit Felsner, il y aura aux États-Unis une plainte collective contre ce système. Mais, pour l'heure, on ne peut faire qu'attendre. Il paraît que le prochain avatar de Krishna se manifestera encore à notre époque.

Mais rien ne dit que l'avatar en question sera forcément d'apparence humaine, dit Maria Gudschmid.

Celui qui détient par exemple un certain nombre de titres d'assurance, dit Lehmann, n'est pas en mesure d'évaluer les dangers qu'il court en cas de perte de valeur des grands conglomérats spécialisés dans les produits dérivés. On ne dispose d'aucun outil permettant d'estimer correctement sa prise de risque.

"Klüssen veut retirer son argent", dis-je.

Le silence tombe d'un coup.

"Espérons que ce n'est pas son dernier mot, finit par dire Felsner. Il y a sûrement quelque chose à faire.

— Ce n'est pas le moment de perdre le compte le plus important, dit Maria Gudschmid.

— Au pire il existe plusieurs astuces, dit Lehmann. Si, par exemple, une asymétrie du marché juridiquement attaquable empêche de déterminer de façon fiable la valeur d'un capital, le fiduciaire peut procéder à un gel provisoire des fonds. Même contre la volonté du détenteur.

— De la théorie pure et simple, dit Schröter. Aucun tribunal n'acceptera cet argument.

— Pour en revenir au problème des banques d'affaires, dit Pöhlke, je propose d'en shorter quelques-unes, sans grande mise de fonds.

— À celui qui prend des risques, et à lui seul, Krishna donnera, dit Lehmann.

— Certains prennent des risques, dit Pöhlke d'un ton énervé, et Krishna ne leur donne rien pour autant. La divinité agit en toute liberté car elle en est l'incarnation.

— C'est pourquoi les méchants récoltent parfois tout, dit Kelling, et les meilleurs, rien. On peut difficilement évaluer le potentiel de risque des tranches inférieures dans le pool hypothécaire et…

— Merci !" Je me lève. Je n'ai pas sourcillé jusqu'à présent, je suis resté bien droit sur ma chaise, mine de rien. Maintenant ça suffit.

“Encore une question”, s’écrie Schröter.

La porte claque derrière moi.

En allant vers l’ascenseur, je me demande comment être sûr de ce qu’on croit avoir entendu. Si j’interrogeais quelqu’un, il pourrait mentir, et même un enregistrement sonore peut être falsifié.

“Voilà, c’est arrivé, dit l’homme à côté de moi dans l’ascenseur. Et c’est bientôt la fin.”

Il a un chapeau et des dents horribles. Je l’ai déjà vu aujourd’hui, mais je ne sais plus où. Il ne me parle pas directement, il s’adresse à mon reflet dans le miroir de l’ascenseur, si bien que ce n’est pas lui, mais son reflet qui ne me quitte pas des yeux. À part nous, il y a deux hommes portant des attachés-cases, mais ils regardent droit devant eux et ne s’occupent pas de nous.

“Qu’est-ce que vous avez dit ? je lui demande.

— Rien”, dit-il.

Je me détourne.

“Parfois, aucun chemin n’est le bon”, dit-il.

Je le dévisage.

“La vérité te rend libre, dit-il. Ce serait bien. Mais, parfois, plus rien ne nous rend libre. Ni le mensonge, ni la vérité.” Il rajuste son chapeau d’un geste affecté. “En fin de compte, il n’y a plus aucune différence entre les deux, Iwan.”

“Pardon ?”

Il fronce les sourcils.

“Qu’est-ce que vous venez de dire ? je lui demande. Sur le mensonge et la vérité ? Vous m’avez appelé Iwan ?”

À présent, les deux hommes aux attachés-cases m’examinent d’un œil inquiet. C’est ainsi que cela se passe, qu’ils nous poussent à craquer. Et, avant même qu'on s'en rende compte, on empoigne quelqu'un, on hurle et on frappe, si bien qu'ils peuvent prendre des mesures. Mais je ne vais pas leur rendre la tâche aussi facile.

"Excusez-moi, dis-je. J'ai dû mal comprendre.

— Tu crois ça ?" me demande l'homme au chapeau.

L'ascenseur s'arrête, l'un des porteurs d'attaché-case sort, une femme en veste noire entre. Ils ont bien préparé leur coup, tout semble naturel. On pourrait observer la scène pendant des heures sans avoir le moindre soupçon.

"Tu ne vas plus tenir très longtemps", dit-il.

Je ne réagis pas.

"Cours, vas-y. Tu fais bonne figure dans ton costume. Cours aussi loin que tu peux. T'as l'air crevé."

Je ne réagis pas.

"Sache qu'aujourd'hui n'est pas un jour comme les autres. Parfois, c'est plus facile pour nous. La mort nous rapproche."

L'ascenseur s'arrête, les portes s'ouvrent, je sors sans me retourner. Je marche dans la rue, la chaleur n'est plus aussi terrible, ce sera bientôt le soir. Knut est assis dans la voiture, le moteur est en marche. Pourquoi, d'ailleurs ? Lui ai-je dit de m'attendre ? Je monte.

"Une question, dit-il.

— Pas maintenant.

— Les obligations communales. Bonne idée ou pas, ça donne quoi ?"

Quelle fraîcheur et quel silence à l'intérieur. Une bonne voiture, propre, avec le plein d'essence et un chauffeur au volant, cela apporte plus de sérénité que la meilleure religion.

“Parce que, dit Knut. Ma tante. Morte. Sale affaire. Je vous l’ai déjà racontée. Le chantier, la grue.

— Oui, je sais.” J’ignore comme toujours de quoi il parle.

“Mais il faut dire aussi que c’était sa faute. Elle n’aurait pas dû se cacher là. Personne ne l’y forçait, n’est-ce pas ?

— Non.

— En tout cas, aucun de nous n’aurait imaginé qu’elle ait cent mille euros. On ne savait pas. Surtout après l’histoire avec le logeur et les cambrioleurs. Et puis, c’était une sacrée radine. Jamais rien à Noël. Ni aux enfants. Alors bon, qu’est-ce que je fais ? Il y a ce vieux type qui habite à côté de chez nous, son fils travaille à la banque. Je ne l’aime pas des masses. Il ne m’aime pas des masses non plus. Surtout depuis l’embrouille avec son chien. Il a prétendu que son clébard n’était pas venu dans notre jardin, mais j’ai deux témoins. Donc : les obligations communales. C’est son fils qui les recommande. Mitznik.

— Quoi ?

— C’est le nom du vieux. Et il bégaie avec ça ! Les obligations communales. Mitznik, qu’il s’appelle. Alors quoi, chef, c’est intéressant ? Les obligations communales ?

— Oui, plutôt.

— Mais est-ce que ça rapporte quelque chose ?” Il donne un grand coup de frein sans raison apparente, heureusement que je suis attaché. Il klaxonne et repart. “C’est que je veux en avoir pour mon argent ! Si ça fait pas de petits, j’en suis pas !

— Plus un investissement est sûr, plus les gains sont faibles. Là où l’on peut gagner le plus, c’est au casino, car les chances y sont minimes. Investir, c'est miser sur des conditions favorables.

— Je peux vous donner l'argent, chef ?

— À moi ?

— Vous le placerez pour moi ?

— Nous ne prenons pas de dépôts aussi petits.

— Mais pour moi ? Une faveur. Pour un ami."

A-t-il vraiment dit que j'étais son ami ? La manœuvre est transparente, mais cela me touche. "Cent mille ?

— Voire un peu plus, même."

Cela suffirait à payer le loyer des bureaux pendant un temps. Par la suite, il se portera partie civile, comme tous les autres, mais on ne sera plus à un près.

Je fais non de la tête.

"Chef !

— Ce ne serait pas juste. Croyez-moi.

— Pourquoi ?" Il halète. Puis il fait entendre des sons stridents. Il pourrait s'agir de bruits de colère, mais aussi de sanglots.

"Vous devez me croire. C'est mieux ainsi."

Il freine, baisse la vitre et hurle sur quelqu'un. Je ne comprends pas tout, mais j'entends les expressions brute épaisse, tronche de goret et croque-mitaine, il est aussi question d'étranglement. Après quoi il accélère.

"Bon, d'accord, dis-je.

— Vraiment ?

— Je fais une exception pour vous.

— Chef !

— C'est bon.

— Chef !

— Ça va, ça va."

Mais il freine à nouveau, se retourne et tente d'attraper ma main. J'arrive à lui échapper, mais il réussit à saisir mon revers de manche. "Je mourrais pour vous.

— Ce n'est vraiment pas nécessaire.

— Je pourrais aussi assassiner quelqu'un.

— S'il vous plaît !

— Sérieusement. Dites-moi un nom.

— Je vous en prie !

— Je le tue.

— Reprenez le volant !

— Ce n'est pas une blague."

Comment ne pas songer à Klüssen ? Un accident de voiture, un mystérieux arrêt cardiaque, habilement manigancé… Par chance, Knut abandonne et reprend la route. Je ferme les yeux et parviens à ne plus écouter son verbiage. Je me rappelle que mon portable est toujours éteint. Ce qui explique pourquoi personne n'a encore appelé du bureau pour me demander où je suis.

Nous voici déjà à la maison. Partir tôt permet d'éviter les bouchons. Je décline l'ultime témoignage de reconnaissance de Knut, je descends, traverse le jardin en foulant le gravier d'un pas énergique, tel un homme capable de surmonter tous les obstacles. J'ouvre la porte de la maison, j'entre et je m'écrie : "Je suis là !"

Pas de réponse.

Il n'est pas prévu que je rentre de si bonne heure. La maison se tait, comme prise en flagrant délit. Voilà comment c'est, ici, quand je n'y suis pas. J'appelle encore une fois. Ma voix se perd dans la grande entrée.

Et j'entends soudain quelque chose.

Non pas un bruit de coups, mais plutôt un raclement. On dirait qu'on traîne de lourds objets en métal. Je tends l'oreille mais c'est déjà fini. À la seconde où je me dis que j'ai dû me tromper, le bruit reprend.

Il provient d'en bas, de la cave. Dois-je faire venir quelqu'un, un plombier, voire les pompiers ? Mais s'ils se déplaçaient et qu'on n'entendait plus rien, de quoi ç'aurait l'air, pour qui me prendrait-on ? Je vais dans la cuisine et me lave les mains. Cela recommence. La fenêtre vibre, les verres du placard produisent un léger cliquetis. Je me sèche les mains. C'est le silence.

Puis je l'entends à nouveau.

En aucun cas je n'irai seul à la cave.

J'écoute. Le bruit a cessé.

Et il revient.

Je traverse l'entrée et j'ouvre le lourd verrou de la porte de la cave. Je n'y suis encore jamais allé, quel intérêt ? C'est là que sont stockées nos bouteilles de vin, mais cela ne me concerne en rien, c'est Laura qui s'en charge.

Un escalier descend, deux ampoules nues projettent une lumière tachetée sur les marches. Trois vieux posters sont collés sur le mur de brique : Yoda, Darth Vader et une femme nue qui ne me dit rien. En bas se trouve une porte métallique. Je l'ouvre, cherche l'interrupteur à tâtons et le trouve. L'air est vicié. L'ampoule s'allume dans un craquement.

Une pièce tout en longueur, un plafond bas, au mur une étagère à bouteilles en partie vide. C'est censé être ma collection de vins, j'aurais dépensé autant d'argent pour ça ? Dans un coin se trouve un seau en fer-blanc, et j'aperçois une deuxième porte de l'autre côté. Le bruit a disparu. Je traverse la pièce, je pose la main sur la poignée, j'écoute le silence et je baisse la poignée. Je sens un courant d'air froid : un nouvel escalier. Je tâtonne à la recherche de l'interrupteur, la lumière s'allume.

Ici l'ampoule est sale et la lueur vacille, c'est sûrement une vieille installation. Les marches sont étroites. Je pose avec précaution le pied droit sur la première, je m'arrête un instant, puis je descends lentement.

Le revoilà. Un martèlement sourd, un tiraillement et un grincement, comme celui que génèrent les pistons d'une grosse machine. Mais je ne peux pas faire demi-tour. Céder trop souvent à la peur nous rend minable et misérable. Ceci est ma maison. Peut-être est-ce là l'épreuve décisive, celle qui changera tout.

Le bruit cesse.

J'arrive en bas dans un silence absolu. J'entends mon souffle et les battements de mon cœur. Il fait froid. À quelle profondeur puis-je bien être ? J'ouvre une nouvelle porte, ici aussi se trouve un interrupteur.

J'entends à nouveau le bruit. La pièce est étonnamment grande, environ quinze mètres sur trente. Les murs sont en pierre, le sol en torchis, deux ampoules sont suspendues au plafond, mais une seule fonctionne. J'aperçois un tissu chiffonné et, à côté, une barre de métal recourbée dont une extrémité est ronde comme le pommeau d'une canne, et l'autre acérée. Deux portes : j'essaie la première, elle est fermée à clé. Je la secoue avec force, elle ne bouge pas. Mais je parviens à ouvrir l'autre, qui dissimule un nouvel escalier. Pas d'interrupteur ici.

Je fixe l'obscurité. J'essaie de compter les marches. Je n'en distingue pas plus de neuf.

Ça suffit, je ne continue pas !

Je continue, un pas après l'autre, la paume gauche longeant le mur, la droite tenant mon téléphone qui luit faiblement. Quand le bruit a-t-il cessé ? Je ne m'en suis pas aperçu. Je descends encore deux marches. Encore une. Et encore une. L'escalier s'arrête.

Je me retrouve devant une porte. Je veux l'ouvrir mais elle est bien fermée. Quel soulagement. Cela s'arrête là, j'ai le droit de rebrousser chemin. J'essaie une dernière fois, la porte s'ouvre sans résistance.

J'avance à tâtons. Sous mes pieds, une marche en acier et, à côté de moi, une paroi voûtée. Il me faut un instant pour comprendre de quoi il s'agit : un escalier en colimaçon. Le gouffre descend à pic dans les profondeurs. Je trouve un stylo en plastique dans ma poche. Je le tiens, bras tendu, puis le laisse tomber.

J'attends. Aucun bruit de choc. Le stylo était sans doute trop petit et trop léger. Je fouille mes poches et trouve un portefeuille, un briquet en métal, un trousseau de clés, des pièces de monnaie. Le briquet ne me sert qu'à proposer du feu aux fumeurs, je fais claquer le fermoir. À la lumière de la flamme, bien plus vive que celle du téléphone, je vois mieux les marches. Je tiens la flamme au-dessus du gouffre, elle vacille. Il y a donc de l'air qui remonte d'en bas. J'hésite, puis je laisse tomber le briquet. La flamme rétrécit avant d'être engloutie par les ténèbres. Aucun bruit de choc.

Mais j'entends autre chose. J'écoute, j'attends, j'écoute, les vibrations deviennent plus fortes : quelque chose heurte les marches. Au bout de quelques secondes, je comprends que quelqu'un remonte l'escalier. Et fonce vers moi.

Puis tout devient obscur.

Avant de s'éclaircir peu à peu. Nous sommes assis à table pour le dîner : Laura, Marie, le père de Laura, la mère de Laura, la sœur de Laura, son mari et leurs deux filles, tous autour de la table apprêtée.

"Il paraît qu'il va faire aussi chaud toute la semaine, dit Laura.

— Chaque été est pire que le précédent, dit sa sœur. On ne sait vraiment plus où aller avec les enfants.

— Une maison en Scandinavie, dit mon beau-père. Ou en mer du Nord. Il me regarde. Comme celle de ton frère. C'est ça qu'il nous faudrait.

— On pourrait lui rendre visite", dis-je d'une voix étranglée. Je voudrais bien manger, car j'ai faim, mais mes mains tremblent trop.

Mon beau-père parle maintenant de politique. J'acquiesce à intervalles réguliers, les autres font de même. Il est architecte, il a érigé quelques-uns des plus laids bâtiments en ciment du pays dans les années 1970, ce qui lui a valu la croix fédérale du Mérite. Il a des gestes circonspects et ménage de longues pauses avant de dire ce qu'il juge important. Sa façon de faire, d'être, de poser son regard inspire le respect. Je l'admire, j'ai toujours voulu être comme lui ; et qui sait, peut-être qu'en réalité il est un peu comme moi.

Mes tremblements se sont atténués. Je fais glisser la nourriture dans ma bouche avec prudence. Par chance, personne ne m'observe.

À moins que ? Tout le monde me regarde. Qu'y a-t-il, qu'est-ce que j'ai raté, quelle erreur ai-je commise ? Apparemment, Laura a parlé d'un voyage en Sicile. Tous sourient, se réjouissent et nous félicitent.

“Excusez-moi, s’il vous plaît, dis-je. Un appel urgent. Je reviens tout de suite.

— Tu travailles trop, dit Laura.

— Il faut aussi s’accorder du bon temps”, déclare mon beau-père. Il réfléchit un instant avant d’ajouter sur un ton signifiant qu’il va nous gratifier d’une vérité cachée : “Un homme doit savoir vivre.”

Je me demande si, de toute sa vie, il a déjà dit, ne serait-ce qu’une fois, autre chose qu’une formule déjà entendue mille fois. Je l’envie beaucoup.

En allant à mon bureau, je passe devant la porte ouverte du salon. Ligurna, notre employée de maison lituanienne, me salue d’un air triste. Je lui fais un signe de tête et je presse le pas. Il y a un an, dans un moment de faiblesse, j’ai couché avec elle. Malheureusement, cela ne s’est pas passé dans la cuisine ni sur mon bureau, mais dans la grande chambre à coucher, dans le lit conjugal. Ligurna a ensuite inspecté avec le zèle d’un détective le tapis et la table de nuit à la recherche de cheveux, cils et autres traces ; malgré cela, je fus hanté pendant des semaines par la peur qu’elle ait oublié quelque chose. Depuis, je ne lui adresse la parole que lorsque je n’ai pas le choix. Je ne peux pas la flanquer à la porte, elle pourrait me faire chanter.

Je m’installe à mon bureau, j’avale deux tranquillisants sans eau, contemple le Paul Klee, puis l’Eulenböck sur le mur d’en face : une toile recouverte de coupures de journaux, ainsi qu’une canette de Coca-Cola écrasée et un ourson en peluche fixés en plein centre. Il faut s’approcher pour se rendre compte que ce n’est qu’une illusion, l’ourson et la canette sont factices, ainsi que le papier journal, tout est peint à l’huile. Si on examine les coupures de journaux à la loupe, on voit qu'il s'agit de critiques d'art sur les collages.

L'image provient de la période tardive d'Eulenböck, la plus chère. Je l'ai encore connu, ce vieux crâneur, il était très méprisant, les cheveux très blancs, et il n'arrêtait pas de faire des blagues stupides sur Iwan et moi, sur notre ressemblance ; il croyait visiblement bien me connaître parce qu'il connaissait bien Iwan. Le tableau m'a coûté cent soixante-dix mille, un prix d'ami, paraît-il. Mais l'ourson est dessus, c'est déjà ça. Il me rend joyeux. Je sais que tout cela n'est qu'une parodie et signifie autre chose que ce que l'on croit, mais je m'en fiche. Sur la courte liste des choses que je ne trouve pas atroces dans ma vie, cet ourson figure en bonne place.

Quelle chance qu'on puisse commander aujourd'hui tous les médicaments sur Internet. Comment quelqu'un comme moi aurait-il fait il y a quinze ans ? Je croise les bras et me renverse sur ma chaise. J'aimerais travailler pour me changer les idées, mais je n'ai rien à faire. Celui qui n'a plus d'espoir redécouvre l'oisiveté.

On frappe à la porte, Laura passe la tête. "Tu as du temps ?

— Hélas, non."

Elle s'assoit, croise les jambes et regarde le Paul Klee, puis moi.

"Il s'agit de Marie ?

— Il s'agit de moi.

— De toi ?

— Figure-toi que oui, Eric."

Il ne manquait plus que ça. Veut-elle encore me raconter un de ses rêves ? À moins qu'on ne lui ait proposé un rôle ? Ce serait vraiment une mauvaise nouvelle.

“J’ai une offre. Un rôle.

— C’est merveilleux !

— Plutôt modeste, mais c’est un début. Pas facile de faire son retour au bout de quinze ans.

— Tu es encore plus belle qu’à l’époque !”

Pas mal. Il ne m’a pas fallu plus d’une demi-seconde pour sortir cette phrase, elle est bien rodée et toujours disponible. Bien sûr que Laura n’est pas plus belle qu’à l’époque, comment serait-ce possible, mais elle est plus mince et musclée, et les fines lignes de la maturité autour des yeux lui vont bien. Elle pourrait sans problème jouer dans des films. Je dois l’en empêcher.

“J’ai réfléchi.

— Oui ?

— Je ne veux pas renoncer à moi-même. Je dois me recentrer sur moi.”

Elle se tait, comme pour me donner le temps de répondre. Mais répondre quoi ?

“C’est juste pour quelque temps, Eric. Au début. On ne se sépare pas encore. On verra le moment venu.”

Elle me regarde. Je la regarde.

“Eric, qu’est-ce que cela signifie ?”

Elle enlève les mèches de son visage et attend. C’est sans doute à moi de dire quelque chose, mais que veut-elle entendre, de quoi parle-t-elle ?

“Je pourrais déménager, mais ce ne serait pas pratique. Je dois m’occuper de Marie, j’ai aussi besoin de Ligurna. Il vaut mieux que tu te trouves autre chose. Comme ça, tu ne mettras plus autant de temps pour aller au travail.

— Au travail ?

— Et puis la maison est à côté de l’école. Je ne pourrai pas être là très souvent pendant le tournage. Tu pourras bien sûr voir Marie quand tu voudras.”

J'acquiesce, car je comprends maintenant ce qu'elle dit, même si cela n'a pas de sens. Les mots ont un sens, les phrases également, dirait-on, mais, mises bout à bout, elles sont aussi vides que si Laura était en proie à la folie.

"Eric, je ne peux pas me laisser embarquer dans tes petits jeux en ce moment."

Je fais oui de la tête comme si c'était limpide pour moi. Par chance, je ne suis pas obligé de dire quoi que ce soit, car elle se lève et continue de parler. J'entends en sourdine sa voix évoquer les longues heures de solitude, le fait que je suis toujours occupé, et que l'argent et le pragmatisme ne doivent pas passer avant tout le reste. Au bout d'un moment, elle se tait, s'assoit, attend. Je la regarde d'un air désemparé.

"Ne fais pas ça avec moi, dit-elle. Tes tours de passe-passe. Tes trucs de négociateur. Toutes tes combines. Je te connais. Ça ne marche pas avec moi."

J'ouvre la bouche, inspire, la referme.

Elle reprend. Ses bras sont si fins, ses mains délicates et élégantes, la lampe de bureau ne cesse de faire étinceler la bague de diamant à son majeur. Elle est en train de dire que je ne dois pas croire qu'elle a un autre homme dans sa vie, ce n'est pas le cas et, si c'est ce que je pense, je me trompe, car il n'y a vraiment personne, et que je n'aille pas m'imaginer autre chose.

Je m'efforce de la regarder avec attention et ne pas me laisser distraire par le fait que tous les objets alentour ont perdu leurs couleurs et que mon visage a la texture de la ouate.

"Réponds-moi, Eric ! Arrête ça ! Dis quelque chose !"

Mais alors que je m'apprête à chercher une réponse, tout s'éloigne encore davantage. Je suis à nouveau dans la cave, tout au fond, encore plus loin que tout à l'heure, et quelque chose remonte l'escalier, quelqu'un parle. Des mots s'assemblent, il fait sombre et j'ai cent kilos qui pèsent sur moi. La voix m'est familière, une bande de clarté surgit quelque part. La fenêtre près de mon bureau. J'ai l'impression qu'il s'est écoulé beaucoup de temps, mais Laura est toujours assise là, et elle me parle.

"Pour l'instant tout peut continuer comme avant, dit-elle. On sauvegarde les apparences. On s'envole pour la Sicile. La semaine prochaine, on va ensemble à la réception chez les Lohnenkoven. Dans l'intervalle, tu peux te chercher un appartement. On n'est pas forcé de se compliquer la vie."

Je me racle la gorge. Ai-je vraiment perdu connaissance, là, à mon bureau, sous ses yeux, sans en rien laisser paraître ? Qui sont donc les Lohnenkoven ?

"Je ne parle pas encore de divorce. Rien n'oblige à en arriver là. Mais, dans le cas contraire, nous devrons être raisonnables. Tu as bien sûr de bons avocats. Mais c'est valable pour moi aussi. J'ai parlé à Papa. Il me soutient."

J'acquiesce. Mais qui sont-ils au juste, qui sont les Lohnenkoven ?

"Bon." Elle se lève, enlève les mèches de son visage et sort.

J'ouvre le tiroir et retire trois, quatre, cinq cachets de leurs alvéoles en plastique. En quittant la pièce, j'ai la sensation que mes jambes appartiennent à un autre, je crois être un pantin dirigé par un marionnettiste plutôt maladroit.

Dans la salle à manger, tous sont encore à table.

"C'est fini, ton appel?" Mon beau-père me sourit.

Laura, à côté de lui, sourit aussi. La belle-mère sourit, la sœur sourit, les filles sourient, seule Marie bâille. J'ignore de quel appel il parle.

"Laura, dis-je lentement. Est-ce qu'on vient de… Est-ce que tu as…" C'est peut-être dû aux cachets. Ils sont puissants et j'en ai pris beaucoup. Ou mon imagination qui me joue des tours.

À moins que… ? C'est pourtant à cause de Laura que j'ai pris les cachets. Si elle n'était pas venue me voir, je n'en aurais pas avalé autant. Donc les cachets ne peuvent expliquer pourquoi je m'imagine que Laura a dit des choses qui m'ont conduit à prendre ces cachets. À moins que… ? "Mauvaise nouvelle?" Mon beau-père sourit toujours.

"Tu devrais t'allonger, dit Laura.

— Oui, dit ma belle-mère. Tu es pâle. Va te coucher."

J'attends, mais plus personne ne dit rien. Tous sourient. Je quitte la pièce d'un pas incertain.

Je pose le pied droit sur la première marche et je descends. J'évite de regarder en direction de la porte de la cave, car je suis sûr d'une chose : si le verrou n'est pas bien fermé, voire si la porte est ouverte, mon cœur s'arrête. Je traverse le hall et j'ouvre la porte de la maison.

Il fait nuit, mais encore très chaud. À ma droite, une créature au pelage hirsute est blottie contre le mur, et elle me regarde. Son odeur est âcre. Lorsque je m'arrête, elle s'enfuit en bondissant sur ses pattes de bouc et disparaît dans le noir de la haie.

Je soulève la porte du garage. Knut a fini sa journée de travail, je vais devoir prendre le volant. Il ne faudrait peut-être pas dans cet état, mais ça va aller, d'une manière ou d'une autre. Le moteur démarre dans un vrombissement profond et la voiture s'avance sur la chaussée. Je vois ma maison dans le rétroviseur. Une lueur blafarde provient de la fenêtre de la mansarde. Qui est là-haut ?

Mais je tourne déjà au coin de la rue.

Surtout pas d'accident maintenant, après tous ces cachets. Cette fois, je n'appelle pas Sibylle, je veux la surprendre.

Et si elle n'est pas seule ?

La pensée traverse mon esprit engourdi. La voiture se retrouve au milieu de la route, des klaxons se mettent à hurler, mais j'arrive à la maîtriser. S'il y a un homme chez elle, il faudra que je le tue ! Je tourne le volant et un container en plastique jaune atterrit sur mon chemin. Je l'évite mais il heurte si violemment le flanc droit de la voiture que le couvercle s'envole et les cartons sont projetés sur la chaussée. Je freine, la voiture s'immobilise. Des badauds me dévisagent. De l'autre côté de la rue, une voiture s'arrête, deux hommes descendent et viennent vers moi.

Je m'apprête à accélérer pour les écraser, mais c'est exactement ce qu'ils veulent, que je perde contenance. Les poings serrés, je sors de la voiture.

"Vous avez besoin d'aide ? demande l'un d'eux.

— Vous êtes blessé ?" demande l'autre.

Je m'enfuis. Je traverse une étroite ruelle, escalade la palissade d'un chantier, grimpe sur une pelleteuse, une deuxième palissade et continue de courir jusqu'au moment où je me retourne, hors d'haleine, avec un point de côté. Personne ne semble m'avoir suivi. Mais comment en être sûr ? Ils sont si malins.

Une zone piétonne. J'évite deux femmes, un policier, deux adolescents, Adolf Klüssen et deux autres femmes. Klüssen ? Oui, je l'ai vu nettement, c'était bien lui, ou alors ils ont envoyé un sosie. Dans le halo d'un réverbère surgit le visage de Maria Gudschmid, mais cela, en tout cas, ne signifie rien, quantité de femmes lui ressemblent. Je laisse la zone piétonne derrière moi, traverse une rue, gravis une étroite montée et arrive à la porte de l'immeuble de Sibylle. Elle est fermée. J'appuie sur la sonnette.

"Oui ?" Sa voix, aussitôt, dans le haut-parleur, comme si elle attendait à la porte – pas moi, elle ne savait pas que j'allais venir, alors qui ?

"C'est moi, dis-je dans l'interphone.

— Qui ?"

Si elle ne me laisse pas entrer, si elle n'ouvre pas sur-le-champ, si elle m'oblige à rester dehors, c'est fini entre nous.

"Eric ?"

Je ne réponds pas. La porte s'ouvre dans un ronronnement.

Quelqu'un effleure mon bras. Derrière moi se trouve un homme maigre au long nez et au menton étroit. Il tient un guidon de vélo dans une main, un sac à provisions flasque dans l'autre.

"Tu n'aurais pas dû intervenir, dit-il. Si seulement tu avais laissé ces trois types tranquilles. Ce n'était pas ton problème."

Je claque la porte derrière moi et monte l'escalier quatre à quatre. Si un homme se trouve chez elle, si un homme se trouve, si un homme, si – son étage. Elle est dans le couloir.

"Mais que se passe-t-il ? demande-t-elle.

— Cela n'aurait pas dû arriver avec la voiture. La laisser comme ça, dans la rue. Ça a l'air de quoi !

— De quoi tu parles ?

— Il faut que je fasse une déclaration de vol."

Je passe devant elle et m'avance dans l'appartement. Il n'y a personne ici. Elle est seule. Je m'effondre sur la première chaise venue et j'allume mon téléphone. Neuf appels, trois du bureau, six de la maison, trois messages. Je l'éteins.

"Que s'est-il passé, Eric ?"

Je veux répondre qu'il ne s'est rien passé du tout, que tout me pèse. Que je n'arrive plus à m'en sortir. Mais je me contente de dire : "C'était une dure journée." Et tandis que je la regarde, je me rends compte que je n'ai pas envie d'être avec elle. Je veux rentrer à la maison.

"Je voulais être avec toi", dis-je.

Elle s'approche, je me lève et parviens à faire tout le nécessaire. Mes mains vont là où il faut, mes mouvements sont les bons, et je réussis même à éprouver un certain plaisir en voyant que c'est vraiment ce qu'elle veut et qu'elle est tendre, qu'elle sent bon et qu'elle m'aime peut-être un peu.

"Moi aussi", chuchote-t-elle, et je me demande ce que j'ai encore bien pu dire.

Puis je reste éveillé, j'écoute son souffle et lève les yeux vers la surface sombre du plafond. Il ne faut pas que je m'endorme, je dois être à la maison avant l'aube pour que Laura me raconte son rêve.

Je me lève sans bruit et m'habille. Sibylle ne se réveille pas. Je sors de la pièce sur la pointe des pieds.

DE LA BEAUTÉ

“Vous avez vu la nouvelle exposition de Carrière ?

— Oui, et elle me laisse un peu perplexe.

— Ah.

— On dit qu’il remet en question nos habitudes visuelles. C’est ce qu’il affirme lui-même. Dans la moindre revue d’art, en ce moment. Tout cela pour en venir à la conclusion que les images ne sont que des images, et non la réalité. Il est fier de son idée comme un enfant qui a découvert que le lapin de Pâques n’existe pas.

— C’est méchant.

— Mais j’ai une grande estime pour lui.

— Le coup de grâce.”

Nous sourions tous les deux. La situation est complexe. Dans mon métier, il s’agit certes de vendre des tableaux, mais aussi de trouver les bons acquéreurs. Je dois persuader Eliza que sa collection a besoin d’un nouvel Eulenböck, tandis qu’Eliza doit me persuader que sa collection est l’endroit idéal pour lui. Les toiles d’Eulenböck se font rares sur le marché car les musées publics commencent à s’intéresser à lui et, s’ils paient moins, ils peuvent néanmoins accroître considérablement la renommée d’un artiste, ce qui entraîne une montée en flèche des enchères sur le marché secondaire. La prudence est de mise : si les prix grimpent trop vite, ils sont condamnés à dégringoler, après quoi les revues annoncent que le marché a rendu son jugement, et la réputation d'un artiste ne s'en remet jamais. Eliza doit donc me persuader qu'elle ne va pas liquider le tableau que je lui vends dès qu'elle pourra en retirer un gain ; elle doit me convaincre de son sérieux en tant que collectionneuse, et moi, de la valeur d'Eulenböck à long terme.

Mais, de tout cela, nous ne parlons pas. Attablés devant une assiette de salade, nous sirotons notre eau minérale, le sourire aux lèvres, et nous abordons toutes sortes de sujets, sauf le sujet central. Je suis un bon curateur de succession, elle une collectionneuse avertie, nous connaissons les règles du jeu.

C'est pourquoi nous parlons de terrasses vénitiennes. Eliza possède un appartement à Venise avec vue sur le Grand Canal. Je lui ai rendu visite une fois, mais il a plu sans arrêt, le brouillard rampait sur l'eau et la ville semblait inerte, obscure et putride. Nous nous moquons des soirées de la Biennale, nous sommes d'accord pour dire qu'elles sont fatigantes, bruyantes, pénibles, une vraie corvée, et qu'il faut pourtant y aller, que faire d'autre. Nous trouvons que la beauté extrême peut submerger le spectateur : impuissant face à elle, il croit devoir agir, afficher une réaction quelconque, mais elle reste muette et le rejette avec maestria. Évidemment, le nom de Rilke surgit dans la conversation. Nous parlons du temps qu'il a passé chez Rodin, nous évoquons Rodin lui-même, puis, c'est inévitable, Nietzsche. Nous commandons du café, aucun de nous n'a fini sa salade, personne n'a faim par une telle chaleur. Et maintenant que l'heure touche à sa fin, nous mentionnons quand même Eulenböck.

"Difficile, dis-je. Il y a plusieurs intéressés."

Eliza dit qu'elle le croit volontiers mais que, lorsqu'on offre une demeure à un tableau, c'est l'environnement qui compte, le voisinage. Elle possédait déjà quelques Eulenböck. Elle avait chez elle, à Gand, des œuvres de Richter, Demand et Dean, deux ou trois choses de Kentridge et Wallinger, un Borremans, dont le style n'était d'ailleurs pas sans rappeler celui d'Eulenböck, et aussi une toile de John Currin. En outre, elle avait eu la chance de connaître le maître personnellement – pas aussi bien que moi, certes, mais assez pour savoir qu'il n'appréciait pas l'idée d'être exposé dans un musée. Son œuvre devait se trouver au cœur du présent, et non dans les réserves des galeries.

Je hoche la tête d'un air indécis.

Quelle chaleur, dit-elle.

Elle s'évente avec la main et, bien que le restaurant possède des ventilateurs silencieux, son geste n'a rien de ridicule. Elle est élégante sans effort. Si les femmes me plaisaient, je serais amoureux d'elle.

Une météo pareille, dit-elle, inspire une fois de plus du respect pour la civilisation mauresque. Comment a-t-on pu ériger l'Alhambra en étant exposé à une chaleur atroce ?

D'autres époques, dis-je, ont vu notre espèce plus robuste. L'homme n'est pas une entité clairement définie, il s'ébauche lui-même. Les parcours des légions romaines exigeaient des conditions physiques qu'on associe de nos jours aux champions olympiques.

Une pensée qui aurait plu à Nietzsche, dit-elle.

Mais réservée aux bien portants, dis-je. Dès qu'on a une rage de dents, on bénit l'époque moderne, aussi aliénante soit-elle.

Nous nous levons et nous donnons une brève accolade en simulant une bise sur les deux joues. Elle s'en va, je reste et je règle l'addition. Nous allons nous revoir, d'abord pour un dîner, puis sans doute pour un brunch, après quoi elle me rendra visite dans l'ancien atelier de Heinrich et peut-être le moment sera-t-il enfin venu de parler d'argent.

Le chemin jusque chez moi n'est pas long, j'habite à côté du restaurant. Dans le couloir de l'appartement, je m'arrête comme d'habitude devant le petit dessin de Tiepolo, heureux de pouvoir déclarer mienne une œuvre aussi parfaite. Puis j'interroge le répondeur.

Un seul message. Weselbach, la maison de vente, m'informe qu'un négociant parisien a mis un Eulenböck aux enchères pour dans deux semaines, *La Vieille Mort en Flandre*, une œuvre mineure, par chance. Pas d'acheteur pour l'instant, mais le négociant ne veut pas retirer la toile.

Pas bon ! Aucune demande en amont, cela signifie que l'intérêt sera limité durant la vente et que je vais devoir acheter le tableau pour maintenir la valeur d'Eulenböck. Le prix d'appel est fixé à quatre cent mille – une sacrée somme, tout cela pour un tableau que j'ai cédé à deux cent cinquante mille il y a six ans. J'ai déjà dû acheter trois Eulenböck cette année, et nous ne sommes qu'au mois d'août. Il va falloir trouver une solution.

J'appelle Wexler, le nouvel administrateur général du musée Clayland à Montréal. À vrai dire, j'ai juste l'intention de laisser un message mais, malgré le décalage horaire, il est aussitôt au bout du fil. Il dit qu'il a fait transférer la ligne du bureau sur son téléphone portable et que non, il n'était pas en train de dormir, il s'est défait de cette habitude.

Nous causons un temps – de la météo, des vols transcontinentaux, des bars et restaurants à Manhattan, Lima et Moscou. J'attends qu'il mentionne l'exposition Eulenböck qu'il compte organiser dans deux ans et qui serait cruciale pour moi, mais il aimerait évidemment que je l'interroge en premier, c'est pourquoi nous parlons encore un quart d'heure des sports d'hiver, du nouveau film de Haneke, des bars et restaurants à Paris, Berlin et Buenos Aires. Il se rend compte que je ne vais pas aborder le sujet et c'est donc lui qui finit par le faire.

"On en reparle", lui dis-je.

Il me répond, déçu, qu'il viendra en Europe dans deux mois. On pourrait peut-être se voir. Pour un brunch ou un lunch.

"Fantastique, dis-je.

— Très bien, dit-il.

— Excellent, dis-je.

— Parfait", dit-il.

Je raccroche. Et soudain, sans raison particulière, j'ai l'impression que je dois appeler Eric. Je feuillette mon répertoire, je ne retiens aucun chiffre, pas même le numéro de mon frère.

"Oui ?" Sa voix est encore plus tendue qu'à l'ordinaire. "Quoi ?

— Je me suis dit qu'il fallait que je t'appelle.

— Pourquoi ?

— Juste une impression. Tout va bien ?"

Il hésite un instant. “Évidemment.” On ne dirait pas que tout va bien, on dirait plutôt qu'il a envie de me faire savoir qu'il ment.

“Alors d'où vient mon impression ?

— Peut-être parce qu'aujourd'hui, je voulais te… Ah !”

J'entends des bruits de klaxons et de moteurs, puis une sorte de sifflement : je crois qu'il rit.

“J'avais dit à ma secrétaire de t'appeler mais elle a… Figure-toi qu'elle a appelé Martin !

— Martin !

— Nous sommes allés déjeuner ensemble. Pendant tout le repas, je me suis demandé pourquoi.”

Je lui demande comment vont les affaires, il me donne une réponse évasive, comme d'habitude. Quelque chose ne va pas, il aimerait me poser une question, mais il n'ose pas. Il se contente de m'interroger sur mon travail et, bien qu'il s'en fiche, je lui dis qu'on doit garder l'œil sur les maisons de vente aux enchères et contrôler les prix. D'ailleurs, il m'interrompt aussitôt pour me parler de notre mère, le sujet qui fâche, mais je ne lâche pas prise.

“Quelque chose ne va pas. Je m'en rends compte. Tu peux le nier, mais…

— Je dois raccrocher !

— Eric, tu peux tout me…

— Tout va bien, je t'assure, je dois arrêter là.”

Il a déjà raccroché. C'est étrange de parler à Eric, presque un monologue, et je me rappelle soudain pourquoi je l'évite depuis quelque temps. C'est difficile de garder un secret face à lui, il me perce à jour, de même que je le perce à jour, et je ne serais pas certain qu'il n'aille pas le divulguer. La vieille règle est la suivante : un secret n'en reste un que si vraiment personne n'est au courant. Si on s'y tient, un secret n'est pas aussi difficile à garder qu'on le croit. On a beau connaître quelqu'un presque aussi bien que soi-même, on ne lit pas dans ses pensées.

La conversation avec Eric m'a rappelé que je dois appeler notre mère. Elle m'a laissé trois messages, je ne peux pas y couper. Je compose son numéro avec hésitation.

"Pas trop tôt ! s'écrie-t-elle.

— J'avais des choses à faire. Excuse-moi.

— Des choses à faire ?

— Oui, j'ai beaucoup de travail.

— Tes tableaux.

— Oui, mes tableaux !

— Aller au restaurant.

— Cela en fait partie. Des entretiens.

— Des entretiens ?

— C'est quoi, ce sous-entendu ?

— Je suis contente que tu aies un métier intéressant. Et qui te nourrit, visiblement. À tous égards.

— Que veux-tu de moi, au juste ?

— Le terrain, devant ma maison. Tu sais, le grand, celui qui s'étend de ma clôture jusqu'au bout de la pente, avec tous ces bouleaux. Il est à vendre.

— Ah bon.

— Imagine que quelqu'un fasse construire. Car pourquoi l'acheter sinon ! Celui qui l'achète voudra forcément faire construire.

— Sans doute.

— Et ma vue ? La nôtre, je veux dire ? Vous hériterez de la maison, alors la vue, ça compte aussi pour vous. Même si vous deviez vendre la maison. Vous la vendrez, d'ailleurs, aucun de vous ne voudra vivre ici, je suppose.

— Tu as encore le temps.

— Arrête ça.

— Que j'arrête quoi ?

— Je voulais te proposer d'acheter le terrain avant que quelqu'un d'autre ne mette la main dessus et fasse construire. Tu préserves ainsi la valeur de notre maison. Et puis c'est un bon investissement.

— En quoi serait-ce un bon investissement si je ne peux rien faire construire ?

— Ne fais pas semblant de comprendre quoi que ce soit aux affaires, tu es… peu importe ce que tu es.

— Je suis quelqu'un qui sait qu'un terrain inconstructible n'est pas un bon investissement.

— Tu pourrais cultiver des céréales.

— Quel intérêt ?

— Du colza, ou un truc dans le genre.

— Je ne sais même pas ce que c'est !

— Ça permet aux voitures de rouler.

— Parles-en à Eric. Il a de l'argent, et il s'y connaît bien mieux en investissement.

— Mais c'est à toi que j'ai posé la question.

— Parles-en à Eric, maman. J'ai des choses à faire.

— Un lunch ?

— Parles-en à Eric."

Elle raccroche, et je me mets en route. Je descends l'escalier, traverse la place réchauffée par le soleil, j'arrive à l'entrée du métro. L'escalator me transporte dans la fraîche pénombre du gouffre.

Le métro démarre aussitôt, le wagon est à moitié vide. Je m'assois.

"Friedland !"

Je lève les yeux. Debout près de moi, la main sur la poignée, le critique d'art des *Nouvelles du soir*.

"Vous ici ? s'écrie-t-il. Vous ?"

Je hausse les épaules.

“Ce n’est pas croyable!”

Je souris. L’essentiel, c’est qu’il ne s’assoie pas à côté de moi.

Il me tape sur l’épaule. “La place est libre?”

Il s’appelait Willem, un étudiant flamand aux beaux-arts, excentrique, bruyant, affectueux, colérique et, hélas, pas très doué. Son admiration pour Nicolas de Staël le portait vers la peinture abstraite, ce que je lui reprochais, jugeant la chose lâche et stérile parce que j’étais un réaliste, admirateur de Freud et Hockney, ce qu’il me reprochait, jugeant la chose lâche et stérile. Nous nous disputions beaucoup, buvions tout autant, consommions de la drogue à faible dose, portions des chemises en soie et les cheveux longs jusqu’aux épaules. Pendant un bref laps de temps, nous nous sommes partagé un atelier à Oxford, en fait une simple pièce au-dessus d’une laverie, il peignait à la fenêtre nord, moi à la fenêtre ouest, il y avait un lit pliant dont nous faisions amplement usage et c’était comme si l’avenir posait un regard rétrospectif sur nous, comme si les futurs historiens de l’art nous avaient déjà à l’œil. Lorsqu’il arrêta ses études, je le traitai de fainéant et poursuivis les miennes, ce qui me valut d’être taxé de petit-bourgeois.

Nous passions nos vacances à faire de la randonnée dans la verte humidité du pays de Galles, à gravir des collines au crépuscule, à repérer hautes falaises et ravins escarpés, et un jour nous nous sommes aimés sur une dalle en pierre couverte de runes, ce qui fut encore bien plus inconfortable que dans notre imagination. Nous échangions des idées, des menaces, des cris, nous buvions en guise de réconciliation et nous nous disputions à nouveau sous l'emprise de l'alcool. Nous remplissions des carnets d'esquisses, faisions des escapades nocturnes, attendions dans les heures transies du matin le lever de soleil au-dessus de l'eau vert plomb.

À la fin des vacances, je suis retourné à Oxford et lui à Bruxelles pour persuader son père de continuer à l'entretenir. C'était en 1990, l'Europe de l'Est venait de se libérer et, les e-mails n'existant pas, nous nous envoyions des cartes postales presque chaque jour. Aujourd'hui encore, je vis dans l'angoisse que tous mes élans – pensées philosophiques, romantiques, espérance, colère – soient conservés dans un tiroir. Quant à son courrier, il m'aurait paru trop théâtral de le lui renvoyer, et j'ai fini par le détruire.

En effet, quand je suis allé à Bruxelles aux vacances suivantes, j'ai remarqué que quelque chose avait changé. Nous avions le même physique, nous faisions ce que nous avions toujours fait, nous avions les mêmes conversations, mais ce n'était plus pareil. Peut-être étions-nous simplement très jeunes et craignions de rater quelque chose, toujours est-il que nous commencions à nous ennuyer l'un l'autre. Pour compenser, nous nous sommes mis à parler encore plus fort et à nous disputer davantage. Nous sommes restés éveillés trois nuits d'affilée dans la lumière vacillante et le vrombissement cadencé de différents clubs, ivres de fatigue et d'excitation, jusqu'à ce que tous les endroits et tous les visages se fondent en un seul. Nous étions tantôt au musée, en pleine dispute au sujet de Magritte, tantôt allongés dans l'herbe, puis dans son appartement et, un beau jour, nous

nous sommes séparés, sans savoir pourquoi ni, à vrai dire, comment. Willem lança une bouteille vers moi, je me baissai, elle se brisa contre le mur, par chance elle était vide. Je dévalai l'escalier, laissant ma valise, il cria après moi, sa voix résonnait dans la cage d'escalier, puis il hurla par la fenêtre que je devais revenir, déguerpir, revenir et, une fois que je n'entendis plus sa voix, je demandai le chemin de la gare. Une femme m'indiqua la direction d'un air inquiet, je devais être blême, et c'est là que j'aperçus l'affiche. C'était encore la même photo, et le même slogan : *Lindemann vous apprend à craindre vos rêves.*

Vers la fin de la représentation, à laquelle je n'avais pas pu assister – voulant me reposer un peu sur le banc d'un parc, j'avais dormi jusqu'en début de soirée –, je me postai devant le théâtre. Les gens étaient en train de sortir. Je cherchai la cantine. Lindemann était installé à une table, penché au-dessus d'une soupe, et il leva les yeux avec gêne quand je m'assis à côté de lui.

"Je m'appelle Iwan Friedland. Vous m'accorderiez une interview? Pour *Oxford Quarterly*?" Je ne savais pas si la revue existait, mais c'était avant l'ère d'Internet, et on pouvait difficilement vérifier quoi que ce soit.

Il n'avait pas changé d'apparence, ses verres de lunettes lançaient les mêmes reflets, le même foulard vert dépassait de sa poche. Quand je me mis à le questionner, je remarquai à quel point il était timide. Sans projecteurs ni public, il semblait perdu dans son mal-être. Il ajusta ses lunettes, eut un sourire crispé et il ne cessait de palper son crâne, comme pour s'assurer que les quelques mèches restantes étaient toujours en place.

L'hypnose, dit-il, ne repose pas sur un phénomène unique, mais sur un ensemble d'éléments : il fallait être prêt à se plier à une autorité, être fragile de manière générale, être ouvert aux suggestions. En de rares occasions entraient en jeu des mécanismes de la conscience plus mystérieux encore, non étudiés car personne ne voulait le faire. Tout cela avait pour conséquence qu'on perdait provisoirement le contrôle superficiel de sa volonté.

Il eut une quinte de toux, la soupe dégoulina sur son menton.

Il reprit en disant qu'il employait le terme "superficiel" car, en temps normal, la transe ne permettait pas d'imposer au sujet ce qu'il ne désirait pas vivre ou faire. Rares étaient les cas où l'on pouvait induire un changement profond dans l'âme d'une personne.

Je lui demandai ce qu'il entendait par là, mais il avait déjà l'esprit ailleurs, et il se mit à se plaindre. De ses maigres cachets, de l'arrogance des rédacteurs à la télévision. D'une émission dans laquelle son spectacle avait été coupé au montage. Du syndicat des artistes de la scène et plus particulièrement de leur caisse de retraite. De tous ces voyages en train, des retards, des itinéraires organisés à la diable. Des hôtels bas de gamme. Et des hôtels haut de gamme, hors de prix. Des gens stupides dans le public, des gens ivres dans le public, des gens agressifs dans le public, des enfants dans le public, des malentendants dans le public, des psychopathes. Incroyable, le nombre de psychopathes qui venaient à un spectacle d'hypnose. Puis il se plaignit à nouveau de ses cachets. Je lui demandai s'il voulait manger autre chose, disant que c'est *Oxford Quarterly* qui paierait la note, et il commanda une escalope panée avec des frites.

“Revenons en arrière, dis-je. Les mécanismes de la conscience.”

Exact, dit-il. Des mécanismes mystérieux, oui, c’est bien ce qu’il avait dit. Mystérieux pour lui aussi et, pourtant, il en avait vu, des choses. Mais, n’étant pas un intellectuel, il se sentait incapable de fournir des explications. Il était entré dans cette profession malgré lui, ses études ne portaient pas là-dessus.

“C’est-à-dire ? Sur quoi portaient vos études ?”

La serveuse apporta l’escalope. Il voulut savoir si le spectacle m’avait plu.

“Très impressionnant.

— Rien ne vous oblige à mentir.

— Très impressionnant !”

Insuffisant, dit-il, et il me fallut un instant pour comprendre qu’il parlait de l’escalope. Trop chère, vu la taille. Mais tout était cher de nos jours, l’homme de la rue n’arrêtait pas de se faire plumer.

Je m’enquis si l’escalope était bonne, au moins.

Trop épaisse, dit-il. Une escalope devait être aplatie, pourquoi est-ce que plus personne ne savait ça ? Il hésita avant de me demander où était mon dictaphone.

“J’ai une bonne mémoire.”

La mémoire est un phénomène surestimé, dit-il en mastiquant. Il était étonnamment facile de lui suggérer de faux souvenirs, mais aussi d’en effacer d’autres sans laisser de trace. Pas de dictaphone, vraiment ?

Pour changer de sujet, je lui proposai un dessert et il commanda une Sachertorte. Puis il inclina la tête et voulut savoir si *Oxford Quarterly* était une revue étudiante.

“Elle est lue par un large public.

— Qu'est-ce que vous étudiez, jeune homme ?

— L'histoire de l'art. Mais je suis peintre."

Il regarda le dessus de table. "Nous nous sommes déjà rencontrés ?

— Je ne crois pas.

— Non ?

— Je ne vois pas où.

— Peintre", répéta-t-il.

J'acquiesçai.

"Peintre." Il sourit.

Je lui demandai dans quelle mesure l'hypnotiseur exerçait une influence sur autrui. Pouvait-on amener quelqu'un à changer de vie ? À faire des choses qu'il n'aurait jamais faites sans l'aide de l'hypnose ?

"N'importe qui peut amener autrui à changer de vie.

— Mais on ne peut pas inciter les gens à agir contre leur volonté ?"

Il haussa les épaules. Entre nous, dit-il, qu'est-ce que cela signifie, la volonté. Quel être savait ce qu'il voulait, était au clair avec lui-même. L'homme voulait tant de choses et il changeait d'avis à chaque instant. Bien sûr, au début du spectacle, on disait aux spectateurs que nul ne serait forcé de faire ce qu'il n'aurait pas fait de lui-même mais, en vérité, n'importe qui était capable de n'importe quoi. L'être humain était une entité ouverte, un chaos sans limite, ni forme fixe. Lindemann regarda autour de lui. Pourquoi fallait-il autant de temps pour ce gâteau, pas besoin de le repasser au four !

"Moi, dis-je, je ne suis pas un chaos sans limite."

Il rigola.

La serveuse apporta le gâteau et je priai Lindemann de raconter quelques anecdotes. Dans sa vie professionnelle accomplie, il avait sûrement vécu toutes sortes d'aventures.

Accomplie ? C'est beaucoup dire. Autrefois, à la grande époque du music-hall, au temps de Houdini et Hanussen, un hypnotiseur pouvait encore obtenir un certain succès. Mais de nos jours ! Une vie vouée à l'art se laissait difficilement réduire à des anecdotes.

"L'hypnose est un art ?"

Peut-être même plus que cela. Peut-être réussissait-elle depuis toujours ce que l'art cherchait encore à atteindre. Toutes les grandes œuvres littéraires, musicales, et… Il sourit. Et toutes les œuvres picturales visaient à fasciner, non ? Lindemann repoussa son assiette. Il dit qu'il devait aller dormir, monter sur scène était éreintant, on en sortait lessivé. Il se leva et me posa la main sur l'épaule. "Peintre ?

— Pardon ?"

L'expression de son visage s'était modifiée, elle n'avait plus rien d'aimable. "Peintre – vraiment ?

— Je ne comprends pas.

— Peu importe. Ce n'est pas grave. Mais vous y songez sérieusement ? *Peintre ?*"

Je lui demandai ce qu'il entendait par là.

Rien, dit-il. Il était fatigué. Il fallait qu'il s'allonge. Il regarda autour de lui, comme si une pensée venait de lui traverser l'esprit, puis il murmura une parole inaudible. Il me parut soudain chétif, le visage blême, les yeux dissimulés derrière ses épais verres de lunettes. Il fit un salut de la main et se dirigea à petits pas vers la porte.

Une fois sur le ferry qui traversait la Manche, je m'aperçus que sa voix ne me sortait pas de la tête. *Peintre, vraiment ?* Jamais je n'avais fait face à un doute aussi profond, à un tel degré de scepticisme et de raillerie.

Peu après, de retour à Oxford, Lindemann m'apparut si clairement dans mon sommeil qu'aujourd'hui encore j'ai l'impression de l'avoir rencontré trois fois en tout. C'était à nouveau dans une cantine de théâtre mais elle avait cette fois les proportions d'une cathédrale. Lindemann était debout sur la table, son sourire déformé en une grimace si horrible que je pouvais à peine le regarder.

"Je n'oublie rien." Il ricana. "Aucun visage, ni aucun de ceux qui sont montés sur scène chez moi. Tu croyais vraiment que je ne m'en souvenais pas ? Pauvre enfant. Tu crois que tu as ça en toi ? L'art. La peinture. La créativité. Tu le crois vraiment ?"

Je reculai d'un pas, à la fois hors de moi et plein d'angoisse, mais incapable de répondre. Son sourire grandit encore et encore, jusqu'à remplir mon champ de vision.

"Tu maîtrises la technique, mais tu es vide. Tu es creux." Il partit d'un ricanement aigu. "Va maintenant. Va dans la discorde. Va et ne crée rien. Va !"

Lorsque je revins à moi, j'étais allongé dans la pénombre de ma chambre, sans comprendre pourquoi je ressentais un tel effroi. Je rejetai la couverture. En dessous, Lindemann roulé en une boule d'apparence humaine, ses lunettes étincelantes. Et tandis qu'il ricanait, je me réveillai une deuxième fois, dans la même chambre, je rejetai la couverture, le cœur battant, mais, cette fois, j'étais seul et bien réveillé.

Il avait raison, je le savais. Jamais je ne deviendrais peintre.

Ça y est, son nom me revient, il s'appelle Sebastian Zöllner. Je lui demande où il va. Non que cela m'intéresse, mais quand on se connaît vaguement et qu'on est assis à côté dans le métro, il faut bien engager la conversation.

"Chez Malinowski. Dans son atelier.

— Qui est Malinowski ?

— Exact. C'est bien la question ! Qui est-ce, au juste ! Mais il se trouve que la revue *Circle* va sortir un papier sur lui et, dès qu'il sera publié, *Art Monthly* va suivre et, le jour même, mon chef va me convoquer pour savoir pourquoi nous avons raté le coche une fois de plus. Alors je prends les devants.

— Et si *Circle* ne publie rien ?

— Ils vont certainement pondre un truc parce que je vais leur donner de la matière. J'écrirai que c'est une honte qu'un artiste tel que Malinowski ne reçoive pas toute l'attention qu'il mérite. Que, dans notre milieu, le volume sonore l'emporte toujours sur la qualité, voilà ce que je vais écrire, c'est bien ? Le volume sonore qui prime la qualité. C'est bien ? Là, au plus tard, Humpner de chez *Art Monthly* va faire dans son froc, ils vont suivre aussitôt, et me voilà devenu celui qui a découvert Malinowski. C'est l'avantage de travailler pour un quotidien et non pour une revue qui prépare ses articles avec deux mois d'avance. On découvre ce qu'ils ont l'intention de publier et on les prend de court.

— Quel genre d'art fait-il ?

— Qui ?

— Malinowski.

— Aucune idée. C'est pour ça que je vais chez lui. Pour le découvrir."

Zöllner est bouffi, mal rasé, son crâne dégarni et sa veste si froissée que c'est à croire qu'il a dormi avec. Dans l'art médiéval, l'apparence de l'homme est conforme à son âme : les méchants sont laids, les gentils sont beaux. Le XIXe siècle nous a enseigné que ce sont des âneries. Mais, avec un peu d'expérience de la vie, on s'aperçoit que ce n'est pas si faux.

"Vous êtes allé au vernissage de Khevenhüller ?" me demande-t-il.

Je fais non de la tête. Et comme je lis les journaux, moi aussi, je sais avec une absolue certitude ce qu'il va dire, à savoir que Khevenhüller fait du surplace depuis belle lurette.

"Il ne crée plus rien de neuf. Toujours la même chose, une copie de la copie. Entre 90 et 98, il était original. À l'époque, il avait encore quelque chose à dire. Aujourd'hui, c'est du réchauffé."

Le métro s'arrête, les portes s'ouvrent, un groupe de touristes japonais s'engouffre à l'intérieur, une trentaine de personnes, la moitié d'entre elles portant un masque de protection. Ils remplissent le wagon, serrés les uns contre les autres, en silence.

Zöllner se penche vers moi. "J'aimerais faire votre métier.

— Je vous le laisse, dis-je d'une voix traînante, vous vous en sortiriez très bien."

Il décline l'offre, tellement absorbé par ses pensées qu'il ne remarque pas mon hypocrisie. "Dans quinze ans, je serai au chômage. Exit la presse papier. Ce sera la version en ligne. Et je n'ai même pas cinquante ans. Trop jeune pour la retraite. Trop vieux pour me reconvertir."

J'ai soudain une idée pour un tableau d'Eulenböck. Un portrait de Zöllner en gros plan, tel qu'il est là, assis à mes côtés, dans la lumière artificielle verdâtre du wagon, la foule japonaise en arrière-plan, avec comme titre *Le Juge de l'art*. Mais, évidemment, ce n'est pas possible, tu es mort depuis bien trop longtemps, pauvre Heinrich, nul ne croirait qu'il s'agit d'un vrai.

"Tous ces jeunes gens ! Frais émoulus de l'université, toujours plus nombreux, chaque année. Ils font des stages, apportent le café, me demandent si je veux du sucre, regardent par-dessus mon épaule et se triturent la cervelle pour savoir ce que je peux bien avoir de plus qu'eux. Ils s'y connaissent tous en art, Friedland ! Ce ne sont pas des idiots. Ils veulent tous mon boulot. Et où est-ce que j'irai, alors ? Chez *kunstkritik online* ? Plutôt me pendre.

— Allons, allons", dis-je avec gêne. Il va se rappeler notre conversation et il ne me le pardonnera pas.

"Mais ils n'ont aucun feeling. Ils ignorent quand c'est le moment de faire l'éloge de Malinowski, et quand le vent a tourné. Ils se laissent impressionner, quelque chose leur plaît, ou ne leur plaît pas, c'est ça l'erreur. Ils ignorent ce qu'on attend d'eux.

— Ce qu'on attend ?

— On ne me la fait pas, à moi. Rien ne m'impressionne. Pour savoir si quelqu'un est sur une pente ascendante ou descendante, il faut de l'expérience, de l'instinct !" Il se frotte le visage. "Mais la pression qu'on subit, c'est inimaginable ! Molkner, par exemple. Il commence par faire l'éloge de Spengrich, qu'il est désormais mal vu d'admirer, puis il recommande expressément Hähnel, deux jours avant que *Kulturkamera* ne révèle que Hähnel est un antidémocrate et, pour finir, il déclare que le photoréalisme est la forme artistique de l'avenir. Piètre tentative de se positionner dans le camp conservateur face à Lümping et Karzel, mais cet imbécile a choisi le moment précis où Karzel a lancé chez nous, aux *Nouvelles du soir*, son offensive contre les nouveaux réalistes, vous vous souvenez, même Eulenböck s'est fait laminer. Le pire timing possible ! Et maintenant ? À votre avis ?

— Oui ?" Je me souviens vaguement de Molkner : un petit monsieur qui transpirait beaucoup, très nerveux, chauve, portant un bouc.

"Eh bien, il ne travaille plus qu'en free-lance, chuchote Zöllner, comme s'il ne fallait surtout pas que les Japonais l'entendent. Et son ancien assistant, Lanzberg, cette ordure, rature les reportages envoyés par Molkner sur des vernissages de province. C'est cruel ! Ça, vous pouvez me croire. Dans ce métier, on ne se fait pas de cadeau." Il acquiesce, écoute l'écho de ses paroles, se lève d'un bond et me tape à nouveau sur l'épaule. "Désolé, je suis d'une humeur massacrante. Ma mère est morte.

— C'est affreux !"

Il se faufile entre les Japonais et atteint les portes. "Vous êtes vraiment crédule !

— Alors elle n'est pas morte ?

— En tout cas, pas aujourd'hui." Il écarte un homme masqué et descend d'un bond. Les portes se referment, le métro redémarre, je le vois un instant qui me fait signe, puis nous nous enfonçons dans les ténèbres.

Un Japonais s'assoit à côté de moi, appuie sur les petits boutons de son appareil photo. Cette ligne de métro ne mène à aucune attraction touristique, seulement aux zones industrielles en banlieue. Le groupe de touristes est dans le mauvais métro. Quelqu'un devrait le leur dire. Je ferme les yeux et je me tais.

Je ne serais donc jamais peintre, je le savais désormais. Je travaillais autant qu'avant, mais cela n'avait plus de sens. Je peignais des maisons, des prairies, des montagnes, je faisais des portraits, ils n'étaient pas mauvais, je maîtrisais la technique, mais à quoi bon ? Je peignais des toiles abstraites à la composition harmonieuse et aux couleurs bien étudiées, mais à quoi bon ?

Qu'est-ce que cela implique d'être médiocre – la question se mit soudain à me hanter. Comment le supporter, pourquoi continuer ? Qui sont ces gens qui mettent tous leurs œufs dans le même panier, consacrent leur vie à la création, font un pari risqué et ne produisent en fin de compte que des œuvres insignifiantes, année après année ?

Évidemment, un pari est toujours susceptible d'être perdu, c'est dans sa nature. Mais quand cela arrive pour de bon – est-ce qu'on se ment à soi-même, ou parvient-on sincèrement à l'accepter ? Comment fait-on pour préparer fièrement ses modestes expositions et recueillir une reconnaissance limitée tout en sachant qu'il existe au-dessus de soi un monde de la réussite dont on est exclu ? Comment s'en accommoder ?

"Fais de la médiocrité ton sujet de thèse." C'était l'idée de Martin, à l'époque, dans le promenoir du monastère d'Eisenbrunn. Et il avait raison : je pouvais toujours devenir un historien d'art ayant un domaine de recherche un peu particulier. J'écrivis alors une lettre à Heinrich Eulenböck. Je ne mentis pas, mais je ne mentionnai pas non plus le sujet de ma thèse : *La Médiocrité en tant que phénomène esthétique*. Je me contentai de lui dire que j'avais découvert ses tableaux par hasard dans un vieux catalogue :

fermes flamandes, collines douces, rives accueillantes et meules de foin, le tout peint avec brio, force et non sans âme. Voilà, m'étais-je dit, ce que je serais devenu. Cette virtuosité acharnée, cette perfection enfermée sur elle-même. Voilà à quoi aurait ressemblé mon avenir. Ce serait moi.

Il me répondit avec entrain et je me mis en route. J'étais épuisé car je sortais d'une brève liaison avec un chorégraphe français, une relation passionnelle, conflictuelle, bruyante, alcoolisée, suivie d'une rupture, d'une réconciliation et d'une nouvelle rupture, et ce déplacement tombait à point nommé. Un long trajet en train, un deuxième, une traversée en ferry, un long voyage en bus jusqu'à ce que je me retrouve face à lui dans son lumineux atelier. Aux fenêtres scintillait l'éclat froid de la mer du Nord.

Il avait alors une petite soixantaine et il était plus imposant que je ne me l'étais imaginé, un monsieur élégant à la moustache blanche, bien habillé, portant une canne en ivoire, drôle, détendu et raffiné. J'avais prévu de repartir le lendemain, mais je suis resté. Je suis resté le jour suivant, celui d'après, toute la semaine, toute l'année et l'année suivante. Je suis resté jusqu'à sa mort.

Les lumières du métro rétrécissent pour former une tache unique et s'éteindre. La beauté n'a pas besoin de l'art, ni de nous, elle ne requiert pas de spectateurs, au contraire. Les badauds lui enlèvent quelque chose, elle brille du plus vif éclat là où personne ne la voit : les vastes paysages inhabités, les jeux de nuages en début de soirée, la teinte délavée gris rouge des vieux murs en brique, les arbres nus dans le brouillard d'hiver, les cathédrales, les reflets du soleil dans une flaque d'essence, les tours-miroirs de l'île de Manhattan, la vue depuis le hublot d'un avion à la sortie de la couche nuageuse, les mains des vieillards, la mer à toute heure du jour et les stations de métro désertes, telle que celle-ci – la lumière jaune, le motif aléatoire des mégots sur le sol, les affiches qui s'effeuillent et voltigent dans le vent, longtemps après le départ du métro.

L'escalator me mène à l'air libre, la rue s'ordonne autour de moi, là-haut s'élève la voûte du ciel estival. Je regarde dans toutes les directions – par prudence, car c'est un quartier dangereux, mais surtout parce que nous sommes sur terre pour voir. Les containers projettent leur ombre courte de midi, un enfant glisse devant moi en skateboard, les bras écartés, à mi-chemin entre l'équilibre et la chute sans cesse retenue. Le même rayon de soleil étincelle dans une fenêtre élevée et le rétroviseur d'une voiture garée. Le carré sombre d'une plaque d'égout, modèle de précision, et, loin au-dessus, comme opposée à dessein, la découpe vague d'un nuage qui s'effiloche. Je m'empresse d'ouvrir une porte, j'entre et je referme à clé. Un vieil ascenseur cahotant me mène d'étage en étage jusqu'aux combles. Seul le deuxième étage abrite un entrepôt rarement utilisé, le reste de l'immeuble est vide. L'ascenseur s'arrête en grinçant, je sors et j'ouvre une porte en acier. Aussitôt m'entourent l'odeur de l'acrylique, du bois et de la colle, le riche arôme des pigments. Quelle chance de pouvoir travailler. Je crains parfois d'être un homme heureux.

Nul ne connaît l'existence de cet atelier, personne ne peut établir un lien avec moi. Ce n'est pas moi qui l'ai acheté, mais une entreprise appartenant à une autre entreprise, qui a son siège aux îles Caïmans et m'appartient. Si on cherchait mon nom dans le cadastre, on ne le trouverait pas. Il faudrait dépenser beaucoup de temps et d'énergie pour remonter jusqu'à moi. Les impôts locaux, ainsi que les frais de chauffage, d'eau et d'électricité, sont prélevés automatiquement sur un compte numéroté, situé au Liechtenstein. Je suspends ma veste en sifflotant, je retrousse mes manches et j'enfile ma blouse. Au mur sont accrochées une dizaine de peintures recouvertes d'un tissu et, devant elles, un tableau presque terminé repose sur le chevalet.

Par chance, je n'ai pas besoin de lunettes, ma vue a toujours été excellente. Né pour voir, destiné à regarder. Je contemple donc mon tableau. Une place de village dans une bourgade française. Au centre, une sculpture aux couleurs criardes, visiblement de Niki de Saint Phalle : une statue de femme bariolée et surdimensionnée tend les bras en l'air. Le ciel est dégagé et, au bord de la place, des enfants à vélo encerclent un petit garçon qui appuie la tête dans ses mains et pleure. Une femme regarde par une fenêtre, la bouche grande ouverte, elle appelle quelqu'un. Depuis une voiture garée, un homme lève les yeux vers elle d'un air menaçant. Au bord de la place, on aperçoit une flaque sombre qui pourrait être – ou pas – une tache de sang et dans laquelle boit un teckel. Il s'est passé quelque chose d'affreux que les gens semblent vouloir dissimuler. En regardant le tableau plus attentivement, en s'efforçant de trouver des indices, on résoudrait l'énigme ; c'est du moins ce que l'on croit. Mais, avec le recul, les détails disparaissent, et il ne reste qu'une scène de rue animée : claire, vivante, gaie. D'immenses affiches vantent des marques de bière, de fromage à tartiner, de cigarettes, dans le style du début des années 1970.

Je travaille en silence, je m'entends parfois siffler. Il ne manque plus que quelques petits ajouts. La quiétude de l'atelier m'entoure telle une substance solide. Les bruits de la ville ne parviennent pas jusqu'ici, la chaleur semble elle aussi condamnée à rester dehors. Cela peut durer très longtemps ainsi. Quand je repense après coup aux heures de travail, je n'en ai presque aucun souvenir – comme si la concentration avait tout effacé.

Encore deux ou trois pointes de lumière en haut du tableau, une ombre en bas, puis estomper légèrement les contours du visage de cet enfant. La plaque d'identification requiert une tache de rouille. Il faut qu'on voie les épais coups de pinceau, la patte d'un maître d'antan ! Enfin la dernière touche lumineuse, un soupçon de blanc, d'ocre et d'orange. Je recule, soulève la palette, prends un peu de noir et appose d'un geste vif l'année et la signature dans l'angle : *Heinrich Eulenböck, 1974*.

Quand j'étais jeune, arrogant et sans expérience, je tenais le monde de l'art pour corrompu. Je sais aujourd'hui qu'il n'en est rien. Le monde de l'art se compose de gens charmants, enthousiastes, pleins d'ardeur et de sincérité. C'est l'art lui-même, en tant que principe sacré, qui n'existe malheureusement pas.

Aussi peu que Dieu, la fin des temps, l'éternité et les armées célestes. Seuls existent les œuvres, de facture, de forme et de nature différentes, et le brouhaha des avis sur elles. Ainsi que des noms changeants, attribués selon l'esprit du temps à un seul et même objet. Nous savons maintenant que certains tableaux de Rembrandt, longtemps considérés comme le summum de la peinture, ne sont pas de lui. Sont-ils mauvais pour autant ?

"Bien sûr que non !" s'exclament trop vite les novices, mais ce n'est pas aussi simple que cela. Une même peinture n'est plus la même si elle provient d'un autre. Une œuvre est intimement liée à l'idée que l'on se fait de son auteur, à savoir quand, pourquoi et dans quelles conditions elle a vu le jour. Un élève ayant acquis toutes les compétences de son maître et peignant comme lui reste néanmoins un élève, et si les tableaux de Van Gogh avaient été peints par un notable de la génération suivante, on ne leur accorderait pas autant d'importance. À moins que ?

Les choses sont en effet encore plus complexes. Qui connaît Émile Schuffenecker ? Or c'est à lui que nous devons plusieurs tableaux pour lesquels nous admirons Van Gogh. Nous le savons depuis un moment, mais la réputation de Van Gogh en a-t-elle souffert ? Plusieurs Van Gogh ne sont pas de Van Gogh, les tableaux de Rembrandt ne sont pas tous de Rembrandt, et je serais très surpris que tous les Picasso soient de la main de Picasso. J'ignore si je suis un faussaire, cela dépend de la définition, comme tout dans la vie. Toujours est-il que les toiles les plus célèbres d'Eulenböck, les œuvres ayant établi sa réputation, ont un auteur unique : moi. Mais je n'en retire aucune fierté. Je n'ai pas changé d'avis : je ne suis pas un peintre. Le fait que mes peintures soient exposées dans les musées n'accuse en rien les musées et ne prouve rien non plus en faveur de mes tableaux.

Tous les musées sont remplis de faux, et alors ? L'origine des choses et des êtres est incertaine en ce bas monde et, pour ce qui est de l'art, nulle magie en jeu, les grandes œuvres n'ont pas été effleurées par l'aile d'un ange. Les objets d'art sont des objets au même titre que les autres : certains sont très réussis, mais aucun ne provient d'une sphère supérieure. Le fait que certains soient associés au nom de tel ou tel artiste, que certains se vendent cher et d'autres bon marché, que quelques-uns soient mondialement connus et la plupart ignorés, tout cela repose sur de nombreux facteurs, dont aucun n'est surnaturel. Même les contrefaçons n'ont pas besoin d'être réussies pour atteindre leur but : de parfaites imitations peuvent être démasquées, des imitations discutables exposées et admirées. Les faussaires qui sont fiers de leur travail surestiment, à l'instar de tous les amateurs, l'importance du savoir-faire : n'importe qui peut apprendre le métier, à condition de ne pas être trop maladroit et de se donner du mal. Il est exact de dire que la technique a perdu de son importance dans l'art et que l'idée qui sous-tend l'œuvre l'emporte désormais sur l'œuvre elle-même; les musées sont des institutions sacrées désormais dépassées, comme le dit l'avant-garde depuis belle lurette et à juste titre.

Mais les touristes ont besoin d'un endroit où aller lorsque l'après-midi se traîne en longueur et, sans les musées, les guides touristiques comporteraient de nombreuses pages blanches. Les musées devant nécessairement exister, il leur faut des choses à exposer, du concret, pas une pensée, de même que les collectionneurs veulent un objet à mettre au mur, et les tableaux se laissent mieux accrocher que les idées. Certes, un esprit vif et ironique a, un jour, exposé un urinoir au musée pour se moquer de l'institution, de ses sacro-saintes simagrées et de cette bigoterie propre à l'art, mais il voulait aussi l'argent et les honneurs, et surtout être admiré à l'ancienne, c'est pourquoi une réplique de l'original trône toujours sur un piédestal, entourée de sacro-saintes simagrées et de cette bigoterie propre à l'art. La théorie du musée dépassé a beau être juste, le musée a gagné, on s'extasie devant l'urinoir et seuls les étudiants en première année s'enquièrent de la théorie.

Je repense souvent aux artistes du Moyen Âge. Ils ne signaient pas, ils appartenaient à des guildes d'artisans, épargnés par cette maladie qu'on nomme ambition. Peut-on encore les imiter de nos jours et travailler sans se prendre au sérieux – peut-on peindre sans être peintre ? L'anonymat n'est pas une solution, mais une rusée cachette, une autre forme de vanité. Alors que peindre au nom d'autrui, c'est possible, cela fonctionne. Et ce qui m'étonne chaque jour : cela me rend heureux.

L'idée m'est venue dès le troisième jour. Heinrich dormait à côté de moi, la mer projetait ses reflets lumineux au plafond et j'ai compris comment faire de lui un peintre célèbre. Ce qui le définissait, ce qui lui manquait, ce que je pouvais lui apporter, tout me parut soudain évident. Il ferait bonne figure à la télévision et sur les photos des magazines, il donnerait de brillantes interviews. Le seul problème, c'étaient les fermes. La diplomatie allait être de mise.

J'abordai le sujet pour la première fois quelques semaines plus tard. Nous venions de contempler ses œuvres les plus récentes : une ferme avec une meule de foin, une ferme avec un paysan en train de moissonner, une ferme avec une famille alignée, l'air renfrogné, ainsi qu'un coq, un tas de fumier et des nuages.

"Admettons qu'il soit possible de devenir célèbre en jouant le jeu, pour une fois, et en faisant ce qui est opportun. Que se passerait-il ? Nous tournerions en dérision un milieu qui le mérite tout en récoltant notre dû. Où serait le problème ?

— Que, dans ce cas précis, nous n'ayons aucun mérite." Il se tenait devant moi, infatué de lui-même, comme seuls peuvent l'être les perdants. Son visage mince, le nez finement dessiné, les yeux étincelants, les cheveux gris et la veste en loden avec les boutons argentés – du sur-mesure pour les magazines.

"Ce serait un crime sans victime, dis-je. Personne n'est perdant.

— On est soi-même perdant.

— Qu'est-ce qu'on y perdrait ? Son âme ? Je désignai les fermes. Ou l'art ?

— On perdrait les deux."

Or aucun des deux n'existe, faillis-je dire, mais je me tus. L'élément déterminant, me dis-je, c'est l'orgueil. Seul l'orgueilleux parvient à accepter l'idée d'être médiocre. "Et si on faisait… une sorte d'expérience, de tentative… si on évitait de prendre l'un et l'autre trop au sérieux ? Soi-même et l'art ?"

Nous rîmes mais nous savions bien tous les deux que j'étais sérieux.

"Et si, lui demandai-je une semaine plus tard, on se lançait ? On peint quelques tableaux dont on suppose qu'ils vont plaire aux gens influents. Puis on te les attribue. Par la suite, on déclare publiquement que c'était une blague.

— Il faut avouer que ce serait drôle", dit-il d'un air songeur.

J'avais déjà achevé les trois premiers tableaux. Un boulevard près de Málaga, enlaidi par une sculpture de Dalí et peint dans le style naturaliste délavé de Zurbarán ; une zone piétonne allemande sous la pluie, en utilisant la technique hachurée caractéristique de l'œuvre tardive de Rembrandt, et enfin *Tristia 3*, l'un de ses tableaux les plus célèbres – une salle de musée d'une hauteur irréelle, où des sculptures menaçantes en graisse et en feutre sont exposées dans des vitrines avec, au centre, un petit garçon perturbé et triste aux côtés d'une enseignante en arts plastiques aussi sévère qu'extasiée : d'épais coups de pinceau, du vide et des interstices laissant transparaître le blanc de la toile.

"Heinrich Eulenböck, déclarai-je en lui montrant les tableaux. Un aristocrate solitaire, un personnage insoumis et fier de l'être qui marque l'art contemporain du sceau de son mépris et ne laisse pas la moindre évolution lui échapper. Nombre de ses toiles, empreintes d'une subtile ironie, reproduisent à un endroit précis le travail d'un artiste de notre époque qu'il juge abjecte. Il a tout vu, tout recensé, tout soupesé et tout trouvé, en fin de compte, inconsistant.

— Mais je ne suis pas un aristocrate. Mon père possédait une petite usine à Ulm. Je l'ai vendue quand j'avais vingt ans.

— Veux-tu signer toi-même ?"

Il se tut un long moment. "Je pense que, là aussi, tu seras plus doué."

Sa signature n'était effectivement pas difficile à imiter. Je l'apposai sur les trois tableaux, j'en fis des photos que j'adressai, assorties d'un essai sur cet esprit libre et têtu que j'avais découvert, à mon collègue d'études Barney Wesler, qui était en train de préparer une exposition collective au musée Schirn à Francfort : *Le réalisme au tournant du millénaire*. Il voulut aussitôt les inclure. Deux jours après l'inauguration parurent dans des quotidiens deux articles dithyrambiques sur les toiles d'Eulenböck : l'un provenait d'un spécialiste renommé de Max Ernst, l'autre de moi, nous évoquions tous deux la plus grande découverte de l'année. Bientôt surgit dans l'atelier de Heinrich un jeune homme qui écrivait pour *Textes sur l'art*. Son interview fut publiée un mois plus tard sous le titre *Art, for me, is a cathedral*, accompagnée d'une photo de Heinrich, l'air incroyablement altier et condescendant. Une autre interview parut dans *Stern*. Sept pages avec photos : Heinrich sur les créneaux d'une vieille tour fortifiée, à bord d'un yacht, au volant d'une voiture de sport, bien qu'il n'ait jamais su conduire, dans une bibliothèque, le bec d'une pipe chinoise entre les lèvres. Ses tableaux étaient invisibles.

Jamais je n'ai vu quelqu'un meilleur dans un rôle. "Warhol ? Un graphiste publicitaire !" – "Lichtenstein ? Le pays ou le charlatan ?" – "Seul le calendrier des chats est plus kitsch que Balthus." – "Klimt, l'apothéose de l'art artisanal !" Ce genre de phrases plaisait à tout le monde. Il les répétait dans des dizaines d'interviews pour la presse, la télévision, lors de l'inauguration de ses expositions, il les répéta à la présentation du livre de Leroy Hallowan, *Eulenböck ou le grand refus*, et, mot pour mot, consciencieusement, dans un court documentaire de Godard intitulé *Moi, Eulenböck, maître*.

"Et quand va-t-on révéler la supercherie ? lui demandai-je.

— Peut-être pas tout de suite.

— Ce serait le bon moment.

— C'est bien possible, mais…"

J'attendis, mais il n'ajouta rien. Nous étions dans un restaurant parisien et, comme souvent ces derniers temps, je vis sa main trembler ; sa cuillère de soupe arrivait toujours vide à ses lèvres. De toute évidence, il avait oublié ce dont nous venions de parler.

Parut alors ma thèse. J'avais changé de sujet, le titre devenant *Heinrich Eulenböck : de l'ironie de la tradition au réalisme de l'ironie*. J'analysais sur sept cent quarante pages le parcours d'un railleur solitaire ayant maîtrisé sur le tard toutes les techniques de la peinture occidentale et trouvé son style artistique au soir de sa vie.

Évidemment, je dus aussi faire l'éloge des fermes. Il faut dire qu'elles avaient désormais leurs amateurs : pour certains collectionneurs, elles prouvaient que la beauté simple n'était pas passée de mode ; pour d'autres, il s'agissait d'une satire subtile. Je discutais en détail les deux hypothèses en évitant de trancher : la richesse, écrivais-je, réside dans l'ambivalence, c'est-à-dire dans le fait que l'artiste ironise l'ironie et raille la raillerie, tendant vers une abolition du pathos au sens hégélien du terme.

"Quand va-t-on révéler la supercherie ?" lui demandai-je à nouveau.

Nous étions dans une chambre d'hôtel à Londres, la pluie tambourinait contre la vitre, le petit-déjeuner reposait, intact, sur la desserte du service de chambre et, à la télévision, Saddam Hussein passait ses troupes en revue. La canne en ivoire de Heinrich reposait contre le mur, à côté de la béquille en argent que je venais de lui offrir – il avait dorénavant besoin de deux cannes pour marcher.

“Tu es si jeune. Tu ne comprends rien.

— Qu’est-ce que je ne comprends pas ?

— Tu ne peux pas comprendre.

— Quoi donc ?”

Je le dévisageai. Je n’avais encore jamais vu d’adulte pleurer, j’étais stupéfait, je ne m’y attendais pas. Je me doutais certes qu’il ne pourrait plus jamais revenir en arrière, mais où était le problème ? Même avec la meilleure volonté du monde, je ne comprenais pas.

Il avait raison. J’étais vraiment très jeune à l’époque.

Six mois après que Heinrich eut décidé de rester le peintre pour lequel on le prenait, de continuer à exposer, à donner des interviews, à vendre des tableaux et à être célèbre, mon père est venu me rendre visite.

Nous vaquions à nos occupations dans l’atelier. J’étais devant mon nouveau PC, en train de rédiger un essai intitulé *Le Réalisme en tant que critique de l’idéologie chez Heinrich Eulenböck*, tandis que Heinrich crayonnait dans son carnet de croquis, la main tremblante. Cela pouvait durer des heures et donnait parfois encore quelques esquisses. Le téléphone sonna et Arthur, sans expliquer comment il avait obtenu ce numéro, me dit qu’il était dans le coin et se proposait de passer maintenant.

“Maintenant ?

— Oui.” Comme toujours, il semblait étonné que je le sois. “Je tombe mal ?”

Quand il se retrouva sur le seuil une demi-heure plus tard, il me parut fatigué et usé, il était en sueur, mal rasé. Heinrich le salua avec la gestuelle d'un grand seigneur en disant : "Bienvenue !", et : "J'ai beaucoup entendu parler de vous", et encore : "Quel honneur, quelle joie", sur quoi mon père afficha une attitude polie, mêlée d'ironie. Nous nous installâmes à table, la gouvernante posa devant nous un repas vite réchauffé au micro-ondes. Les yeux d'Arthur étincelaient pendant que Heinrich évoquait Warhol – "Un graphiste publicitaire !" –, Lichtenstein, Beuys et Kaminski. Malheureusement, il avait pris l'habitude de ressortir les phrases bien rodées de ses interviews même en l'absence de micro. Il raconta par le menu sa rencontre avec Picasso, et moi, qui savais qu'il ne l'avait jamais rencontré, je dus me lever et sortir pour ne pas l'interrompre.

À mon retour, il était en train de décrire le vernissage que son galeriste new-yorkais, Warsinsky, venait d'organiser pour lui : qui était venu, ce que les critiques avaient écrit, quels tableaux s'étaient vendus pour combien. Sa moustache se balançait, sa lèvre inférieure tremblait et, chaque fois qu'il voulait donner du poids à ses paroles, il frappait sur la table.

Pour changer de sujet, je demandai à Arthur sur quoi il travaillait en ce moment. Je savais qu'il n'aimait pas la question, mais c'était toujours mieux que d'écouter Heinrich.

"Ce sera sans doute un nouveau polar, dit-il. Une énigme en chambre close, de facture classique. Pour ceux qui aiment le mystère.

— Et l'énigme sera résolue ?

— Mais oui ! Sauf que personne ne le remarquera. C'est bien caché.

— Est-ce aussi le cas dans *Famille* ?

— Non. Dans cette histoire, l'énigme est résolue en ce sens qu'il n'y a rien à résoudre. Pas d'explication, pas de signification. Voilà le sujet.

— Mais ce n'est pas vrai ! Ou plutôt c'est vrai si on raconte les choses de cette façon. Chaque existence, considérée à partir de la fin, est une vision d'horreur. Ainsi résumée, n'importe quelle vie prend une tournure catastrophique.

— Parce que c'est la vérité.

— Pas l'entière vérité. Il y a autre chose. Des après-midi comme aujourd'hui, des endroits comme celui-ci..." D'un geste vague, je désigne la fenêtre, la mer, notre table, lui, moi, Heinrich. "Tout disparaît, mais cela ne signifie pas que le bonheur n'existe pas. Le bonheur, c'est même l'essentiel. Ce sont les moments qui comptent, les *bons* moments. Pour eux, la vie en vaut la peine."

Arthur s'apprêtait à répliquer, mais Heinrich le devança. Il dit qu'il avait une question. De quelle manière fallait-il entendre ces inepties, cette remise en cause de sa propre existence ? Car c'est bien ce qui était écrit dans ce bouquin. Que lui, Heinrich, n'existait pas ! Or il existait. Il était assis là !

"Pas faux, dit Arthur.

— Soyons sérieux, c'est complètement absurde !"

La colère de Heinrich me surprit. Je ne savais pas qu'il avait lu *Que mon nom soit personne*, nous n'en avions jamais parlé.

"Si c'est absurde, pas la peine de s'énerver, dit Arthur. Ce n'est qu'un livre.

— Ne vous esquivez pas. Vous voulez donc prétendre que je n'existe pas ?

— Et si je le prétendais ?

— Vous ne pouvez pas dire ça !"

Arthur me regarda. “Ça s’impose vraiment ?
— De quoi parles-tu ?”
D’un geste circulaire, il désigna, exactement comme moi auparavant, la fenêtre, la mer et notre table, lui-même, moi, Heinrich.
Personne ne dit rien pendant quelques secondes. J’entendais la respiration sifflante de Heinrich et j’espérais qu’il n’avait pas compris.
“Une vie est vite passée, Iwan. Si on n’y prend pas garde, on la gaspille en âneries.
— Tu dois bien le savoir.
— En effet.
— Sortez de chez moi ! dit Heinrich.
— Au fait, est-ce que tu peins aussi ses tableaux ?” demanda Arthur.
Il régna un long silence.
“Sortez de chez moi”, finit par chuchoter Heinrich.
Arthur éclata de rire. “Ce n’est pas croyable ! Tu peins ses tableaux, et personne ne s’en rend compte ?
— Dehors !” Heinrich se leva. “Dehors !” Sa voix chevrotante pouvait encore avoir de la puissance et du volume quand il le voulait. Il désigna la porte. “Dehors !”
Tandis que je raccompagnai mon père dans le couloir, je cherchai une phrase appropriée, quelque chose à dire. “Quand est-ce que je te revois ?
— Bientôt” dit-il. Ce n’était pas très crédible. Il me posa la main sur l’épaule et, l’instant d’après, il avait disparu.

J’enlève ma blouse et je me lave les mains. Un filet d’eau transparent et lumineux, des voiles de couleurs qui tourbillonnent dans l’évier. Je ressens un rien de tristesse, de fierté, d'inquiétude aussi, comme chaque fois que j'achève une toile. Mais que pourrait-il bien arriver ? Dès qu'il s'agit d'authentifier un Eulenböck, une personne a le dernier mot, et c'est le président du trust Eulenböck, l'unique héritier de l'artiste, c'est-à-dire moi.

Le titre de ce tableau figure déjà depuis des années dans les registres : *Photo de vacances nº 9*. Je le mentionnais dès la fin des années 1990 dans un essai et, depuis cinq ans, il existe aux archives de la Galerie nationale un dossier sur la provenance d'un tableau représentant une place de marché en France avec une sculpture de Niki de Saint Phalle. Les archives prennent des mesures de sécurité contre les voleurs, mais rien n'empêche d'y glisser quelque chose en douce. Dans six mois, la galerie de John Warsinsky proposera *Photo de vacances nº 9* à la vente, mais pas avant que le président du trust Eulenböck n'en ait informé les plus riches collectionneurs. Tous étudieront le dossier pour vérifier la provenance de l'œuvre, et le trust Eulenböck sera ensuite chargé de se prononcer sur son authenticité. Chacun sait que le président du trust est aussi le vendeur, mais tout le monde s'en fiche, cela fait partie du jeu, et qui cela pourrait-il déranger, étant donné que personne n'est perdant. Après un examen approfondi, le trust – en raison de l'origine irréprochable du tableau, passé directement des mains d'Eulenböck à celles de son héritier, mais aussi de par son style inimitable – lui décernera le sceau d'authenticité, ce qui est d'autant plus crédible que l'expert principal d'Eulenböck, c'est-à-dire moi, a déclaré il y a des années qu'il s'agissait d'une œuvre majeure et néanmoins méconnue.

Mais la prudence est de rigueur. À deux reprises, j'ai refusé de reconnaître l'authenticité d'une toile peinte par moi et, une autre fois, j'ai déclaré authentique l'évidente contrefaçon d'un incapable. Je fais figure d'autorité caractérielle et instable. Les collectionneurs se méfient de moi, ainsi que les galeristes, le caractère aléatoire de mes décisions suscite souvent l'indignation et il n'est pas rare qu'on me taxe d'incompétence. Personne ne se doutera de quoi que ce soit.

En bas, dans la rue, un homme pousse une brouette remplie de sable. Trois jeunes hommes à casquette se dirigent vers lui. Ils s'arrêtent et suivent la brouette des yeux, comme si le sable était quelque chose d'intéressant, puis ils s'adossent au mur avec cet air à la fois tendu et nonchalant qu'on perd dès qu'on franchit la vingtaine, et ils s'allument des cigarettes les uns pour les autres. Deux voitures passent, puis une seule, puis deux – des intervalles réguliers, cela pourrait être un signal en morse. Et si l'univers était déchiffrable ? Voilà peut-être ce qui se cache derrière l'effrayante beauté du monde : nous remarquons que quelque chose nous parle. Nous connaissons la langue. Et pourtant nous ne comprenons pas un mot.

Quel dommage que tu ne m'entendes pas, pauvre Heinrich. Les gens qui s'adressent aux morts prétendent volontiers qu'ils sentent la présence de l'autre. Je n'ai jamais eu ce sentiment. Même dans le cas improbable où tu vis toujours, invisible, libéré de toute substance et de toute pesanteur, nos affaires te sont indifférentes. Tu ne te tiens pas à la fenêtre à côté de moi, tu ne regardes pas par-dessus mon épaule et, lorsque je te parle, tu ne réponds pas.

Alors à quoi bon te parler ?

Il ne me comprenait déjà plus quand il était encore en vie. Les six derniers mois, il resta presque toujours alité, il avait des accès de colère inexpliqués ou des fous rires. Pendant ce temps, je peignis *Tournage d'un film français*, *Le Grand Jour du Jugement* et *Scène de marché près de Barcelone*. Il lui arrivait de surgir derrière moi pour me regarder travailler. La *Scène de marché* ne l'intéressait pas : un moment crucial dans une maison de vente aux enchères, le public fasciné lève les yeux vers le commissaire-priseur qui est sur le point d'adjuger une toile monochrome bleue d'Yves Klein. Le *Jugement* le faisait doucement ricaner : une page de journal froissée, soi-disant arrachée aux pages littéraires du *New York Times*, reproduite avec réalisme dans le moindre détail avec, à droite, l'éloge d'une biographie de Billy Joel et, à gauche, le lynchage d'un recueil de poèmes de Joseph Brodsky. Seul le *Tournage d'un film français* le faisait glousser de joie : un retable, tout en bas les éclairagistes, les porteurs de câbles et les figurants, un cran plus haut les cameramen en demi-cercle, au-dessus les acteurs figés d'admiration et, au sommet, flanqué de deux producteurs massifs au physique d'archange, le metteur en scène avec ses lunettes de soleil. Je n'ai jamais aimé ce tableau, je le trouvais déjà banal durant la phase de travail, sans intérêt non plus sur le plan technique, car trop proche de la simple caricature, or c'est devenu sa toile la plus célèbre auprès du grand public – surtout parce que le metteur en scène ressemblait à Godard. Warsinsky la vendit pour un million, je la rachetai quatre ans plus tard pour un million et demi, afin de la revendre en sous-main à un collectionneur turkmène pour trois millions. J'espère ne plus jamais la revoir.

Il a fini par ne plus se lever du tout. Le téléviseur marchait, lui restait au lit à marmonner. Le plus souvent, il racontait une anecdote de sa jeunesse, toujours la même : il y était question d'une beuverie, d'une épreuve de courage entre soldats, d'une partie de roulette russe. J'entendais cette histoire chaque jour, tandis que je lui faisais prendre son bouillon de poulet, que je l'aidais aux toilettes, tapotais son oreiller et le bordais tel un enfant. Il maigrit, ses yeux devinrent ternes et, d'un seul coup, il oublia aussi son anecdote. Je restais souvent à son chevet en me demandant si celui que j'avais connu se cachait bel et bien dans cet être atrophié.

Car il avait encore des moments de lucidité. Un jour, je le trouvai redressé sur son lit, la tête tournée vers moi, il sembla me reconnaître et voulut savoir quand nous irions à Paris. Il me conseilla de me consacrer aussi à ma propre peinture. C'est vraiment ce qu'il avait dit : *aussi* à la mienne. Puis il sombra en lui-même avec un sourire de tortue faussement sage, un filet de salive lui coula sur le menton et, quand je changeai ses draps, l'expression de son visage était vide comme s'il n'avait pas ouvert la bouche depuis une éternité.

Une autre fois, il me demanda à brûle-pourpoint son numéro de compte bancaire. Je dus l'écrire sur un papier car il voulait appeler la banque et, lorsque je lui dis que c'était impossible à deux heures du matin, il se mit à crier, à supplier et à menacer. Quand je finis par lui apporter le téléphone, il ne savait déjà plus qu'en faire.

J'entendais souvent sa voix en rêve. Une fois réveillé, je l'entendais ronfler à côté de moi et, l'espace de quelques minutes, il me semblait qu'il m'avait réellement parlé mais je ne me rappelais que d'une chose, c'est qu'il m'avait demandé une faveur que je lui avais accordée. Quant à savoir laquelle, aucune idée.

Au moment de l'agonie, j'étais à ses côtés, déstabilisé et gêné, ignorant ce que la situation exigeait de moi. J'essuyais son front, non que ce fût nécessaire, mais le geste me paraissait approprié, et il voulut à nouveau me dire quelque chose : ses lèvres formaient des mots mais sa voix n'obéissait plus et, une fois papier et crayon trouvés, Heinrich était déjà trop faible pour écrire. Ses yeux me fixèrent un temps, comme s'il tentait de transmettre ses pensées par la simple volonté, mais en vain, son regard s'effondra, sa poitrine s'affaissa et je me dis : voilà à quoi cela ressemble, comment cela se passe. Exactement comme ça.

Depuis, des tableaux inconnus d'Eulenböck arrivent régulièrement sur le marché. Tout aurait pu prendre mauvaise tournure entre les mains d'un autre héritier, mais Heinrich n'avait pas de famille. Ni tante d'outre-mer, ni cousin éloigné ne se manifesta, il n'avait, par chance, que moi.

Il faut que je parte, administrer une succession est un métier à plein temps. Aujourd'hui, j'ai encore une rencontre dans un café, puis un dîner, suivi d'un deuxième : des entretiens, des projets, d'autres entretiens. Méfiant, je jette un œil en bas dans la rue, où les trois jeunes hommes s'apprêtent à bouger. Un quatrième, blond, en tee-shirt rouge, vient vers eux, et les trois autres l'entourent.

Je me détourne de la fenêtre et je contemple *Photo de vacances n° 9*, comme si je voyais le tableau pour la première fois. Les couleurs que j'ai utilisées ont plus de trente ans, la toile aussi : une parmi toutes celles que j'ai achetées du vivant de Heinrich et déposées dans son atelier. Il les a effleurées à l'époque : si un expert médico-légal devait un jour les examiner, il y trouverait les empreintes du maître.

J'ouvre la porte, je sors et je verrouille derrière moi. La meilleure partie de la journée est passée, le reste ne sera que paperasserie et bavardages. L'ascenseur me descend cahin-caha.

Je sors dans la rue. Mon Dieu, quelle chaleur. Les quatre jeunes là-devant ne sont plus que des spectres, la clarté m'empêche de fixer le regard sur l'un d'eux. Il suffit que j'arrive jusqu'au métro, il y fera plus frais. J'aimerais pouvoir appeler un taxi, mais les cabines téléphoniques n'existent plus, hélas. Parfois, un téléphone portable me rendrait bien service.

Quelque chose ne colle pas. Ils se disputent. Les trois premiers ont encerclé le quatrième, l'un d'eux le saisit à l'épaule et lui assène un coup, un autre le rattrape et le renvoie. Il est coincé. Et je dois passer devant eux.

J'arrive maintenant à entendre ce qu'ils disent, mais je ne comprends rien, les mots n'ont aucun sens. Mon cœur bat la chamade, or c'est étrange : je ne ressens plus la chaleur et j'ai l'esprit clair. Ce sont sans doute nos fameux mécanismes ancestraux, activés par la proximité de la violence. Dois-je changer de direction ou poursuivre mon chemin, comme si de rien n'était ? Ils ne semblent pas faire attention à moi, alors j'avance vers eux. "Je vais te tuer !" s'écrie apparemment l'un d'eux, et il frappe à nouveau celui du milieu, avant qu'un autre ne le repousse en criant quelque chose qui ressemble à "C'est *moi* qui vais te tuer !", à moins qu'il ne s'agisse d'autre chose, et j'aimerais crier à celui du milieu de laisser tomber, ils sont trois, tu es seul, abandonne la partie, mais il est grand et fort, il a un large menton et – je jette un coup d'œil sur lui au passage – un regard vide et bête. Étant donné qu'on ne peut frapper quelqu'un encore et encore sans qu'il y ait d'escalade, l'un des trois utilise son poing, atteignant celui du milieu à la tête.

Mais il ne tombe pas. Visiblement, dans la réalité, on ne s'effondre pas d'emblée. Il se penche juste en avant et couvre son visage de ses mains, tandis que son agresseur se tient le poing en gémissant. Cela pourrait avoir l'air drôle, mais ce n'est pas le cas.

Je viens de les dépasser. Ils ne m'ont pas vu. J'entends un cri derrière moi. Je continue. Ne te retourne pas. Encore un cri. Poursuis ton chemin. Mais je finis quand même par me retourner.

Ma satanée curiosité. Voir, tout voir, y compris ça. Seuls trois sont encore debout, celui du milieu a disparu comme par magie, me dis-je. Ils semblent danser, l'un avance, l'autre recule, et il me faut quelques secondes pour comprendre que celui du milieu ne s'est pas éclipsé, mais gît par terre, pendant qu'ils le bourrent de coups de pied.

Je m'arrête.

Pourquoi t'arrêtes-tu ? me dis-je. Déguerpis, pour qu'ils ne voient pas en toi un témoin. C'est ce qui me traverse l'esprit : ne sois pas un témoin ! Comme si j'avais affaire à la mafia et non à un groupe d'adolescents. Je regarde ma montre, il est bientôt quatre heures et je m'incite à partir, ce genre de choses arrive sûrement sans arrêt, voilà à quoi on assiste quand on a un atelier secret dans le pire quartier de la ville.

Ils sont toujours en train de tabasser celui qui est par terre. Vu d'ici, ce n'est plus qu'une ombre recroquevillée, un paquet doté de jambes. Passe ton chemin, m'ordonné-je, ne sois pas curieux, file ! Alors j'avance. Pas à pas – vite, mais sans courir.

C'est néanmoins la mauvaise direction. Je reviens vers eux. Jamais la sensation d'être non pas un, mais plusieurs, ne m'a paru aussi forte. Un qui avance et un qui somme, en vain, celui qui avance de faire demi-tour. Je comprends qu'il ne s'agit pas uniquement de curiosité. Je vais intervenir.

J'arrive bientôt à leur niveau. C'est plus long que je ne l'imaginais, parce que le temps ralentit avec chacun de mes pas : je parcours la moitié de la distance qui me sépare d'eux, puis la moitié du chemin restant, puis encore la moitié, à l'instar de la tortue dans la vieille histoire – et j'ai la conviction que je n'arriverai jamais. Je vois leurs jambes, leurs lourdes chaussures qui avancent et reculent avec frénésie, je vois leurs bras se lever et s'abaisser, je vois les visages déformés par l'effort, je vois une antenne de télévision qui étincelle tout là-haut et, plus haut encore, un avion, je vois une punaise incolore qui suit, minuscule, une fissure dans le bitume, mais je ne vois ni voitures, ni passants, nous sommes seuls ici tous les cinq et, si je n'interviens pas, personne ne le fera.

Là, maintenant, ce serait vraiment bien d'avoir un téléphone portable. Je marche toujours. La moitié du chemin restant va encore se scinder en deux, puis en deux, et je comprends alors que l'éternité se définit certes en termes de durée, mais aussi de densité, chaque instant étant séparé du suivant par une infinité d'autres instants ; comment le temps parvient-il à passer ?

Ils ne font pas attention à moi, je pourrais encore faire demi-tour. Le garçon à terre tient les bras au-dessus de la tête, les jambes repliées, le buste recroquevillé. Je prends conscience que c'est peut-être la dernière occasion de m'esquiver. Je m'arrête et dis d'une voix rauque : "Laissez-le donc!"

Ils ne font pas attention à moi. Je pourrais encore faire demi-tour. Aucune réponse, et j'entends celui en moi, qui n'écoute pas celui qui le supplie de se taire, répéter à voix haute : "Laissez-le donc! Arrêtez!"

Ils ne font pas attention à moi. Que faire? M'interposer est hors de question, personne ne peut exiger cela de moi. Soulagé, je m'apprête à m'en aller mais, à ce moment précis, ils s'interrompent. Tous les trois, en même temps, comme s'ils s'étaient entraînés. Ils me dévisagent.

"Quoi?" dit le plus grand. Son visage est obscurci par des picots de barbe, il a un mince anneau dans le nez, son tee-shirt porte l'inscription *bubble tea is not a drink I like*. Il halète comme après un dur labeur.

Celui qui est à côté de lui – sur son tee-shirt est écrit *MorningTower* – dit lui aussi, d'une voix traînante et tremblante : "Quoi?"

Le troisième se contente de me fixer. Son tee-shirt arbore un *Y* d'un rouge criard.

Celui qui est à terre gît immobile et respire difficilement.

À présent, c'est crucial. Il s'agit de trouver les mots justes, la phrase qui apaise, corrige, résout, explique tout. On dit certes que la peur nous fait penser plus vite, mais je ne remarque rien. Mon cœur bat la chamade, mes oreilles bourdonnent, la rue tourne lentement sur son axe. Je ne savais pas qu'on pouvait éprouver une telle peur, c'est comme si je n'avais jamais eu peur de ma vie et découvrais aujourd'hui le sens du terme. À l'instant encore, tout était en ordre, je me trouvais là-haut, derrière une porte en acier, entouré par un sentiment de sécurité. La transition peut-elle réellement être aussi rapide, le pire aussi proche ? Et je me dis : ne te pose pas ce genre de questions maintenant, tu n'as pas le temps, tu dois trouver les mots justes ! Et je me dis : sans doute y a-t-il des moments où les mots justes n'existent plus, où les mots ne signifient plus rien, s'effritent, ne mènent nulle part, tout simplement parce que cela ne fait plus de différence. Et je pense : arrête une bonne fois de penser ! Et je pense…

C'est alors que *bubble tea is not a drink I like* s'avance vers moi et répète, cette fois avec une intonation différente, le ton n'est plus interrogateur, ni surpris, mais menaçant : "Quoi !

— Il est au bout du rouleau, dis-je. Il ne peut plus bouger. Il est achevé." Pas mal, me dis-je, j'ai quand même fini par avoir une idée. "Vous êtes beaucoup plus forts. Il n'a aucune chance, ça ne sert à rien.

— T'es qui, toi ?"

Cela ne vient pas de *bubble tea is not a drink I like,* mais de *Y.* Je ne m'y attendais pas de sa part. Il m'avait semblé inoffensif, tel un suiveur, un acolyte, presque un ami.

"Je suis…" Ma voix est inaudible. Je me racle la gorge, c'est mieux. "… personne." La vieille réponse d'Ulysse, qui a fait ses preuves en pareille situation. "Je suis personne !"

Ils me dévisagent.

"S'il meurt, ce sera la perpétuité pour vous."

Je comprends aussitôt que c'était une erreur. Premièrement, il ne va pas mourir et, deuxièmement, on ne condamne jamais à perpétuité quelqu'un de moins de vingt ans. Une armée d'avocats, de juges et de conseillers pour enfants empêche que cela n'arrive, on ne gâche plus la vie des gens aussi tôt, je le sais grâce à mon frère prêtre. Mais, avec un peu de chance, eux l'ignorent.

"Vous allez vous rendre malheureux. La police est sûrement déjà en…"

Tout se réassemble : rue, ciel, voix, silhouettes fantomatiques penchées sur moi, et moi par terre, adossé au mur de l'immeuble. Ma tête est douloureuse. J'ai dû m'évanouir.

Reste assis ! Tu en as fait assez. Par tous les saints et tous les diables et toute la beauté du monde, reste assis !

Je me relève.

C'est bizarre : d'habitude, l'homme en danger s'avère plus mesquin, plus lâche, plus vil qu'il ne le supposait. C'est normal, c'est la règle, c'est ce qu'on attend de soi-même. On est persuadé qu'à la première occasion on se montrera lâche. Et maintenant ça. Iwan Friedland, esthète, curateur, détenteur de costumes hors de prix, est un héros. J'aurais vraiment pu m'en passer.

Je suis debout. D'une main, je m'appuie contre le mur et, de l'autre, je lutte pour retrouver mon équilibre. Cette fois, je n'ai pas besoin de parler – l'effronterie qui consiste à m'être relevé suffit amplement : ils ne se détournent pas de moi.

"T'es qui, toi ? demande à nouveau *Y*.

— J'aimerais le savoir." L'être humain s'est déjà sorti de maintes situations critiques grâce à l'humour.

"T'es cinglé ?" demande *Y*.

Et *bubble tea is not a drink I like,* comme surpris par cette révélation, dit : "Range-le, Ron. Ce type est cinglé."

Je remarque alors que quelque chose s'est déplié dans la main de *MorningTower*, une petite chose de couleur argentée et d'apparence dangereuse. L'heure est grave. Je croyais que c'était déjà le cas avant, mais j'avais tort. À présent, c'est du sérieux. "Vous voulez le liquider ?" dis-je. Mais ce n'est plus de lui qu'il est question.

"Ron !" dit *MorningTower* à *bubble tea is not a drink I like*. "Ferme ta gueule.

— Non, Ron ! dit *Y*. C'est toi qui la fermes."

C'est sûrement moi qui déraille, il est impossible qu'ils portent tous le même prénom. D'une voix très forte, pour couvrir les battements de mon cœur, je leur demande : "Vous voulez de l'argent ?"

Ils se contentent de me fixer en silence, et j'ai l'impression que je viens de commettre une nouvelle erreur. Quelle douleur lancinante derrière mon front. Je devrais peut-être leur montrer des billets. Ma veste, taillée dans un fin tissu chez Kilgour à Londres, est aussi trempée que si j'émergeais de l'eau. Je glisse la main vers mon portefeuille dans la poche intérieure, je m'aperçois que leurs regards se modifient, je veux vite achever mon geste pour éviter les malentendus et je me rends compte, pendant que le bout de mes doigts frôle déjà le cuir du portefeuille, que c'était encore une erreur : *Y* rentre la tête, *bubble tea is not a drink I like* fait un bond en arrière, la main de *MorningTower* avance d'un coup, me touche puis se retire et, tandis que je sors mon portefeuille, une douleur jaillit dans ma poitrine, ma tête, mes bras, s'irradie telle une flamme, traverse le bitume, les voitures garées, les immeubles, le ciel et le globe du soleil, remplit le monde, devient le monde, revient et rentre en moi. Mon portefeuille tombe, mais je fais de grands gestes papillonnants pour garder l'équilibre et je ne tombe pas.

Je regarde les trois garçons. Ils me regardent : avec calme, voire curiosité, comme si leur colère était soudain apaisée. D'un air ni bête, ni méchant, juste troublé. J'ai même l'impression que *bubble tea is not a drink I like* tente de me sourire. J'essaie de lui sourire en retour, mais sans succès, je me sens très faible. *Y* ramasse mon portefeuille, le contemple, perplexe, et le laisse retomber. Après quoi ils s'enfuient. Je les suis des yeux jusqu'à ce qu'ils disparaissent au coin de la rue.

Le jeune à mes pieds se met à bouger. Il s'étire, gémit faiblement, tend les bras, se tourne et tente de se relever. Il a le visage enflé, ensanglanté, et pourtant il ne semble pas gravement blessé. Non, il ne va pas mourir. Sans doute n'a-t-il même pas besoin d'aller à l'hôpital. Il rampe, s'appuie sur les coudes et se lève en vacillant.

"Tout va bien, dis-je. On reste calme. Tout va bien."

Il m'examine en clignant des yeux.

"Tout va bien, dis-je. Tout va bien."

Il se traîne jusqu'à mon portefeuille, le ramasse et regarde à l'intérieur. Son œil droit est fermé, la paupière tressaille, du sang lui dégouline d'une oreille. Son tee-shirt rouge ne porte aucune inscription. "Merde, dit-il.

— Oui, dis-je.

— Ron, je lui ai mis la pâtée la semaine dernière. Cette fois, ce sont eux qui m'ont coincé et j'étais seul.

— Oui, dis-je.

— Ils vont revenir, dit-il. Ils reviendront, ils vont revenir. Ils vont revenir." Perdu dans ses pensées, il empoche mon portefeuille, se détourne et s'en va en chancelant.

Il a dit qu'ils allaient revenir, il a vraiment dit ça ? Avec prudence, pas à pas, je traverse la rue. Surtout, ne pas tomber. Une fois par terre, je n'arriverais plus à me relever. Chaque inspiration me crée un élancement et le moindre pas fait jaillir des éclairs de douleur. La porte est là-devant, c'est là que je dois aller, derrière elle m'attend l'ascenseur, là-haut se trouve mon atelier, protégé par une solide porte en acier, ils ne pourront pas entrer, c'est à l'abri, j'y serai en sûreté au cas où ils reviennent.

La rue est si large. Je ne dois pas m'évanouir, il ne reste plus que quelques pas.

J'avance. Il a pris mon portefeuille !

J'avance. S'ils s'appellent réellement tous Ron, ce ne sera pas difficile de les retrouver. À moins qu'ils n'aient dit cela pour m'induire en erreur.

J'avance. La chaleur peut-elle ramollir le bitume, est-ce possible ? Mes chaussures s'enfoncent et des vaguelettes courent sur la surface pâteuse.

J'avance. Voilà la porte, la clé est dans la poche de mon pantalon, la clé doit entrer dans la porte, la porte aller vers la clé, mais je ne suis toujours pas arrivé. Pourquoi n'y a-t-il personne ici ? Pas de voiture, personne aux fenêtres, mais c'est peut-être mieux ainsi, car s'il y avait quelqu'un, cela pourrait être ces trois-là, il a dit qu'ils allaient revenir. La porte. La clé. Il me faut trouver la bonne, celle de l'immeuble, pas celle de l'atelier, ni celle de mon appartement, car je ne suis pas là-bas, je suis ici.

J'avance. Plus que quelques pas. Encore quelques-uns. Quelques-uns encore. Vas-y. Encore quelques-uns. Quelques pas. La clé. La porte. Voilà.

La clé dérape, égratigne le métal, le trou de la serrure se dérobe vers la droite, la gauche, ma main tremble, mais je le trouve à tâtons, je glisse la clé, je la tourne, la porte s'ouvre, je suis dans l'immeuble, l'ascenseur, j'appuie sur le bouton du cinquième étage, la cabine tressaille.

Un homme se tient à côté de moi, il n'était pas là une seconde plus tôt. Il a un horrible creux entre les dents et un chapeau défoncé. Il dit : "Jägerstraße 15b.

— Oui, dis-je. C'est ici. C'est l'adresse de cet immeuble. Jägerstraße 15b.

— Jägerstraße 15b, répète-t-il. Cinquième étage.

— Oui, dis-je. Nous allons au cinquième."

Nous y sommes, l'ascenseur s'arrête, la porte s'ouvre, l'homme a disparu, je sors ; il s'agit maintenant de faire entrer la deuxième clé dans la serrure. J'ai de la chance, la porte s'ouvre, j'entre et je referme derrière moi. Puis je pousse le verrou – il semble ne pas vouloir bouger, mais finit par glisser sur le côté en grinçant, et la porte est bloquée. C'est gagné, je suis en sécurité.

Je veux m'asseoir. La chaise est près de l'autre mur, mais le soulagement me donne de l'énergie, j'avance encore et encore, j'y arrive. J'aimerais pouvoir dormir, d'un sommeil long et profond, jusqu'à ce que tout s'arrange.

Je palpe mon ventre. Ma chemise est trempée, ma veste, mon pantalon aussi, je n'ai pas le souvenir d'avoir jamais autant transpiré. Je mets la main devant mes yeux, elle est rouge.

Revoilà l'autre, avec son chapeau et son creux entre les dents et, tout en le regardant, je me doute qu'il va s'éclipser sous peu.

“Va voir ton frère, dit-il, aide-le. Jägerstraße 15b, cinquième étage. Vas-y !”

Au lieu de lui répondre que ce n’est pas mon frère qui est ici, mais moi, je contemple *Photo de vacances n° 9* en clignant des yeux, et il réapparaît, il me regarde depuis l’extérieur, pas mal, son numéro, tenir en équilibre sur la balustrade du cinquième étage ! Je peux lire sur ses lèvres : *Jägerstraße 15b, cinquième étage*, et j’aimerais m’écrier : “Eh ! Vous ! Je sais où je suis !”, mais c’est trop fatigant et il est déjà reparti.

J’ai froid.

Et, de fait, je grelotte. Je claque des dents et, quand je tiens la main devant mes yeux, je la vois trembler. Heinrich entre, il porte moustache, canne et béquille, il va à la fenêtre. Derrière sa tête, un avion se faufile à travers les stries de la vitre, tel un petit poisson dans l’eau, puis nous sommes allongés dans une prairie, et je suis plus jeune qu’à l’instant encore, papa et maman me disent de boire de l’eau, je demande à papa s’il n’était pas Heinrich une seconde avant, lui veut savoir si je n’ai vraiment pas soif, et je lui réponds : si, très soif, et, à quelques pas de moi, Eric est assis dans l’herbe et me ressemble tellement que j’ai l’impression d’être lui. Je creuse entre les brins d’herbe, trouve un ver de terre et le soulève, il se tortille sur ma paume, papa se penche par-dessus mon épaule et le sentiment de sécurité perdure lorsque je regarde autour de moi, dans l’atelier. Le ver sur ma main a été remplacé par du sang, et Heinrich dit : Il faut que tu sortes d’ici, sinon ce sera trop tard.

Tu te souviens du coup de fil d’Eric, je lui demande. Il a dit que sa secrétaire nous a confondus, Martin et moi, elle a appelé le mauvais frère. Tu t’en souviens ?

Tu dois vraiment sortir d’ici, Iwan.

Si elle ne nous avait pas confondus, j'aurais vu Eric ce midi, si bien que je ne serais pas venu ici et que tout cela ne serait pas arrivé, n'est-ce pas curieux ?

Très curieux, mais tu dois sortir d'ici. Sinon ce sera trop tard.

Trop tard… pourquoi ne leur ai-je pas donné ma montre, d'ailleurs ? Une Tag Heuer, quatre mille euros, achetée à Genève il y a deux ans. Si je la leur avais donnée, je n'aurais pas eu besoin de fouiller dans ma poche intérieure. Je regarde les aiguilles. Seize heures dix. Seize heures dix. Seize heures dix. Seize heures onze.

Tout ça, c'est bien beau, dit Heinrich, mais je suggère que tu t'en ailles.

Où ça ?

Eh bien, dehors.

Où ça ?

Dehors, c'est tout ce qui compte.

Là-dehors ?

Dehors, peu importe où.

C'est facile à dire pour lui, mais il a raison, c'était une erreur de revenir ici. L'immeuble est désert, sauf à l'étage de l'entrepôt, où je n'ai jamais vu personne non plus. Il va me falloir ramper jusqu'à la porte, passer devant *Photo de vacances n° 9* et les méchants enfants, traverser le rectangle de lumière que le soleil projette sur le sol, et la porte ne sera plus qu'à deux ou trois mètres, il faudra ensuite que je me redresse pour atteindre la poignée et le verrou, après quoi je serai dehors.

Je me laisse donc glisser de la chaise, je m'effondre et je me mets à ramper. J'ai encore des forces, ça va, j'arriverai jusqu'à la porte. Je dois d'abord longer le meuble à tiroirs, dont celui du bas, entrouvert, contient les pinceaux, tous mes pinceaux, mais j'ignore comment je vais pouvoir trouver le bon, juste maintenant. Ce n'est pas facile, il y en a des quantités, et d'ailleurs je ne *cherche* pas de pinceau !

Mais alors, qu'est-ce que je cherche ?

Cela va me revenir. C'est en lien avec les tiroirs. Le sol est froid contre mes mains froides, fendillé contre mes mains fendillées, rêche contre mes mains rêches, j'avance. Je ne dois pas lever les yeux vers le tableau, pour ne pas me faire remarquer par les enfants, et je dois éviter le rectangle lumineux.

Mais quel est le rapport ? Quel rapport avec le rectangle lumineux ?

Je ne sais plus. Aide-moi, ouvre la porte, je ne vais pas m'en sortir avec le verrou. En bas, dans la rue, quelqu'un me trouvera et appellera un médecin. Et si le médecin me demande ce que je fabrique dans ce quartier ? Mais pourquoi me poserait-il une question pareille ? Que lui importent mon atelier et une poignée de faux qu'on ne peut même pas nommer ainsi, ils sont authentiques, la contrefaçon, c'est toi, pauvre Heinrich, aide-moi à ouvrir cette porte ! Je dois sortir d'ici avant de perdre connaissance.

Si tu le sais, tu sais aussi que tu es seul ici.

Oui. Et alors ?

Iwan.

Oui ?

Si tu es seul ici.

Oui ?

Dans ce cas, je ne peux pas t'aider à pousser le verrou.

Non ?

Iwan.

Oui, je comprends. Oui. Donc je dois le faire. J'avance. Mais si, une fois que je serai en bas, les trois types reviennent, qu'est-ce que je fais ? Est-ce qu'ils peuvent entrer, est-ce qu'ils ont une clé ? Ils ont peut-être pris la clé en même temps que mon portefeuille.

S'ils l'avaient prise, ils seraient ici et pas toi.

Comment ça ?

Parce que tu n'aurais pas la clé.

Mais que viendraient-ils faire ici ?

Bonne question. Tu ferais peut-être mieux de continuer à ramper.

Mais…

C'est urgent.

Mais…

C'est vraiment urgent, Iwan.

Je n'avais jamais remarqué combien cet atelier est grand. Si on regarde par la fenêtre depuis le sol, on voit beaucoup plus de ciel, beaucoup plus de bleu que d'habitude. Je suppose qu'il fait encore très chaud dehors, mais je ne le sens pas, j'ai froid. Et de nouveau très mal. S'il ne fallait pas inspirer, tout serait plus facile, on peut contrôler sa respiration, mais il faut bien respirer ne serait-ce qu'un tout petit peu, et ça brûle comme du feu. C'est sans doute la douleur qui me maintient éveillé. Car je suis tellement fatigué, et j'ai sans cesse un voile noir devant les yeux, mais je prends une nouvelle inspiration et c'est si douloureux que je suis de nouveau éveillé, tu comprends ?

Iwan, je ne suis pas là.

Tu ne l'as jamais été. Depuis cet après-midi chez l'hypnotiseur. Toujours ailleurs. Mais n'es-tu pas impressionné ? Ton fils, un héros ?

Je n'en saurai rien, Iwan. Personne n'en saura jamais rien si tu n'atteins pas la porte, puis l'extérieur. Continue de ramper, ne t'empêtre pas dans l'herbe.

Tu te rappelles, nous deux dans le bac à sable ? Tu as construit des tours que j'ai renversées, or ce n'est pas toi qui as pleuré, mais moi, jusqu'à ce que papa arrive et dise : "Eric, arrête !", alors que ce n'était pas toi.

L'herbe est si haute. Et s'ils revenaient quand même ? Revoilà l'homme décharné, là-bas, il rajuste son chapeau et dit : "Jägerstraße 15b, cinquième étage !" Il lève les mains pour se faire entendre, se balance nerveusement sur les pieds. "C'est là où tu le trouveras, c'est là où est ton frère !"

Non, dis-je, c'est moi qui suis là-bas, et c'est ici.

Mais il ne m'écoute pas, tant il a hâte de partager une nouvelle fois l'information : "Jägerstraße 15b, cinquième étage !" Il sautille et me fait signe, il a perdu tout son calme, il pâlit et je sais que je ne le reverrai plus.

Il fait un froid glacial, mais je suis en sécurité. Ces trois-là ne me trouveront pas. La porte est verrouillée et, même s'ils avaient la clé, l'herbe est trop dense. Tout monte et descend, avance et recule, sous forme de vagues, monte et descend. Cet immeuble ne sera pas là éternellement et même le bleu du ciel ne restera pas toujours bleu. Mais moi, je demeure, je dois être là, il faut que j'existe car, sans moi, tout cela n'existerait pas, puisque personne ne le verrait. Le sol froid et dur sous ma tempe. Et ce bercement, comme si j'étais à nouveau sur le bateau.

Tu te rappelles quand nous sommes allés à Tanger, toi, moi, maman et papa, et que le ferry nous faisait traverser le détroit à la tombée de la nuit ? Nous avions six ans à l'époque, et, à notre départ d'Algésiras, l'air était saturé du parfum des fleurs et d'une odeur sucrée d'essence, les étoiles étincelaient autour d'une lune cuivrée, papa nous porte tous les deux dans ses bras, maman nous suit, un gros bonhomme avec des picots de barbe dort à même le sol, la bouche grande ouverte, sa poitrine se soulève et s'abaisse, et je pressens que je vais aussi me souvenir de lui toute ma vie, puis le ferry prit le large et la côte devint un scintillement lumineux, tout près de nous les récifs pâles et le bruit des vagues, nous quatre sommes faits pour être ensemble, cela ne changera jamais et je sais, au moment où je pose la tête sur son épaule, que je vais m'endormir, même si je n'en ai aucune envie, la nuit tout alentour, seules les étoiles, plus nombreuses que jamais, au-dessus de nos têtes, bientôt surgira l'Afrique, mais la douleur à l'inspiration vient me rappeler combien le sol est dur, et j'ai à nouveau froid, ça monte et ça descend sans arrêt, et je me souviens de notre excitation le premier jour, on nous a bien sûr placés l'un à côté de l'autre, il fallait que tout le monde remarque notre ressemblance, les parents sont debout derrière, contre le mur, et la maîtresse dit, vous êtes un ou deux, au juste, et la question me semble si difficile que je me retourne vers papa et maman, mais ils sourient sans rien dire, comme pour nous faire comprendre que c'est désormais à nous de répondre et, regarde, un oiseau volette devant la fenêtre, je ne le vois pas, juste son ombre dans le rectangle lumineux, jamais je n'ai vu un oiseau voler aussi lentement, nous serons bientôt en Afrique, puis ce sera à nouveau le matin, je pourrais aussi suivre l'oiseau, j'aimerais tant savoir

SAISONS

1

Le pommier en fleur était tout près du mur, si bien qu'on pouvait regarder l'intérieur de la maison à travers les fenêtres. En bas se trouvaient le salon, la salle à manger, l'ancienne salle de projection, désormais vide, et la bibliothèque. En grimpant plus haut, on apercevait le hall d'entrée à travers la verrière et, plus haut encore, on avait une vue directe sur le bureau, l'espace de travail et la tache lumineuse qui marquait l'emplacement du pantin. Celui à qui il restait un peu d'énergie pouvait monter jusque sur le toit.

Marie n'aurait pas osé s'y aventurer seule mais, avec Georg et Lena, c'était faisable parce que, quand on était trois, aucun ne voulait passer pour un lâche, et Jo se joignait parfois à eux. Il fallait poser un pied sur la fourche de l'arbre et l'autre sur le rebord du volet, après quoi il s'agissait de ne pas regarder en bas. Surtout ne pas réfléchir, se barricader intérieurement, sinon on ressentait l'abîme jusque dans ses entrailles, on se mettait à transpirer, la peur parcourait les membres, et on restait suspendu là comme un sac. La bonne technique consistait à s'agripper à la gouttière, se balancer, appuyer un genou contre le mur et s'étirer, on pouvait alors glisser les doigts entre les tuiles et se hisser sur le toit. Une fois là-haut, on s'asseyait dans le sens de la pente, les talons dans la gouttière, et la vue allait de la cime des arbres et du toit de la maison de Georg jusqu'à deux rues plus loin. Dans le ciel dérivaient des bribes de nuages tiraillés, déchirés, arrachés par le vent. Dès que les nuages s'étaient dissipés, le soleil apparaissait, gigantesque boule de feu – on avait beau serrer les paupières, il brûlait encore dans les yeux.

Georg racontait souvent que son père était policier et qu'il avait le droit de jouer avec son pistolet à la maison, mais il ne le leur avait jamais montré, en dépit de promesses répétées. Il racontait aussi des histoires de voleurs, de criminels, d'escrocs et de crocodiles. Un crocodile pouvait rester immobile pendant des heures, un vrai tronc d'arbre, puis, d'un seul coup, il passait à l'attaque. Georg était déjà allé en Afrique et en Chine et à Barcelone et en Égypte.

Ils se demandèrent ce qu'avait bien pu devenir Iwan. Peut-être qu'il était parti en Amérique. Les gens y allaient souvent en secret, un bateau les y emmenait, parfois aussi un avion, on portait des chapeaux et des bottes là-bas.

"Ou alors en Chine, dit Lena.

— La Chine, c'est trop loin, dit Marie. Et puis ils parlent chinois là-bas." Elle sentait le soleil sur sa peau, elle percevait le bruissement du pommier et le léger vrombissement d'un bourdon à son oreille.

"Il ne pourrait pas apprendre le chinois ? demanda Georg.

— Personne n'apprend le chinois", dit Marie. C'était trop difficile, ça n'avait aucun sens, comment reconnaître des mots à partir de tous ces traits ? Et si même les Chinois faisaient semblant d'y arriver ? C'était possible, après tout. Elle aussi faisait mine de comprendre ce que lui disait son père quand il répétait une fois de plus que la grande crise l'avait sauvé.

"À moins qu'il soit mort ?" dit Georg.

Marie haussa les épaules. Comme les tuiles étaient chaudes. On aurait pu s'endormir, mais il ne fallait surtout pas, car on devait appuyer les talons contre la gouttière pour ne pas dégringoler le long de la pente. "S'il était mort, on l'aurait retrouvé.

— Il est peut-être dans la forêt, dit Georg.

— Dans quelle forêt ?

— Ben, dans la forêt. Là où sont les loups."

Le bourdon se posa quelque part, attendit quelques secondes et s'envola. Marie cligna des yeux. Un nuage ressemblait à un vélo sur lequel était assis un gros bonhomme qui avait un chapeau, mais pas de tête.

"Est-ce que l'espace là-haut continue toujours ? demanda Lena. Ou est-ce qu'il s'arrête à un moment donné ?

— Il y a peut-être un mur, dit Marie.

— Peu importe, dit Georg. On peut toujours aller plus loin. On pourrait faire un trou dans le mur. Il ne peut pas y avoir de fin. Il ne peut *jamais* y avoir de fin.

— Mais si le mur est solide, dit Lena. Très, très solide ?

— On pourrait toujours y faire un trou, dit Georg.

— Le mur le plus solide du monde ?

— Alors imagine que tu as la pointe la plus pointue."

Pendant un moment personne ne parla. Le bourdonnement devint plus aigu, plus grave, de nouveau plus aigu.

"Matthias est un idiot, au fait, finit par dire Lena.

— Exact, dit Georg.
— Pourquoi ça ? demanda Marie.
— Marie et Matthias, chantonna Lena. Matthias et Marie. Marie et Matthias. Matthias et Marie.
— C'est pour quand, le mariage ?" demanda Georg.

Sans ouvrir les yeux, Marie serra le poing et frappa. Elle toucha le bras de Georg en plein milieu, et celui-ci poussa un cri. Marie n'aimait pas non plus particulièrement Matthias et les deux autres le savaient, bien sûr. Ce n'était que leur conversation habituelle sur le toit.

Un jour, maman les avait surpris au moment où ils descendaient du toit. Elle s'était mise dans une colère noire, Georg et Lena furent interdits de visite pendant un temps, ainsi que Jo et Natalie, alors que Natalie n'était jamais montée sur le toit. Marie avait juré de ne plus jamais refaire une chose aussi dangereuse, mais elle avait croisé les doigts dans la poche de son pantalon pour que ça ne compte pas et, par chance, maman avait rapidement oublié l'incident. Maman oubliait vite. Elle était rarement à la maison ces derniers temps, elle avait des costumes à essayer et des gens à voir, elle devait aussi passer de nombreux appels et consulter régulièrement l'avocat qui s'occupait du divorce, un monsieur poli avec une barbe, de grandes oreilles et des yeux de phoque.

Deux fois par semaine, son père venait la chercher pour l'emmener au zoo ou au cinéma. Elle ne s'intéressait pas beaucoup aux animaux, et les films étaient toujours mal choisis – il ne comprenait tout simplement pas ce qu'on voulait voir à onze ans. Elle lui rendait quelquefois visite au presbytère. C'était un secret, elle ne devait dire à personne qu'il habitait là, ni à ses grands-parents, ni à Ligurna, à personne de l'école et surtout pas à maman.

Il flottait au presbytère une odeur de naphtaline et de nourriture. Son père dormait sur un canapé à côté du téléviseur, sous un tableau représentant Jésus en proie, semblait-il, à une rage de dents. Il portait toujours des jeans et une chemise rouge à carreaux, parfois aussi une casquette sur laquelle était écrit *I love Boston*. À la question de savoir quand il lavait sa chemise, il avait répondu d'un ton irrité qu'il en possédait deux autres identiques. Il n'avait plus d'ordinateur, ni de téléphone portable, ni de voiture, et une seule paire de baskets. Marie ne l'avait jamais vu d'aussi bonne humeur.

"La crise!" s'écria-t-il, tandis qu'ils parcouraient le zoo. "Personne ne l'a pressentie. C'est comme la fin du monde. Il y a à peine huit mois, personne n'était au courant!"

Ils s'arrêtèrent. De ses yeux vides, un gnou rendit son regard à Marie.

"Les dérivés immobiliers. Si on avait prévu ça! On aurait pu gagner des milliards! Mais personne n'a rien vu venir. Les cours sont en chute libre, même les banques sont insolvables." Il battit des mains. "Et tout le monde le sait, on ne parle plus que de ça, personne ne s'étonne, tu comprends? Personne ne pose de questions! Tu comprends?"

Marie acquiesça.

Il s'accroupit. "Tout le monde perd de l'argent, lui dit-il à l'oreille. Tout le monde perd tout, tu comprends?"

Marie acquiesça.

"Personne ne réclame son argent. On s'attend à ce qu'il soit perdu, parce qu'on est tous perdants. C'est un miracle. Aucun client ne demande où sont passés ses investissements."

Marie savait quel genre de regard lui permettait de simuler la compréhension. Elle l'utilisait à l'école, où il suffisait souvent à obtenir de bonnes notes. Elle l'utilisait aussi chaque fois que son père se mettait en tête de lui dire des choses importantes. Il était d'avis qu'ils se ressemblaient et qu'elle le comprenait mieux que n'importe qui.

"Marie, dit-il. Tu me comprends mieux que n'importe qui."

Elle regarda le gnou en guise d'aide.

"Si, par exemple… juste un exemple, Marie ! Si on a essuyé une perte et qu'on s'attendait à… mais soudain plus personne ne pose de questions !

— On va voir les tigres ?"

Il bondit et battit des mains si fort qu'une femme poussant un landau lui adressa un regard réprobateur. "Et Klüssen est à l'hôpital ! Cela peut durer un moment, il va peut-être mourir, qui sait ! Je m'en sortirai bien avec le fils. Qui aurait pu prédire ça !"

Il lui posa la main sur l'épaule et l'entraîna. Ils se dirigèrent vers la sortie, ce qui ne l'étonna pas. Ce n'est pas non plus aujourd'hui qu'elle verrait les tigres. Son père n'allait jamais voir les tigres.

"Enfin !" s'écria Georg en les voyant revenir. Il était assis sur la clôture du jardin, sa casquette de Robin des Bois sur la tête, un carquois autour de la taille et un arc à la main. De toute évidence, il avait trouvé le temps long.

"Elles sont aiguisées ? demanda son père.

— Pointues. Pas aiguisées, pointues. Non, elles ne le sont pas.

— Elles en ont l'air.

— Mais elles ne le sont pas."

Eric se tut quelques secondes avant d'ajouter : "Vous n'avez pas le droit de tirer avec des flèches pointues. C'est trop dangereux.

— Elles ne sont pas pointues, répéta Georg.

— Vraiment pas ! dit Marie.

— C'est vrai, ça ?"

Tous deux acquiescèrent, Georg posa même la main sur son cœur. Son père ne vit pas le geste, parce qu'il regardait l'autre côté de la rue d'un air distrait.

"Je n'ai jamais aimé cette maison.

— Moi non plus, dit Marie.

— Tu es déjà allée à la cave ?

— Il y a une cave ?

— Non. Il n'y en a pas, et je t'interdis d'y descendre !

— C'est vrai que vous avez perdu tout votre argent ? demanda Georg.

— La crise. Complètement inattendue. Personne ne l'a vue venir. Tu regardes les informations ?"

Georg fit non de la tête.

"Sais-tu ce que sont les produits dérivés ?"

Georg fit oui de la tête.

"Et les obligations adossées à des actifs, tu vois aussi ce que c'est ?

— Oui.

— Vraiment ?"

Georg fit oui de la tête.

"Soyez prudents avec ces flèches." Il jeta un dernier regard soucieux à la maison d'en face, puis il caressa la joue de Marie et s'en alla.

"Elles ne sont vraiment pas pointues ! cria Georg dans son dos.

— Promis !" s'écria Marie.

Tout en suivant son père des yeux, elle songea de nouveau à Iwan. Elle avait récemment compris que l'énigme ne serait peut-être jamais résolue. Jamais, cela voulait dire : ni maintenant, ni plus tard, ni beaucoup, beaucoup plus tard, ni sa vie durant, ni après. Elle repensait souvent à ce moment au musée où Iwan lui avait expliqué pourquoi les artistes peignaient des choses horribles, telles que des vieux poissons, des pommes pourries ou des dindes cuites : parce qu'ils s'intéressaient non pas aux objets, mais au fait de les peindre, autrement dit – et là, il avait pris un air grave et baissé la voix, comme s'il lui révélait un secret – ils peignaient l'art de peindre. Puis il lui avait demandé si elle comprenait, du même ton que son père quand il lui posait cette question, et elle avait acquiescé, comme d'habitude. Son oncle lui avait toujours paru un peu bizarre, il ressemblait tellement à son père et il avait sa voix, tout en étant un autre. Certaines choses étaient pour le moins étranges. Les gens peignaient des poissons pour peindre l'art de peindre, les vélos basculaient quand on les posait sur leurs deux roues, mais ils restaient très stables sur ces mêmes roues lorsqu'on roulait avec, certaines personnes se ressemblaient à l'identique, et il arrivait que quelqu'un disparaisse de la surface de la terre, comme ça, un jour d'été.

"Dans le mille!" Georg lui tendit l'arc. Là-bas, à l'autre bout du jardin, une flèche vibrante était plantée dans la cible. "Mais attention, elles sont très pointues!"

Ils tirèrent en alternance pendant un moment. Bien que l'arc ne soit pas grand, il était difficile à tendre ; Marie touchait parfois la cible, la ratait le plus souvent. Georg avait davantage d'entraînement. La corde de l'arc lui fit bientôt mal aux doigts.

Lena arriva, grimpa sur la clôture et les observa. Sa mère l'avait renvoyée pour une heure. Lena raconta qu'un homme portant une luxueuse veste en cuir était venu et lui avait apporté des chocolats.

Georg tira et toucha la cible, Marie tira et rata la cible, Georg tira et rata la cible, Marie tira et rata la cible, Marie tira et rata la cible, Georg tira et rata la cible, Marie tira et toucha la cible, une fenêtre de la maison voisine s'ouvrit et une femme s'écria : “Les flèches ne sont pas pointues, j'espère !” Tous les trois jurèrent que non.

Le crépuscule commençait à rendre l'exercice difficile. L'arbre semblait plus grand qu'avant, mais ses contours s'estompaient et on le distinguait de moins en moins bien. Marie décocha une dernière flèche et l'arc tendu trembla, son bras étant déjà épuisé. Elle retint son souffle. L'instant dura encore et encore, comme si elle pouvait retenir le temps avec son arc. Et il durait encore. Puis elle lâcha la corde. La flèche fendit l'air dans la pénombre, effleura le tronc et disparut dans l'herbe.

Marie prit congé de Lena et Georg, et elle traversa la rue. Pourquoi le soir avait-il une odeur différente de celle du matin ? Le midi aussi avait sa propre odeur. L'ombre d'un oiseau jaillit d'un buisson, Marie tressaillit : un battement d'ailes, un croassement et un tournoiement, il était déjà au-dessus d'elle, puis loin dans le ciel. Elle renversa la tête en arrière. Si Iwan était réellement mort, il devait être là-haut lui aussi, et les nuages ne lui bouchaient pas la vue, car, pour les morts, toutes les choses étaient transparentes.

Les gravillons de l'allée crissèrent sous ses chaussures. Par la fenêtre de la cuisine, elle vit Ligurna remuer une spatule dans une marmite, le téléphone coincé entre la joue et l'épaule. La fenêtre était entrouverte, il aurait été facile d'écouter sa conversation. Mais, en règle générale, cela n'en valait pas la peine, les adultes parlant rarement de choses intéressantes. Allait-elle grimper à nouveau dans l'arbre ? Pas jusqu'au toit, elle n'osait pas toute seule, mais peut-être jusqu'à la fenêtre du bureau ? Cela lui sembla quand même trop dangereux. On voyait mal les branches dans l'obscurité, on pouvait tomber et, si une sorcière se trouvait par hasard dans l'arbre, on n'avait aucun moyen de lui échapper.

Marie traversa le hall d'entrée et monta l'escalier jusqu'à la salle à manger. Son assiette l'attendait déjà : un morceau de viande rouge brunâtre, de la sauce, un peu de riz, un tas de petits pois et une coupelle de flan à côté. Marie palpa la viande. Elle était tiède, molle et filandreuse, vivante et morte à la fois. Marie ouvrit la fenêtre et la jeta dehors. Elle faisait souvent ainsi. Un animal viendrait sûrement se servir, en tout cas elle n'avait jamais retrouvé le lendemain matin la nourriture jetée la veille. Il faut dire qu'on la forçait à finir son assiette. Si elle laissait des restes deux fois de suite, Ligurna le disait à maman qui venait lui prendre la main en lui demandant s'il y avait des choses qui la tracassaient ou dont elle ne voulait pas parler.

Bien sûr qu'il y en avait, quelle joie d'avoir des secrets. Maman ignorait tout de l'argent caché dans sa chambre : trois cent vingt euros, pliés et comprimés sous le pied de son lit. Une partie provenait de son argent de poche, l'autre du portefeuille de grand-père qu'il laissait toujours traîner dans le couloir. L'important, c'était de ne pas en prendre trop à la fois, vingt maximum, jamais un billet de cinquante.

Les adultes remarquaient instantanément la disparition d'un billet de cinquante, mais pas au-dessous. Maman ne savait pas non plus que la broche qu'elle avait cherchée si longtemps était enterrée près du pommier ; Marie et Lena avaient joué à la chasse au trésor et furent incapables de retrouver l'emplacement. Et maman ignorait aussi que Marie avait déjà imité deux fois sa signature sur des mots d'excuses pour aller pêcher avec Georg. Malheureusement, ils étaient rentrés bredouilles, ni l'un ni l'autre n'ayant eu le courage de piquer un ver sur l'hameçon.

En outre, maman en savait peu au sujet de cette maison. Il y avait certaines choses qu'on ne pouvait pas lui expliquer.

Deux mois plus tôt, Marie était rentrée de l'école, avait posé son cartable et s'était allongée sur le tapis pour écouter la pluie. Par moments, elle avait levé les mains, fermé un œil et contemplé les contours de ses doigts devant la blancheur du plafond. Elle avait appelé Lena et Georg, mais aucun des deux n'était là, puis Natalie, qui possédait déjà son propre téléphone, mais elle n'avait pas décroché non plus. Marie était donc montée au dernier étage. Là-haut se trouvait une pièce remplie de valises vides ; autrefois, Marie pouvait passer des heures à les ouvrir et les refermer, elle s'amusait à s'asseoir dedans et à sauter de l'une à l'autre, mais, quand on avait onze ans, ce n'était plus drôle. La pièce voisine contenait des armoires remplies de linge de lit, de serviettes et de toutes sortes de tissus brodés, elle s'y était enfermée pour écouter le tambourinement des gouttes sur le toit. Puis elle était retournée dans le couloir et avait ouvert la porte d'à côté, celle de la mansarde. Elle comportait une table et une chaise, un vieux papier peint orné de rectangles délavés marron. La fenêtre était sale, de toute évidence Ligurna ne venait jamais faire le ménage ici. Marie avait l'intention d'entrer, mais elle avait refermé prudemment la porte et était redescendue. Ce n'est qu'une fois dans sa chambre, assise à son bureau, la lampe allumée et son cahier d'arithmétique ouvert, qu'elle avait eu des sueurs froides. Quelqu'un était assis à la table là-haut – penché en avant, la tête tournée vers la porte, les coudes sur la table, les mains enfouies dans les cheveux. Marie avait vu la scène sans la comprendre : elle ne s'était précisée que dans son souvenir. Mais Marie n'avait pas gardé le visage en mémoire. Comment expliquer une chose pareille à ses parents ? Même Ligurna ne l'aurait pas crue.

Marie mangea les petits pois, le riz et le dessert, puis alla à la porte de la chambre de maman, frappa et entra.

"Tu ne peux pas frapper avant d'entrer ?" Maman était allongée sur le lit et apprenait son texte. "Viens, assieds-toi. Tu me fais réciter ?" Elle tendit les feuilles à Marie.

Il n'y en avait que trois. Sur la première, on pouvait lire :

7/4 INTÉRIEUR, JOUR – APPARTEMENT D'ELKE

Elke et Jens l'un à côté de l'autre à table.

ELKE Cela ne peut pas continuer ainsi, Jens.

Jens prend un air soucieux et fait non de la tête.

ELKE (suite) Tu le sais et je le sais.

JENS Et Holger le sait aussi.

ELKE Ne parle pas d'Holger.

JENS Comment ne pas parler de lui? Il nous barre la route.
ELKE C'est mon mari. Le père de mes enfants.
JENS Et moi, qu'est-ce que je suis?
Elke le regarde dans les yeux.
ELKE Tu es tout, Jens.

"Elke est une femme pleine de contradictions, dit maman. Tantôt je me sens proche d'elle, tantôt elle m'est étrangère.

— Pourquoi le monde existe-t-il ? demanda Marie.

— Elke veut être libre. C'est le plus important pour elle. Mais elle est aussi consciente de ses responsabilités. Elle tente de vivre dans cette contradiction.

— Dieu a créé le monde, mais d'où vient Dieu ? Il s'est créé Lui-même ?

— T'ai-je déjà dit qui interprète Jens ?

— Quand on dit que Dieu a tout créé, cela n'explique rien. Comment se fait-il qu'une chose *existe* ?

— Qu'une chose existe ?

— Oui ?

— Mirso Kapus.

— Quoi ?

— On dit : « comment ? ». Mirso Kapus joue le rôle principal. Tu le connais par la télévision.

— Je ne regarde pas la télévision. Seulement des DVD. Le cousin de Lena nous a gravé *Star Wars* hier.

— On ne peut pas dire pourquoi le monde existe, le monde n'a pas besoin de raison. Mirso Kapus a reçu le Grand Prix de télévision.

— Ce serait tellement plus simple si rien n'existait." Marie se glissa sous la couverture. "Tous les gens et les voitures et les arbres et les étoiles. Toutes les fourmis et les ours et tout le sable du désert et le sable des autres planètes et l'eau et Georg et les Chinois et tout le reste. C'est énorme !

— Elke peut évoluer. L'histoire peut prendre différentes tournures."

L'obscurité n'était pas totale sous la couverture, qui laissait passer un peu de lumière. "Je peux dormir ici ?

— Pas ce soir. Il faut que je travaille.

— Mais il n'y a que trois pages." Marie souleva un peu la couverture pour mieux respirer. À travers l'ouverture, elle aperçut la table de maquillage de maman et le miroir, le tableau avec l'ourson en peluche qui, encore récemment, se trouvait chez son père, et un angle de la fenêtre.

"Trois pages, vingt ou cent, peu importe, dit maman d'un ton énervé. Il s'agit d'appréhender un personnage. De trouver le ton juste !"

Marie ferma les yeux. Ses membres lui semblaient lourds. Elle entendit maman murmurer : "C'est mon mari, le père de mes enfants. C'est mon mari. Le père de mes enfants." Puis elle avait dû s'endormir car maman la secoua doucement, et elle traversait maintenant le couloir à tâtons en tenant la main de maman. Dans sa chambre, maman lui enleva son haut, son pantalon et ses sous-vêtements, lui enfila son pyjama, l'allongea, la borda et lui donna un baiser, si bien que ses mèches de cheveux lui chatouillèrent la joue. Pendant tout ce temps, Marie songea qu'elle n'avait pas eu besoin de se laver les dents, maman avait oublié, on avait parfois de la chance. Puis la porte se referma et Marie fut seule.

Au plafond scintillaient les lumières blafardes des réverbères. Elle entendait le grattement du pommier contre le mur. Elle entendait le vent. Elle ramena la couverture sur sa tête et n'entendait désormais que le froissement du tissu, mais, en restant allongé sans bouger, sans respirer, on n'entendait plus rien du tout, le monde n'existait plus et Marie presque plus. Voilà à peu près ce que devait ressentir un caillou qui reposait là, tandis que le temps passait. Un jour, un an, cent ans. Cent mille ans. Cent fois cent mille ans.

Pourtant, une journée, c'était déjà long. Encore autant de jours jusqu'aux grandes vacances, encore plus jusqu'à Noël, et tellement d'années pour être adulte. Chacune d'entre elles remplie de jours et chaque jour rempli d'heures et chaque heure durant une heure. Comment parvenaient-elles à s'écouler, comment les vieilles personnes avaient-elles pu devenir vieilles ? Que faire avec tout ce temps ?

2

Les arbres étaient déjà multicolores mais les feuilles ne tombaient pas encore. Marie rentrait de l'école, le sac à dos sur l'épaule, le téléphone portable à la main, lorsqu'elle vit un homme attendre devant le portail du jardin.

"Marie ?"

Elle acquiesça.

"Tu as du temps ?"

Arthur était grand, blême, il se tenait un peu penché, comme s'il souffrait du dos, et il avait les cheveux en bataille. Il lui ouvrit la portière de la voiture, les sièges sentaient le cuir neuf, on ne voyait aucune saleté, ni le moindre bout de papier sur le sol.

Cela faisait deux mois que Marie avait reçu sa lettre. C'était la première vraie lettre de sa vie, Ligurna l'avait simplement posée à côté de son assiette, telle une chose banale. De toute façon, Ligurna ne s'intéressait presque plus aux affaires de la famille : depuis que maman lui avait annoncé son licenciement, la nourriture était encore pire qu'autrefois et la poussière s'accumulait sur les étagères. Quant à la maison, avait dit maman, on n'allait pas non plus pouvoir la garder très longtemps, elle revenait trop cher, même avec l'aide des grands-parents.

Cela attristait maman, mais convenait à Marie. Elle n'avait jamais aimé cette maison.

L'enveloppe contenait une seule feuille, rédigée de façon étonnamment lisible. Malheureusement, écrivait Arthur, ils ne se connaissaient pas encore, mais elle pouvait lui envoyer un message quand elle voulait. Le tout était suivi d'une adresse mail, suivie de sa signature.

Cher Arthur, avait-elle répondu, *merci pour ta lettre, c'est Marie, tu vas bien ? Voici mon adresse mail. Cordialement, Marie.*

La réponse était arrivée une semaine plus tard. Il voulait savoir quel jour tombait son anniversaire, dans quelle classe elle était, si elle aimait ou pas l'école, comment s'appelaient son voisin ou sa voisine de table, son professeur le plus bête, quelle émission de télévision elle adorait et laquelle elle détestait, si elle aimait l'arithmétique, ce qu'elle pensait de son père, de sa mère, d'Iwan et de Martin, quelle était sa couleur préférée, si la pluie la déprimait, si elle repensait souvent à la disparition d'Iwan, si elle trouvait qu'on avait le droit de manger des animaux, si elle préférait le mercredi au lundi et, si oui, tout le temps ou juste par moments, et si elle était d'avis qu'il valait mieux obéir à un roi, à un président ou à personne. Il la questionnait au sujet des montgolfières et des livres, des ours en peluche et des poupées, de ses amis. Il demandait pourquoi elle avait daigné répondre à ses questions jusqu'ici et, dans le cas contraire, pourquoi elle n'avait pas voulu le faire, il la priait de ne pas se sentir obligée de répondre, la remerciait pour ses réponses et terminait par une brève salutation, sans avoir révélé quoi que ce soit sur sa personne.

Elle venait tout juste de recevoir un téléphone portable. Il reposait dans sa main, rouge, lisse et froid, plat à l'arrière, le devant occupé par l'écran, mais elle ne s'était pas encore habituée à l'absence de touches pour écrire. On se trompait sans arrêt, le correcteur d'orthographe ne cessait de remplacer les mots par d'autres qui n'avaient aucun sens, mais elle continua de pianoter. Elle avait quand même treize ans et, à cet âge, on n'était plus aussi facilement déstabilisé par les questions. N'ayant toujours pas de réponse au bout de deux jours, elle écrivit : *Cher Arthur, as-tu reçu mon mail, comment vas-tu ? Peut-on se rencontrer ? Cordialement, Marie.*

La voiture roulait presque sans bruit, Marie regarda autour d'elle. Elle ne connaissait pas le quartier et ignorait où son grand-père l'emmenait. Le crépi s'écaillait sur les murs, la rue était jonchée de canettes abandonnées.

"On a du nouveau ?" demanda Arthur.

Marie comprit aussitôt qu'il parlait d'Iwan. "Non, mais il y a eu un article récemment."

Elle se mit à chercher l'information sur son téléphone. Favoris, liste des liens, le voilà : www.kunstkritikonline.de/critique-sebastianzoellner/eulenboeck. Elle se racla la gorge. Elle aimait lire à voix haute et se réjouissait quand c'était son tour à l'école, même si elle faisait toujours semblant de ne pas aimer ça, personne ne voulait passer pour un fayot. Elle accentuait les bons mots, se trompait rarement et ne butait quasiment pas sur les termes difficiles. Elle ne serait jamais aussi belle que maman, elle ne deviendrait pas actrice, mais elle avait une voix irréprochable.

Le fait que Heinrich Eulenböck soit devenu l'artiste national du moment en dit long sur notre société fragmentée. Avons-nous tellement besoin d'un dandy pour la classe moyenne, ressentons-nous donc une telle angoisse devant l'incertitude que nous jugions nécessaire de nous enfermer dans la cuirasse de l'ironie ? De toute évidence, la réponse est oui. Seuls de rares artistes ont pu maintenir leur cote durant la crise, aucun ou presque n'a réussi à la faire décoller. Les collectionneurs en proie à la panique ont préféré faire profil bas en investissant dans la pierre, voire les lingots pour le coffre-fort de la cave. Les stars de la peinture sont devenues aussi rares que les éléphants volants. Comment expliquer que ce classicisme teinté d'ironie et techniquement solide se révèle soudain une valeur sûre ? Les tableaux d'Eulenböck s'arrachent comme des petits pains chez les négociants et dans les maisons de vente pour des sommes record.

"Inutile de nous voiler la face, déclare Hans-Egon Eggert, administrateur général de la Galerie Libre de Bochum. C'est lié à la politique du nouveau curateur : un virage à cent quatre-vingts degrés avec l'objectif de se remplir les poches." Le contexte : cela fait maintenant deux ans, depuis le mois d'août, qu'Iwan Friedland, le très affairé légataire du maître, a disparu sans laisser de traces. "Friedland s'était donné pour mission de promouvoir la renommée d'Eulenböck, analyse Eggert. Or l'enjeu actuel, pour dire les choses prudemment, s'est déplacé." Karl Bankel, directeur du musée Koptman de Hambourg, est encore plus critique : "Gérer l'œuvre posthume d'un grand artiste est une tâche des plus complexes. Très peu de gens sont à la hauteur. Iwan Friedland ne l'était pas. Son successeur l'est encore moins."

Dans le milieu artistique, cela a toujours été un secret de Polichinelle : Friedland devait sa place non à sa compétence, mais à une certaine intimité avec le vénérable prince de la peinture. Son activité controversée déconcertait les collectionneurs, tout en maintenant les prix à un niveau décent. Avec Eric Friedland, son frère et successeur intérimaire – destiné à devenir permanent –, la politique a changé : les toiles d'Eulenböck trônent désormais dans des expositions passe-partout issues de diverses collections privées : Forum de l'art de Rottweil, Fondation Telefonica de Madrid, Association d'art de Bingen, Espace projet de la Banque municipale de Bruxelles, Fondation de la Caisse d'Épargne d'Ebersfeld, et la liste est encore longue. La prétendue carence d'œuvres a cédé la place à une offre pléthorique, un véritable déluge de tableaux, sans parler des produits dérivés qui ont fait leur apparition dans les boutiques des musées : tasses, linge de lit, serviettes, le tout orné des paysages bucoliques tant appréciés des premières œuvres d'Eulenböck. Depuis quelque temps, les grands musées de part et d'autre de l'Atlantique ont pris leurs distances avec l'artiste. Seul un fieffé coquin oserait faire le rapprochement avec la situation financière réputée précaire d'Eric Friedland.

Une stagnation des prix se profile déjà à l'horizon. Nul besoin d'être prophète pour supposer que, là aussi, l'envolée des prix n'est qu'un prélude au désastre à venir – ce ne sera pas une grande perte au vu d'une œuvre qui, selon l'avis des connaisseurs, n'a guère plus de substance qu'un bouillon insipide. Dès que les modes éphémères ne nous brouilleront plus la vue, nous serons peut-être mûrs pour une autre forme d'art, discrète et plus subtile, mais non dénuée de caractère, un art tourné cette fois vers l'avenir. Ce sera l'heure des artistes modestes qui se tiennent à l'écart du buzz et du business, l'heure, pour ne citer qu'un exemple, de Krystian Malinowski. Son œuvre n'exploite pas la crise, elle la dépasse. À la question de savoir comment il s'imagine une époque dans laquelle…

“Mais c’est contradictoire, non?” Marie leva les yeux. “Il commence par dire que c’est un artiste important, et après…

— N’y pense pas.

— Je te lis la suite?

— Ça me suffit.

— Papa dit que les recettes des tableaux ne suffisent pas à éponger ses dettes. Il dit que l’art n’est pas assez lucratif. Que cela fait néanmoins patienter la banque. Ils saisissent le moindre centime, mais ils le laissent tranquille tant que l’argent rentre. C’est pourquoi il habite au presbytère, mais je n’ai pas le droit de le répéter. Et toi, tu habites où?

— Je suis souvent en déplacement.

— Tu écris toujours?

— Non.

— Pourquoi n’es-tu pas venu plus tôt?

— J’avais des choses à faire.

— Quoi donc?

— Rien.

— Tu ne fais rien?

— Ce n’est pas aussi simple que ça.”

Arthur bifurqua vers un parking presque désert. Des visages de clowns en plastique ricanaient au-dessus d’un portail, derrière lequel s’élevaient les courbes d’un grand huit.

“Une fête foraine, dit Marie d’un air dépité. Chouette.”

Ils sortirent de la voiture. Un homme tenait deux petits garçons par la main, une femme poussait un landau, quelques adolescents buvaient de la bière au goulot, un homme et une femme se tenaient bras dessus, bras dessous devant un stand de tir.

“Pourquoi es-tu parti à l’époque? demanda Marie.

— On te dira que la vie est faite d'obligations. On te l'a peut-être déjà dit. Mais ce n'est pas forcément le cas."

Marie acquiesça. Elle ne comprenait pas ce qu'il voulait dire, mais elle espérait qu'il ne le remarquerait pas.

"Rien n'oblige à faire des compromis. On peut vivre sans avoir de vie. Sans complications. Cela ne rend peut-être pas heureux, mais ça rend léger.

— Qu'est-ce que tu en penses ?" Marie désigna un labyrinthe. Les labyrinthes n'étaient jamais difficiles. Il suffisait de longer le mur de droite et de fixer le sol sans se laisser distraire par les miroirs, et on se retrouvait aussitôt dehors.

Elle sortit son téléphone. *Vous devinerez jamais*, écrivit-elle, *suis à la fête foraine*. Tandis qu'Arthur payait, elle se dirigea vers l'entrée. La porte s'ouvrit dans un ronronnement.

What the hell fête foraine ? demanda Georg.

Y a un château gonflable ?? écrivit Natalie.

Dis-moi où et j'arrive, écrivit Jo.

Elle tâtonna le long du mur. À travers une vitre, elle vit les stands et le demi-cercle de la grande roue, ainsi que le grand huit. Un petit garçon léchait un cornet de glace et regardait à travers elle, comme si elle était invisible.

Très drôle ! écrivit-elle.

No joke, répondit Jo, *j'm les fêtes foraines j'mrais trop y être*.

Où était passé Arthur ? Mais elle connaissait ce genre de situations, c'était pareil quand son père l'emmenait au zoo : elle y allait pour lui, lui pour elle, tous deux auraient préféré rester à la maison. Elle continua d'avancer à tâtons, puis elle tourna à l'angle, et encore à l'angle, et encore une fois à l'angle, après quoi elle aurait dû se retrouver dehors. Or il n'y avait pas de sortie, Marie était face à un miroir.

Mais on voulait aller à l'annif de Matthias oui ou non, écrivit Lena.

+ tard, répondit-elle avant de ranger son téléphone, il fallait qu'elle se concentre.

Elle vit sur le sol une tache de couleur bleue. Elle laissa le miroir derrière elle, tourna à l'angle et encore à l'angle, où elle aperçut enfin le tourniquet de la sortie, mais seulement à travers la vitre car le chemin menait dans l'autre direction, à gauche et encore à gauche, vers l'entrée. La tache bleue réapparut. À côté gisait une barre de métal recourbée dont une extrémité était ronde comme le pommeau d'une canne, et l'autre acérée. Marie se pencha. Aucun doute, il s'agissait de la même tache. Or Marie ne voyait plus le miroir, la tache avait-elle pu se déplacer ? Et d'où venait la barre ? Rebelote : deux fois à droite, la tache réapparut. Quelque chose ne collait pas. Rebelote : deux fois à droite, de nouveau la tache, mais la barre avait disparu. Marie changea de direction. Elle tourna deux fois à gauche, jusqu'à ce qu'elle se retrouve coincée devant une paroi vitrée. Elle rebroussa chemin et trouva l'entrée. Fermée.

Marie palpa, secoua, frappa la porte. En vain. Elle frappa plus fort. Rien ne se passa. Elle cogna avec le poing. Rien.

Elle alla se poster devant la paroi vitrée à travers laquelle on voyait les attractions, et elle tenta de faire signe au caissier, mais l'angle était défavorable, elle ne pouvait pas le voir et lui non plus. L'appel d'urgence ? Elle avait tout de même payé pour se perdre, elle se rendrait ridicule. Elle tourna à gauche, à droite, puis encore à gauche, puis encore à droite, longea deux fois la paroi vitrée, trois fois des miroirs, et elle se retrouva devant la tache bleue. Un homme derrière la vitre s'agenouilla et la regarda ; elle tressaillit. C'est alors qu'elle reconnut Arthur.

Elle tapa contre la vitre. Il se mit à rire et tapa aussi, prenant clairement cela pour une blague. Elle désigna la droite, la gauche et leva les mains pour lui faire comprendre qu'elle ne trouvait pas la sortie. Arthur se leva et sortit de son champ de vision d'un pas nonchalant. Sa gorge se noua, elle sentit avec rage les larmes lui monter aux yeux. Au moment où elle s'apprêtait à composer le numéro d'urgence, quelqu'un lui tapota sur l'épaule.

"À côté de toi, dit Arthur.

— Quoi ?

— Eh bien, la sortie ! À côté de toi. Qu'est-ce que tu as, tu pleures ?"

Arthur avait raison, la sortie se trouvait à quelques mètres. Une fois à gauche, puis à droite, et le tourniquet était là. Comment avait-elle pu ne pas le voir ? Elle bredouilla qu'elle n'avait pas pleuré, bien sûr que non, elle essuya ses larmes et sortit à l'air libre.

Arthur lui indiqua une tente. Elle était petite et bleue, avec un rideau rouge devant l'entrée et, au-dessus, des étoiles électriques clignotantes. *Votre avenir*, pouvait-on lire, *dévoilé par les tarots*.

"J'aime autant pas, dit Marie.

— Viens, dit Arthur. Il va peut-être te prédire de bonnes choses.

— Et s'il me prédit des choses horribles ?

— Dans ce cas, tu n'y croiras pas."

Ils entrèrent. Une lampe de lecture projetait une lumière jaunâtre sur une table en bois recouverte de feutrine sale. Derrière elle était assis un vieil homme en pull-over. Chauve, il ne lui restait que deux touffes de cheveux au niveau des oreilles et il portait des lunettes. Devant lui reposaient un paquet de cartes et une loupe.

"Entrez, approchez-vous, dit-il sans lever les yeux. Venez, prenez des cartes, découvrez votre avenir. Approchez-vous."

Marie regarda Arthur, mais il était immobile et silencieux, les bras croisés.

"Approchez-vous, dit le voyant d'une voix de crécelle, venez, prenez trois cartes. Découvrez l'avenir."

Marie s'approcha de la table. Il avait des verres de lunettes sacrément épais qui dissimulaient son regard. Il souleva un petit tas de cartes en clignant des yeux.

"Choisissez-en douze, lisez votre destinée."

Marie prit le tas avec hésitation. Les cartes étaient crasseuses et abîmées. Elle ne connaissait pas ce type de cartes. Elles représentaient d'étranges motifs : une étoile qui tombait, un homme pendu, des chevaliers munis de lances, une silhouette emmitouflée dans une barque.

"Prenez-en douze, psalmodia le voyant. Prenez. Cela coûte douze euros. Pour douze cartes. Un euro la carte."

Arthur posa quinze euros sur la table. "Vous faites ça depuis longtemps ?

— Pardon ?

— Si vous faites ça depuis longtemps !

— J'ai fait autre chose avant, et encore autre chose avant, mais je n'ai pas eu beaucoup de chance.

— Difficile à croire, dit Arthur.
— J'ai rempli des salles.
— Grandes ?
— Les plus grandes.
— Que s'est-il passé ?"
Le voyant leva les yeux.
"Que s'est-il passé ?" répéta Arthur.
Le voyant cligna des yeux et plaça la main au-dessus du front. "Rien, finit-il par dire. Une mauvaise passe. La déveine. Les années se sont écoulées, voilà ce qui s'est passé. On n'est plus tout jeune.
— On est même l'inverse, dit Arthur.
— L'inverse ?
— Donc vieux.
— Que voulez-vous dire ?
— Je plaisantais.
— Comment ça ?"
Arthur garda le silence, Marie regardait les cartes dans ses mains et attendait. Le voyant ne bougeait pas.
"Nous n'avons pas beaucoup de temps", finit par dire Arthur.
Le voyant acquiesça, chercha l'argent à tâtons, le trouva, l'empocha, fouilla dans sa poche et posa tant bien que mal trois pièces de monnaie sur la table. "Prenez des cartes, dit-il à Marie. Au milieu, en haut, en bas. Comme vous voulez. Fermez les yeux. Écoutez votre for intérieur.
— Douze ? demanda Marie.
— Posez-les là. L'une à côté de l'autre, sur la table.
— Je dois en prendre douze ?
— Là. L'une à côté de l'autre."
Elle adressa de nouveau un regard dubitatif à Arthur, mais celui-ci fixait le voyant d'un air étrange.

Comment choisir les cartes ? Elle pouvait les tirer au détail ou en prendre douze à la suite au milieu du tas. Elle retourna le paquet avec hésitation.

"Aucune importance, dit Arthur.

— Pardon ? demanda le voyant.

— Si ça marche, ça marche, peu importe la façon dont tu choisis les cartes, dit Arthur. Si ça ne marche pas, on s'en fiche pour de bon.

— Votre avenir, dit le voyant. Votre destinée. Posez-les là sur la table, s'il vous plaît."

Marie tira une carte du milieu et la posa face cachée. Puis une autre, puis une autre. Et les neuf suivantes de différents endroits du paquet. Elle attendit, mais le voyant ne bougeait pas.

"C'est fait", dit-elle.

Le voyant clignait des yeux dans sa direction. Il avait la bouche ouverte. Il sortit un foulard en soie verte de sa poche et se tamponna le front.

"C'est fait !" répéta-t-elle.

Il acquiesça, puis il compta chaque carte en l'effleurant. "Douze", dit-il à voix basse autant à Marie qu'à lui-même, il ajusta ses lunettes et disposa les cartes en demi-cercle.

"Quel qu'en soit le prix, dit Arthur. Il suffit de faire des efforts. Quel qu'en soit le prix.

— Pardon ?" demanda le voyant.

Arthur ne répondit pas.

Le voyant se mit à retourner les cartes. Les images avaient quelque chose d'effrayant, Marie les trouva affreuses, archaïques et brutales. Elles paraissaient annoncer de la violence, un monde dans lequel personne n'était gentil avec personne, où tout pouvait arriver et où il valait mieux ne pas se fier à qui que ce soit. Un personnage était en train d'exécuter un pas de danse sautillant, une autre carte représentait un cercle jaune entouré de nuages. Le voyant se pencha, le front juste au-dessus de la table, ce qui soulignait sa calvitie. Il prit sa loupe et contempla les cartes l'une après l'autre.

"Le trois d'épées. À l'envers.

— Ce n'est pas le trois", dit Arthur.

Le voyant leva la tête. Ses yeux, minuscules, brillaient d'un faible éclat derrière les verres de lunettes.

"Recomptez !" dit Arthur.

Il y avait cinq épées sur la carte, Marie les distingua au premier coup d'œil. L'index du voyant passait d'une épée à l'autre, mais sa main tremblait et les épées étaient si fines qu'il les ratait chaque fois.

"Sept, dit-il. À l'envers.

— Il n'y en a pas sept", dit Marie.

Le voyant leva les yeux.

"Cinq ! s'écria-t-elle.

— Cinq épées, dit le voyant, et il posa le doigt sur la carte suivante. Cinq épées, à l'envers, à côté du soleil et des amoureux.

— C'est la lune !" dit Arthur.

Le voyant enleva ses lunettes et s'essuya le visage avec le foulard vert.

"Le soleil et la lune sont pourtant en opposition, dit Arthur.

— Quelle position ? demanda le voyant.

— Dans les tarots, je veux dire. Ils sont en opposition, c'est ce qu'on m'a dit. Je ne m'y connais pas. Vous n'avez pas de prothèse auditive ?

— Elle siffle sans arrêt. On ne comprend plus rien du tout, pour le coup.

— C'est sûrement difficile de pratiquer l'hypnose avec un appareil qui siffle.

— Oui, dit le voyant. Ce n'est plus possible.

— Mais la cartomancie marche bien ?

— Le loyer du stand est trop élevé. Tous des brigands. Pas assez de clients. J'ai rempli des salles autrefois.

— Les plus grandes, dit Arthur.

— Pardon ?

— Continuez !"

Le voyant baissa la tête, le bout de son nez se trouvait à un centimètre au-dessus des cartes. Il en ramena une au milieu. Elle représentait une forteresse et un éclair, ainsi que des personnages figés dans des contorsions excentriques.

"La tour, dit Arthur.

— Pardon ?

— C'est la tour ?"

Le voyant acquiesça. "La tour. Associée au cinq d'épées à l'envers. Et à la lune. Cela peut signifier…

— Mais ce n'est pas elle ! s'écria Arthur. Ce n'est pas la tour.

— C'est quoi, alors ? demanda le voyant.

— Vous ne voyez rien, dit Arthur. N'est-ce pas ? Vous n'entendez rien et vous ne voyez plus rien."

Le voyant fixa le dessus de la table. Il posa lentement sa loupe.

Arthur désigna la sortie.

Marie acquiesça.

"Au revoir !" cria Arthur.

Le voyant ne répondit pas. Ils sortirent.

"Mais tu l'as quand même payé, dit Marie.

— Il a fait de son mieux !

— Qu'est-ce que cela voulait dire ? La tour, le cinq d'épées, et était-ce la lune ou le soleil, en fin de compte ? Qu'est-ce que cela signifie ?

— Qu'il est incapable de déchiffrer.

— Mais mon avenir !

— Choisis-le toi-même. Choisis celui que tu veux."

Elle se demanda pourquoi Arthur paraissait si soulagé. Elle aurait bien aimé prendre le train fantôme, mais Arthur semblait pressé. Ils se dirigèrent vers le parking, il fredonnait à voix basse. Il ouvrit la voiture, le sourire aux lèvres.

"Je possède une maison, dit-il en démarrant. Elle se trouve au bord d'un petit lac et il n'y en a aucune autre aux alentours. Je peux travailler là toute la journée. Il pleut beaucoup. Je pensais que la nature me ferait du bien mais j'ignorais encore que, dans la nature, il pleut presque sans arrêt. Je vais parfois ici ou là, puis je reviens. Mon travail fut longtemps mieux que passable, puis ce ne fut plus le cas, et je me contente désormais de lire les livres des autres. Ils sont si bons que je n'aurais jamais pu les écrire. Tu m'as demandé ce que je faisais – voilà ce que je fais.

— Tu as passé tout ton temps comme ça ?

— C'est vite passé.

— On va où, maintenant ?"

Arthur ne répondit pas. Ils roulèrent un moment sans parler. Puis il freina et se gara.

Marie regarda autour d'elle. Elle était déjà venue ici récemment, avec sa classe. Toutes les sorties scolaires étaient ennuyeuses, mais celle-là avait été de loin la pire.

"On va au musée ?

— Oui."

Marie soupira.

Ils descendirent et gravirent un escalier de marbre, puis traversèrent un long couloir.

“Je dois bientôt rentrer, dit-elle. Faire mes devoirs.
— Tu en as beaucoup ?”

Elle acquiesça. C’était samedi et, par chance, on ne leur donnait jamais de devoirs pour le week-end. “Énormément.”

Et l’annif de Matthias ??? écrivit Lena.

OK OK OK + tard, répondit Marie.

Les tableaux se succédaient, certains représentaient de simples lignes, d’autres des surfaces barbouillées et, sur d’autres encore, on reconnaissait des choses : paysages, bâtiments, visages. Il y avait des tourbillons, des remous, des courants, des explosions de couleurs. Quelqu’un qui s’intéressait à des trucs dans le genre, songea-t-elle, aurait sûrement été intéressé. Mais elle n’était pas ce type de personne.

“Il faut vraiment que je rentre à la maison.”

Arthur s’arrêta devant un tableau. “Regarde.”

Elle acquiesça. Le tableau avait un cadre doré et montrait la mer. Et aussi un bateau.

“Non, dit Arthur. Regarde.”

La mer était aussi bleue que la mer pouvait l’être, sous un ciel sans nuages et un grand soleil. Une nuée de goélands suivait le bateau.

“Non, dit Arthur. Regarde vraiment !”

En effet, la mer n’était pas tout à fait bleue. On apercevait de l’écume sur les vagues, l’eau présentait des zones sombres et d’autres plus claires. Le ciel se composait lui aussi de nombreuses couleurs. L’horizon était marqué par une zone de transition brumeuse et, autour du soleil, tout se fondait dans une teinte blanche appliquée grossièrement. Il suffisait de la fixer pour être aveuglé. Or ce n’était que de la peinture.

“Oui, dit Arthur. Comme ça.”

Le bateau avait une longue quille, cinq cheminées et des hublots étincelants. Des guirlandes de fanions flottaient au vent, des gens grouillaient sur les ponts et, à la poupe, une ancre trônait sur un support. Devant, à la proue, se trouvait une sculpture : une de ces montres surdimensionnées et tordues, telles que Marie en avait vu sur des diapositives à l'école, peintes par un artiste très connu dont le nom ne lui revenait pas. Elle regarda le petit panneau fixé au mur : *Voyage en mer avec sculpture onéreuse, H. Eulenböck, 1989.*

Elle s'approcha et tout se dissipa aussitôt. Elle ne voyait plus ni personnages, ni fanions, ni ancre, ni montre tordue. Il ne restait que quelques taches de couleur au-dessus du pont. Le blanc de la toile transparaissait à plusieurs endroits, le bateau lui-même n'étant qu'une accumulation de traits et de points. Où était passé l'ensemble ?

Elle recula et tout se réassembla : le bateau, les hublots, les gens, même si elle venait de voir que rien de tout cela n'existait. Elle recula encore d'un pas et il lui sembla que le tableau lui racontait quelque chose sans aucun rapport avec ce qu'il représentait. Un message qui résidait plutôt dans la luminosité, l'étendue de la mer ou la manière dont le bateau prenait le large.

"*Fatum*, dit Arthur. Le F majuscule. Mais, le hasard étant puissant, nous pouvons vite nous retrouver avec un destin qui ne nous était pas destiné. Un destin aléatoire. En un clin d'œil. En tout cas, l'homme savait peindre. Penses-y et ne l'oublie pas. Il savait peindre.

— Qui ?

— Iwan.

— Mais le tableau n'est pas d'Iwan."

Arthur la regarda avec attention. Elle attendit, mais il n'ajouta rien.

"On peut partir maintenant ? demanda-t-elle.

— Oui, dit-il. Maintenant je te ramène chez toi."

3

Quand Marie et Matthias arrivèrent au presbytère, Eric et Martin étaient une fois de plus en train de se disputer. Cela n'avait rien d'anormal, c'était presque toujours ainsi.

“Une chance que je déménage ! s'écria Eric.

— Je ne te retiens pas. Je n'ai pas besoin de fanatique ici. Comment peut-on prétendre…

— Que Dieu fait des miracles ?

— Dieu ne fait pas de miracles ! Dès qu'on parle de miracle, on devient incapable de justifier le fait qu'il n'en fasse généralement pas. S'il te sauve toi, pourquoi ne sauve-t-il pas tout le monde ? Parce que tu vaux mieux qu'un autre ?

— Peut-être.

— Tu plaisantes, j'espère ? Tu veux dire qu'il aurait envoyé une crise économique pour te sauver de tes problèmes ? Ce n'est pas juste une parole en l'air, c'est vraiment ce que tu *penses* ?

— Pourquoi pas ? Pourquoi ne serait-elle pas survenue pour me sauver, pourquoi pas ?

— Parce que tu ne vaux pas mieux qu'un autre !

— Si, manifestement. Dans le cas contraire, il n'aurait pas envoyé…

— C'est un cercle vicieux !

— Vous dites toujours que ses voies sont impénétrables. Vous nous expliquez sans cesse qu'on ne peut prédire la façon dont il va orienter notre destinée.

— Et Iwan ? Il aurait disparu pour que tu puisses prendre ses tableaux et rembourser tes intérêts ?

— Tu n'as pas le droit de dire une chose pareille !

— C'est *toi* qui l'as dit.

— Je n'ai jamais dit ça !

— C'est une déduction implicite…

— Nous étions jumeaux. Tu ne peux pas comprendre. Je ne suis pas juste moi et il n'est pas… n'était pas juste lui. En un certain sens, nous avons toujours été une seule et même personne. C'est dur à expliquer.

— Chaque jour !" dit Martin à Marie. Le servant d'autel lui tendit l'aube, il enfila les manches en haletant. "Chaque jour, il me répète que Dieu veille sur le monde et en premier lieu sur lui. Chaque jour !

— Il a refusé de me baptiser ! s'écria Eric. J'ai dû m'adresser à une autre paroisse ! Mon propre frère a refusé de me baptiser !

— Tous les jours, il est là, devant moi, dans sa chemise à carreaux et il déclare que Dieu a envoyé une crise financière pour le sauver.

— Va jouer avec ton cube, fiche-moi la paix.

— Le cube n'est pas un jeu.

— Non, c'est une vraie discipline sportive, c'est du sérieux !

— Épargne-moi ce ton ! D'autant que je suis remonté à la place vingt-deux.

— Dans quel classement ?" demanda Marie. Elle connaissait la réponse, mais elle savait aussi à quel point Martin aimait la répéter.

"Le national !"

Le servant d'autel lui posa l'étole autour des épaules. C'était un jeune homme effacé, avec lequel elle avait eu une brève conversation la semaine précédente. Ce ne fut pas facile parce qu'il s'était montré très timide au début, mais elle lui avait souri deux fois et il lui avait demandé d'emblée de sortir avec lui. Elle s'était efforcée de dire non aussi gentiment que possible, mais cela l'avait quand même affecté et il l'évitait depuis. Martin avait fait sa connaissance à la rencontre de la jeunesse catholique. L'aile droite de son nez présentait un trou signalant l'emplacement récent d'un anneau et il s'appelait, si elle s'en souvenait bien, Ron.

Marie passa le bras autour de la nuque de Matthias. Elle le sentit tressaillir, il n'appréciait pas qu'elle le touche en présence de son père. Matthias le craignait, difficile de le lui reprocher.

Avoir un petit ami n'était pas simple. Elle regrettait parfois de ne pas avoir attendu, mais Lena en avait déjà un, ainsi que Miriam, et Georg lui aussi aurait bien aimé avoir une petite amie. Dans son désespoir, il s'était même adressé à Marie qui n'avait pas pu s'empêcher de rire, quelle idée absurde. Depuis un mois, elle était en couple avec Matthias, qui avait seize ans, un an de plus qu'elle, et ils avaient déjà couché trois fois ensemble. La première fois, ce fut bizarre et un peu laborieux, la deuxième fois lui parut idiote, mais la troisième fois, chez lui, tandis que ses parents étaient en voyage et que le chien grattait piteusement à la porte, elle avait soudain compris pourquoi les gens en faisaient si grand cas.

Le servant d'autel recula, Martin était maintenant en habit sacerdotal. Il semblait tout de suite plus mince et dégageait une grande dignité.

“Laura va venir aussi ? demanda Eric.

— Elle tourne, dit Marie. Ils ont étoffé son rôle pour la nouvelle saison.

— Comment est la série, au fait ? demanda Martin.

— Excellente, dit Matthias. Vraiment intéressante.” Marie lui donna un coup de coude. Ils ne purent réprimer un ricanement.

Cela faisait un an qu’elle avait commencé à dessiner. Personne n’était au courant, elle se trouvait encore trop maladroite en traçant les traits, les formes ne voulaient pas s’assembler, mais elle ne doutait pas de ses capacités. Plus tard, elle ferait médecine, tout en étudiant les arts graphiques en parallèle et elle apprendrait une, trois, voire quatre langues, mais pas plus : elle voulait aussi lire des livres et sillonner des continents lointains, voir la Patagonie et la côte nord-africaine. Et la Chine.

“Bon, finissons-en.” Martin ouvrit la porte. Dehors, il neigeait à gros flocons qui tombaient lentement.

L’église n’était qu’à quelques pas. Martin ouvrait la voie, suivi par le servant d’autel, puis Eric, puis Matthias et Marie qui fermaient le cortège. Elle tira la langue pour goûter la neige. La froide blancheur étouffait les bruits. Elle s’agrippa à Matthias.

“On va chez moi après ?” lui murmura-t-il à l’oreille.

Sans doute était-ce une bonne idée. Ses parents étaient à nouveau en voyage, ils auraient la maison pour eux et, pourtant, elle hésitait. Elle aimait bien Matthias et ne voulait pas lui faire de peine, mais peut-être lui fallait-il un autre petit ami. Elle inclina la tête, de sorte que ses cheveux effleurèrent sa joue. “Peut-être.”

Eric se retourna vers eux d'un air méfiant. Marie était encore trop jeune pour se balader bras dessus, bras dessous avec un garçon, lamentable de surcroît. C'était beaucoup trop tôt. Si cela continuait, ils finiraient bientôt par s'embrasser. Comment empêcher cela ?

Il devait prier davantage. La prière aidait toujours. S'il avait plus prié autrefois, il n'aurait jamais connu pareilles difficultés. Toutes ses suppositions s'étaient vérifiées : on était sans cesse observé, le cosmos se composait d'un système de signes faits pour être déchiffrés, les nuits regorgeaient de démons et le mal se tapissait dans le moindre recoin. Mais celui qui se confiait à Dieu n'avait rien à craindre. C'était la vérité pure et simple, et il ne comprenait pas pourquoi son frère se mettait dans un tel état dès qu'il en parlait. Il avait toujours compris Iwan mais, avec l'obèse, tout s'avérait compliqué. Il pouvait mieux s'entretenir de cela avec son nouvel ami Adrian Schlüter. Ce dernier lui avait fait remarquer que Dieu se devait de pardonner au pénitent : le Seigneur lui-même s'était astreint à ce sacrement.

Ainsi, Eric allait se confesser chaque jour. Il avait déjà testé toutes les églises de la ville, il savait où on attendait longtemps et où on passait tout de suite, où les prêtres étaient abordables, où ils posaient trop de questions et où ils ne reconnaissaient pas le pénitent, même au bout de la dixième fois, il savait quelles églises éviter parce que leur façade abritait des démons qui le regardaient de haut, proféraient des insultes et refusaient de le laisser entrer. Se confesser tous les jours exigeait de la discipline. Quand on n'avait commis aucun péché, il fallait inventer, mais cela en valait la peine : on traversait l'existence libéré de toute faute, léger tel un nouveau-né et sans avoir à craindre de châtiment.

Il leva les yeux. Les flocons d'une blancheur scintillante se détachaient sur la grisaille du ciel. La neige s'était mise à tomber la veille et le calme absolu l'avait empêché de trouver le sommeil sur son canapé déglingué. La nuit durant, il s'était imaginé un bureau, des cartes de visite, une installation téléphonique, un ordinateur et une voiture de fonction – toutes ces choses qu'il retrouverait bientôt.

Deux mois plus tôt à peine, il avait croisé Lothar Remling dans la rue. Bourrade dans l'épaule, grand bonjour, conversation sur le foot : incroyable, s'était écrié Eric à tout hasard, le match de l'autre jour ! Et Remling de répondre : insensée, la façon dont ces imbéciles ont foiré leur coup, et il enchaîna en disant que c'était une époque bénie pour *remling. consult*, les gouvernements avaient si bien renfloué le système qu'on ne savait plus quoi faire de tout cet argent, qui l'aurait cru il y a encore un an ! Puis il avait demandé à Eric comment allaient ses affaires et, alors qu'il s'apprêtait à répondre qu'il croulait sous les projets et travaillait jusqu'à l'épuisement, il avait dit à sa propre surprise qu'il ne faisait rien.

Rien ?

Strictement rien. De toute la journée. Il ajouta qu'il s'était retiré au presbytère. Chez son frère prêtre.

La folie, avait dit Remling. Sérieux, là ?

Et Eric : il avait compris que cela ne pouvait plus durer. Il fallait s'accorder une pause de temps à autre. Réfléchir. Il lisait la *Bhagavad-Gita*. Il méditait. Il allait se confesser. Il passait du temps avec sa fille. Il gérait la collection de tableaux de son frère décédé.

Bien sûr qu'il referait surface, mais rien ne pressait. On perdait si vite de vue l'essentiel.

L'essentiel, avait dit Remling. Voilà l'enjeu.

Puis il avait demandé à Eric son numéro de téléphone et Eric avait répondu qu'il ne possédait plus de téléphone, mais qu'on pouvait le joindre au presbytère.

Et, de fait, Remling l'avait appelé trois jours plus tard, ils étaient allés au restaurant et s'étaient revus deux jours après, puis la semaine suivante, et l'affaire fut ainsi réglée. Eric se passa d'avocat pour le contrat, disant que son destin reposait entre les mains de Dieu, et Remling avait jugé tout cela vraiment inouï.

Eric ne doutait pas de monter vite en grade chez *remling.consult*. Il était expérimenté, connaissait toutes les combines, il avait créé une des plus grandes sociétés de gestion patrimoniale du pays. Elle avait fait faillite, certes, mais ce n'était pas sa faute, personne n'avait anticipé la crise, nul ne pouvait deviner ce qui les attendait, c'était confirmé par tous ses collaborateurs. Deux fois par semaine, il allait prendre le thé avec Maria Gudschmid et Felsner, et ils le répétaient à l'envi : on ne pouvait pas le savoir! C'est pourquoi les investisseurs avaient accepté leur déficit, le fils de Klüssen renonçant à porter plainte. Seul son ancien chauffeur adressa un courrier au procureur, mais il contenait des accusations si absurdes que le dossier fut clos. La vente des quelque cent tableaux et du millier d'esquisses retrouvés dans l'atelier d'Eulenböck et dans l'appartement d'Iwan, ainsi que la reproduction des fermes de l'artiste sur des crayons, des toupies, des pyjamas et des tasses, rapportèrent assez d'argent pour rembourser les intérêts des crédits-relais. Dommage que tant de tableaux aient disparu : on ne retrouvait aucune trace de la trentaine de toiles décrites avec précision dans les registres d'Iwan – personne ne les avait vues, personne n'en savait rien, comme si elles n'avaient jamais existé. Hélas, le boom était maintenant passé, la cote d'Eulenböck s'effondrait et les recettes d'exploitation des droits diminuaient, mais Eric avait surmonté le pire. Il n'irait pas en prison, Dieu avait réglé le problème. En outre, ses sens étaient affûtés et son esprit plus vif que jamais – une chance qu'il ait dû limiter son budget consacré aux médicaments : il ne prenait plus que le strict nécessaire lui permettant de supporter le quotidien.

C'est aussi ce qu'il avait dit à Sibylle. Il ne l'avait pas vue pendant quatre ans, elle avait maigri et paraissait épuisée. Il lui avait dit la même chose qu'à Remling : *Bhagavad-Gita*, confession, pas de portable, une pause, l'intervention divine. Il avait évoqué la crise imprévisible, le presbytère et le divorce. Et le fait qu'il ne serait plus jamais un depuis le jour où son frère jumeau était mort. Sibylle lui avait demandé si Laura était guérie et il avait répondu oui, Dieu merci ! Et il allait donc pouvoir emménager chez elle. Ses revenus étant saisis jusqu'au minimum vital, il n'avait pas de quoi s'acheter un appartement, mais il fallait à tout prix qu'il quitte le presbytère. Cet endroit ne convenait tout simplement pas à un bon chrétien.

Eric se pencha et ramassa une poignée de neige. Elle était si poudreuse qu'on pouvait à peine former une boule. Il voulait la lancer avant qu'elle ne s'effrite, mais il lui manquait une cible. Marie avait soudain passé l'âge d'être bombardée et il ne voulait pas non plus viser son atroce petit ami – s'il l'atteignait au visage, la situation pourrait devenir embarrassante. Il ne pouvait pas non plus s'en prendre à Martin, déjà en habit sacerdotal. Il visa donc le servant d'autel.

Il l'atteignit à l'arrière de la tête, l'auréolant de neige en paillettes. Le jeune homme se retourna, tel un animal juste avant l'attaque, puis ses traits se détendirent et il s'efforça de sourire.

Ce garçon avait quelque chose d'étrange. Lors de sa première visite au presbytère, il était parti d'un rire hystérique à la vue d'Eric. Encore maintenant, il pouvait à peine lui parler sans devenir blême et bégayer. Eric supposait qu'on lui avait donné pour mission de le surveiller, mais il ne s'en souciait plus. Il était sous la protection divine.

Ils entrèrent dans l'église. L'orgue s'élançait d'accord en accord, les fidèles étaient plus nombreux que d'habitude. Il y avait les cinq vieilles dames qui venaient toujours, l'obèse sympathique, l'obèse un tantinet moins sympathique, la jeune femme triste et Adrian Schlüter. Mais, cette fois, quelques anciens amis d'Iwan étaient venus, parmi lesquels un peintre belge portant foulard en soie et barbe pointue, une cousine que personne n'avait revue depuis des années, ainsi que Kathi, la secrétaire d'Eric, récemment employée par le trust Eulenböck pour gérer les droits d'exploitation. La mère de Martin était là et, à côté d'elle, assis bien droit, l'air placide, le prélat Finckenstein. La mère d'Iwan et d'Eric avait pris place au premier rang – le visage caché derrière des lunettes de soleil, sans doute à cause de sa tristesse ou de son degré de célébrité.

Iwan était désormais porté disparu depuis plus de quatre ans et, la semaine précédente, on l'avait officiellement déclaré mort. Eric avait insisté pour obtenir cette messe, il avait prié, pesté et fini par menacer de porter plainte auprès de l'évêque. Martin s'y était refusé aussi longtemps que possible. Iwan n'était pas baptisé, les messes pour les défunts une simple idiotie – pourquoi le Dieu omniscient devrait-il réexaminer l'âme d'un homme simplement parce que les membres de sa famille entonnaient deux ou trois chants ? Ou plutôt : les messes pour les défunts seraient une idiotie si le Dieu omniscient existait et si la théologie avait une raison d'être. C'est pourquoi Martin avait fini par accepter.

Les fidèles se levèrent. "Le Seigneur soit avec vous", dit Martin. Depuis qu'il avait compris que la foi ne viendrait plus jusqu'à lui, il se sentait libre. Rien n'y ferait : dans cette vie, il ne serait jamais mince et il n'échapperait pas au bon sens.

"Et avec votre esprit", bredouillèrent les fidèles.

Martin évoqua le souvenir de son frère. Ce n'était plus un débutant et les phrases lui venaient sans qu'il ait besoin de réfléchir : Iwan Friedland avait vécu et peint, il avait étudié et vu beaucoup de choses, car voir était sa passion. Il n'avait jamais fait de mal à personne, se contentant de mettre son travail au service de l'art d'un être supérieur dont il avait reconnu la valeur avant tout le monde. Il aurait encore pu accomplir de grandes choses s'il n'avait été frappé, bien avant l'heure, par un malheur dont seul Dieu connaissait la nature. Il ne reviendrait jamais.

Martin joignit les mains. Le servant d'autel respirait avec gêne, se frottait le visage, toussotait et reniflait de façon particulièrement pénible. Le garçon faisait de son mieux, mais il était inapte à la tâche, on allait devoir lui trouver autre chose. Eric pourrait peut-être l'aider, il avait toujours des relations.

Tandis que Martin s'entendait parler, il ferma les yeux. Il s'imagina les flocons dehors. Si les prévisions étaient justes, cela durerait encore des journées entières, les engins de déblaiement tenteraient de dégager les rues en pulvérisant des produits chimiques, mais la neige tomberait de plus belle sur les trottoirs, les voitures garées, les jardins, les arbres, les toits et les antennes. L'espace de quelques jours, le monde serait enseveli sous la beauté. Martin se rendit compte qu'il avait de nouveau faim.

"Et maintenant, dit-il, la profession de foi."

TABLE

OUVRAGE RÉALISÉ
PAR L'ATELIER GRAPHIQUE ACTES SUD
ACHEVÉ D'IMPRIMER
SUR ROTO-PAGE
EN NOVEMBRE 2014
PAR L'IMPRIMERIE FLOCH
À MAYENNE
POUR LE COMPTE DES ÉDITIONS
ACTES SUD
LE MÉJAN
PLACE NINA-BERBEROVA
13200 ARLES

DÉPÔT LÉGAL
1re ÉDITION : JANVIER 2015
N° impr. : 87668
(Imprimé en France)